UTB 2570

Eine Arbeitsgemeinschaft der Verlage

Beltz Verlag Weinheim · Basel
Böhlau Verlag Köln · Weimar · Wien
Wilhelm Fink Verlag München
A. Francke Verlag Tübingen und Basel
Paul Haupt Verlag Bern · Stuttgart · Wien
Lucius & Lucius Verlagsgesellschaft Stuttgart
Mohr Siebeck Tübingen
C. F. Müller Verlag Heidelberg
Ernst Reinhardt Verlag München und Basel
Ferdinand Schöningh Verlag Paderborn · München · Wien · Zürich
Eugen Ulmer Verlag Stuttgart
UVK Verlagsgesellschaft Konstanz
Vandenhoeck & Ruprecht Göttingen
Verlag Recht und Wirtschaft Heidelberg
VS Verlag für Sozialwissenschaften Wiesbaden
WUV Facultas · Wien

Gregor Fitzi

Max Webers politisches Denken

UVK Verlagsgesellschaft mbH

Bibliografische Information der Deutschen Bibliothek
Die Deutsche Bibliothek verzeichnet diese Publikation
in der Deutschen Nationalbibliografie; detaillierte bibliografische Daten
sind im Internet über <http://dnb.ddb.de> abrufbar.

ISBN 3-8252-2570-4

© UVK Verlagsgesellschaft mbH, Konstanz 2004

Einbandgestaltung: Atelier Reichert, Stuttgart
Satz und Layout: Dieter Heise, Konstanz
Druck: fgb · Freiburger Graphische Betriebe, Freiburg

UVK Verlagsgesellschaft mbH
Schützenstr. 24 · D-78462 Konstanz
Tel.: 07531-9053-0 · Fax 07531-9053-98
www.uvk.de

Inhalt

Vorwort

In der Einleitung zu seiner Studie über *Max Weber und die deutsche Politik* schreibt Mommsen 1959, dass diese sich mit »Webers politischem Denken« befasst und meint damit vor allem dessen Stellungnahmen als Politiker sowie politischer Schriftsteller.[1] Demgegenüber zielt die vorliegende Arbeit darauf, Webers politisch-soziologische Theoriebildung darzustellen, wie er sie vor allem in *Wirtschaft und Gesellschaft* und in einigen späten Aufsätzen vorlegte. Damit wird keineswegs Webers politisches Denken vom theoretischen Werk her gedeutet, sondern sein theoretisches Werk als politisches Denken dahingehend interpretiert, dass es in einer Reihe mit den klassischen politischen Lehren stehen kann.

Dass Webers politische Theorie hier unter dem Titel »Max Webers politisches Denken« präsentiert wird, hängt mit der Interpretationsthese zusammen, nach der Webers Beitrag zur politischen Wissenschaft in dessen politisch-soziologischer Theoriebildung zu suchen ist. Webers Stellungnahmen als politischer Schriftsteller werden dabei bis zu dem Grad berücksichtigt, der notwendig ist, um zu zeigen, wie er die Beziehung zwischen Ethik und Politik festlegte und welche Diagnose der modernen Politik er bereitstellte. Seine Denkungsart und Tätigkeit als Politiker, wie Mommsen sie rekonstruiert, bilden damit nicht den Gegenstand der vorliegenden Studie, sondern ihren Hintergrund, dessen Ergründung unter Berücksichtigung der einschlägigen Literatur anzuraten ist.[2]

Hier geht es insbesondere darum, Webers theoretische Reflexion über die Erscheinungsformen und die Bedeutung von Macht und Herrschaft für das Bestehen der (vor allem modernen) Gesellschaft darzustellen. Die Untersuchung orientiert sich so weit wie möglich an Webers Text, um ein Bild seiner Denk-

---

1   Vgl. Mommsen (1974a), »Vorwort zur ersten Auflage«, S. XVI.
2   Vgl. Mommsen (1974a); (1974b); (1989).

weise zu entwerfen, das sich dann anhand der Sekundärliteratur verfeinern lässt. Die Texthinweise beziehen sich auf die Studienausgabe von *Wirtschaft und Gesellschaft* und auf die Bände der *Gesammelten Aufsätze*, die als Seminargrundlage üblich sind.[3] Dies impliziert keine Aussage über die historisch-kritische Gesamtausgabe, die einen Meilenstein in der Weber-Forschung darstellt und auf die jede vertiefende Betrachtung zurückzugreifen hat.[4]

Webers politisches Denken gliedert sich in eine »Terminologie«,[5] die aus politisch-soziologischen Begriffen besteht und die er unter Anwendung seiner Methodologie auf den Stoff der historisch-gesellschaftlichen Wirklichkeit gewann. Ziel der vorliegenden Studie ist zu zeigen, dass Webers politische Terminologie auf einer strukturierten Kategorienbildung fußt und keine Sammlung loser Begriffe darstellt. Die Kategorien werden durch Webers »idealtypische Methode« gewonnen,[6] ihre Ganzheit gliedert sich jedoch auf eine Art, die von der Orientierung an politisch-theoretischen Relevanzkriterien zeugt und eine strukturierte Logik aufweist. Die primäre Aufgabe der Untersuchung von Webers politischem Denken ist folglich zu zeigen, wie dessen politische Terminologie systematisch aufgebaut ist, da sie eine »Topographie« der politischen Phänomene zeichnet, die ihre Mannigfaltigkeit sukzessive aus dem sozialen Handeln der Individuen rekonstruiert.

Stellt Webers »Terminologie« den Gegenstand der vorliegenden Untersuchung dar, so setzt sie die Erklärung der methodologischen und ethisch-politischen Prämisse dessen Kategorienbildung nach dem Prinzip der »Wertfreiheit sozialwissenschaftlicher Forschung« voraus. Damit befassen sich die Kapitel 1 und 2, die

---

3   *Wirtschaft und Gesellschaft* (1921-22) wird hier aus der 5., revidierten Studienausgabe mit der Sigle WuG zitiert: vgl. Weber (1980); sämtliche Aufsätze werden aus den bei Mohr Siebeck erschienenen Bänden der *Gesammelten Aufsätze* zitiert: vgl. Weber (1988a bis 1988e).
4   Vgl. Weber (1984 f.).
5   Mit dem Begriff Terminologie bezeichnet Weber seine Begriffsbildung sowie die anderer Autoren. Vgl. dazu exemplarisch WuG 154.
6   Vgl. dazu unten Kap. 3.

aufzuzeigen versuchen, wie unterschiedlich Webers politisches Denken rezipiert wurde, je nachdem ob das Wertfreiheitspostulat und die damit verbundene Trennung von Politik und Sozialwissenschaft mitgetragen oder abgelehnt wurde. Das Kapitel 3 setzt sich mit den Grundzügen von Webers Methodologie auseinander, und die darauf folgenden Kapitel 4 bis 7 rekonstruieren den Inhalt und die Struktur seiner politischen Terminologie. Schließlich widmet sich das Kapitel 8 Webers Zeitdiagnose über die deutsche Politik nach dem Ersten Weltkrieg, während das Kapitel 9 seiner Auffassung von Politik als Beruf nachgeht. Diese letzten beiden Kapitel befassen sich demnach mit der Frage der »Anwendung« von Webers politischer Terminologie auf eine zeitgenössische politische Lage sowie mit der Frage, wie Weber die Grenze zwischen Ethik und Politik zog.

Die Rekonstruktion von Webers politischem Denken legt ein besonderes Augenmerk auf die »theoretischen Optionen«, die leitend für seine Reflexion waren. Gemeint sind u.a. die anthropologischen Prämissen und die Gewichtung von Begriffen wie Kampf, Herrschaft und Souveränität, die grundlegend für Webers Gesellschaftsbild sind. Diese Ebene seiner Begriffsbildung befindet sich jenseits des Gegensatzes von Werturteil und Wertfreiheit und ermöglicht zu zeigen, inwieweit Weber mit den theoretischen Optionen bestimmter Traditionen politischen Denkens übereinstimmt. Dadurch eröffnet sich ein Zugang zu seiner politischen Terminologie, der sowohl den politischen Soziologen als auch den Politologen und politischen Philosophen interessiert. Hervorzuheben ist dabei die Bedeutung von Webers Absicht, der politischen Reflexion eine sozialwissenschaftliche Grundlage zu geben, die dadurch als Korrektiv zur gesetzbildenden Abstraktionstendenz der politischen Theorie wirkt, dass sie die gesellschaftlichen Bedingungen politischen Handelns durchleuchtet. Die Erkenntnis dessen zu gewinnen, was Politik in der historisch-sozialen Wirklichkeit ausmacht, lässt sich somit als die Richtlinie deuten, entlang der Weber seine Topographie der sozialpolitischen Phänomene aufbaut. Deshalb lohnt sich die Bemühung, bei aller Fragmentalität des posthum erschienenen Werks *Wirtschaft und*

Gesellschaft, Webers politisches Denken in seiner Ganzheit darzustellen. D.h. nicht nur die Herrschaftssoziologie, die Staatssoziologie oder andere einzelne Aspekte seiner politischen Kategorienbildung zu untersuchen, sondern möglichst deren gesamten Entwicklungsbogen. Folglich wird hier in den Kapiteln 4 bis 7 Webers politisches Denken dahingehend rekonstruiert: von den sozialpolitischen Grundkategorien über die Typologie der Herrschaft als soziale Funktion bis zu ihrer Konzentration im Herrschaftsmonopol der politischen Gemeinschaft. Dann durch die Formen der Abschwächung, Teilung und Gliederung der Herrschaft, bis zur Definition der modernen Staatsanstalt und zur Untersuchung deren Bürokratisierungsproblematik.

Der Wiedergabe von Webers Kategorienbildung geht die Untersuchung voraus, wie er den »methodologischen Grundsatz« sozialwissenschaftlicher Wertfreiheit definiert, und dieser folgt wiederum die Darstellung, wie er die Beziehung zwischen Ethik und Politik festlegt. Die Diskussion über das Spannungsverhältnis zwischen wertfreier Sozialwissenschaft und klassischer politischer Theorie wirft eine Anzahl von Fragen auf, die nur synthetisch anzugehen sind, ohne den Rahmen der vorliegenden Arbeit zu sprengen. Je nach dem ob Webers Interpreten die Trennung von sozialwissenschaftlicher Wertfreiheit und Politik mittragen oder ablehnen, spalten sich auch die Meinungen in der Rezeption seines politischen Denkens. So führen die Kapitel 1 und 2 Webers unterschiedliche »Erben und Kritiker« ein und stellen ihre Positionen dar, die in Weber entweder den Sozialwissenschaftler, den Politiker oder den politischen Philosophen sehen. Nach der Untersuchung von Webers Vortrag »Politik als Beruf« wirft schließlich das Kapitel 9 die Frage einer »normativen Integration« wertfreier Sozial- und Politikwissenschaft auf. Es handelt sich dabei um eine weiterführende Betrachtung, die einen Ausblick über diese von Webers Theoriebildung offen gelassene Spannung gibt sowie über die Richtungen der Rezeption, die sich damit auseinandergesetzt haben.

An dieser Stelle möchte ich all denen danken, die zur Entstehung der vorliegenden Arbeit beigetragen haben. Sie geht auf

Veranstaltungen zurück, die ich am Institut für Soziologie der Universität Heidelberg angeboten habe. Ich möchte dem Institut, sowie den Kollegen und Studierenden danken, die dies ermöglicht und durch kritische Diskussion unterstützt haben. Für ihre aktive Unterstützung möchte ich auch Prof. Bruno Accarino, Prof. Francesco De Sanctis, Prof. Giuseppe Duso und Prof. Martin Sattler danken, außerdem Heidemarie Kanitz für die Korrekturarbeit. Last but not least möchte ich Miriam Gass für ihre fortwährende und liebevolle Unterstützung danken.

1. Wertfreiheit und politisches Denken

1.1 Sozialwissenschaftliche Wertfreiheit

Kaum ein Klassiker der modernen Sozialwissenschaft genießt eine so unbestrittene Stellung wie Max Weber (1864–1920). Er gilt als Begründer der Soziologie und seine Kategorien bieten nach wie vor bestimmende Richtlinien für die sozialwissenschaftliche Forschung. Um so erstaunlicher erscheint die Tatsache, dass unterschiedliche politische Denker sich von ihm distanzierten, nachdem sie sich tiefgehend mit seiner Lehre auseinander gesetzt hatten. Wilhelm Hennis führt solche »Absetzungen« auf den Umstand zurück, dass der Bruch mit Weber eigentlich die Ablehnung der »sozialtechnologisch und empirisch orientierten« Sozialwissenschaft meint, zu deren Autorität Weber emporgewachsen ist.[7] Damit wird eine Problematik angesprochen, die mit Webers politischem Denken eng verbunden ist und seine Rezeption im 20. Jahrhundert weitgehend mitbestimmt hat.

Die Ablehnung von Webers Denkungsart hängt vornehmlich mit dem »methodologischen Ansatz sozialwissenschaftlicher Wertfreiheit« zusammen, den Weber seiner Untersuchung von Gesellschaft und Politik zugrunde legte. Dieser macht eine strenge Trennung der »deskriptiven Forschungspraxis« von allen »ethisch-normativen Interessen und Positionen« des Forschers zur Grundlage für die Wissenschaftlichkeit seiner Aussagen. Die Sozialwissenschaft soll dadurch an Objektivität gewinnen, dass sie die für die klassische politische Philosophie übliche Diskussion der Gesellschaftslehren und das daraus resultierende normative Urteil über ihre ethischen Eigenschaften von sich weist. Die Untersuchung der Handlungsformen, der Institutionen, der

---

7   Vgl. Hennis (1987) S. 3-4.

Struktur und Entwicklungstendenz einer Gesellschaft gehört damit in den Bereich der Sozialwissenschaft. Aussagen über die Gerechtigkeit, über die gute oder schlechte Ordnung sowie über den »kulturellen Fortschritt« einer Gesellschaft und dergleichen sind indes den politischen Akteuren zu überlassen. Für die Gesellschaftstheorie und für die politische Theorie hat die von Weber vollzogene Spaltung in deskriptive (wertfreie) und normative (wertende) Reflexion eine epochale Bedeutung, da diese traditionell eng verwachsen waren. Am Postulat sozialwissenschaftlicher Wertfreiheit scheiden sich deshalb die Geister, dahingehend ob sie es akzeptieren oder ablehnen bzw. ob sie eine normative Diskussion gesellschaftlicher und politischer Fragen als Bestandteil der Sozialwissenschaft ansehen oder nicht.

Im Aufsatz »Der Sinn der ›Wertfreiheit‹ der soziologischen und ökonomischen Wissenschaften«[8] führt Weber eine einschlägige Definition des sozialwissenschaftlichen Wertfreiheitspostulats ein. Anlass seiner Stellungnahme ist eine Kritik an Gustav Schmoller, der eine sozialethische Begründung der Sozialwissenschaft verfocht.[9] Im Unterschied dazu soll nach Weber die Sozialwissenschaft sämtliche ethisch-politischen Positionen von der Forschungsarbeit fern halten, so dass auch der Forscher ihre Ergebnisse nicht benutzen darf, um irgendeine Weltanschauung zu untermauern.

Vehement lehnt Weber vor allem die »Professorenprophetie« ab, die dort zustande kommt, wo ein Hochschullehrer den Hörsaal benutzt, um Studierende zu seiner eigenen ethisch-politischen Position zu bekehren. [WL 492 f.] Wer vom Katheder spricht, soll sich demzufolge darauf beschränken, seine Hingabe an die Erkenntnissache kundzutun, über die er spricht. Dies bedeutet nach Weber, »fachspezifisch und sachlich« zu argumentie-

---

8   Der Aufsatz ist die Umarbeitung eines für eine interne Diskussion im Ausschuss des »Vereins für Sozialpolitik« 1913 verfassten Gutachtens. Hier wird der Aufsatz aus Weber (1988d) S. 489-540 mit der Sigle WL zitiert.

9   Vgl. Schmoller, Gustav (1898). *Über einige Grundfragen der Socialpolitik und der Volkswirtschaftslehre*. Leipzig. Vgl. auch Schiera; Tenbruck (Hg.) (1989).

ren und politische Stellungnahmen für andere Anlässe zu bewahren, die sich dem Hochschullehrer in der Öffentlichkeit häufig bieten. Die Absicht, Studierende zu prägen, soll sich darauf beschränken, sie fachlich auszubilden und nicht etwa ihnen eine Weltanschauung zu suggerieren. Am schärfsten ist nach Weber allerdings die Art von Professorenprophetie zu verurteilen, die persönliche Einschätzungen nicht explizit kundtut, sondern Wertungen mit wissenschaftlichen Argumenten verschleiert.

Was indes die Forschungspraxis betrifft, so bedeutet Wertfreiheit die Ablehnung der klassischen Methode der Ethik im Sinne einer Abwägung unterschiedlicher Positionen zu einem Thema, um dann zur Definition eines ethischen Werts zu gelangen. [WL 499] Wertfreiheit heißt für Weber, letzte Vorstellungen darzulegen und sich mit den damit verbundenen Tatsachen auseinander zu setzen. So lassen sich Wertungen sehr wohl wissenschaftlich untersuchen, aber lediglich um sie beschreibend in ihrer Beziehung zu den Tatsachen kritisch zu rekonstruieren. In diesem Rahmen stellt der Forscher die Wertungen der Handelnden dar und hält die eigene Bewertung zurück. Er führt eine Diskussion der Mittel durch, die notwendig sind, um die angestrebten Zwecke zu erreichen, geht jedoch nicht auf eine wertende Diskussion der Zwecke ein. Die wertfreie Wissenschaft betrachtet also die Handlungszwecke als gegeben und prüft die geeigneten Mittel zu ihrer Umsetzung sowie die Konsequenzen, die dadurch verursacht werden. Grund für diese Einschränkung ist nach Weber, dass sich durch empirische Untersuchungen nichts über die Wertungen an sich aussagen lässt. Empirisch lassen sich ethische Zielsetzungen lediglich »verstehend erklären«, so dass auf diesem Weg keine normative Ethik zu gewinnen ist, dafür aber vorhandene Wertvorstellungen auf ihre empirische Umsetzbarkeit und auf die damit verbundenen Folgen überprüft werden. Darin sieht Weber den spezifischen Gewinn an Wissenschaftlichkeit, der in der Betrachtung von Wertfragen durch die »wertfreie Methode« zu erzielen ist. [WL 503]

Webers Skepsis gegenüber der Möglichkeit einer rationalen Ethik ist mit der Überzeugung verbunden, dass es zwischen letzten Werten nur einen Kampf und keine Versöhnung durch eine dritte Instanz geben kann. Weil Wissenschaft und Ethik zwei getrennten Wertsphären angehören, kann ein wissenschaftliches Urteil über den Unterschied von »wahr und falsch« kein ethisches Urteil über »gut und verwerflich« implizieren, ohne einen Sprung vom Bereich des Seins zu dem des Sollens zu vollziehen. Bei praktisch-politischen Wertungen können empirische Disziplinen nur aufzeigen, welche Mittel und Nebenfolgen denkbar sind und welche Konkurrenz von letzten Wertungen durch ihre praktische Konsequenz zustande kommt. [WL 508] Philosophische Disziplinen können zwar den »Sinn der Wertungen« ermitteln, aber keinen Wertkonflikt durch wissenschaftliche Verfahren entscheiden. Nur das Individuum allein kann für Weber entscheiden, welchen praktischen Schritt es bevorzugt. Dabei gibt es keinen logisch haltbaren Standpunkt, eine solche Entscheidung abzulehnen, »außer dem einer durch *kirchliche* Dogmen eindeutig vorgeschriebenen Rangfolge der Werte«. [WL 509]

Eine Diskussion von praktischen Wertungen kann es nach Weber sehr wohl geben, sie kann jedoch lediglich folgende Erkenntnisziele erreichen: 1. Die Herausarbeitung der letzten Wertaxiome, von denen die einander entgegengesetzten Meinungen ausgehen. 2. Die Deduktion der Konsequenzen der wertenden Stellungnahmen, wenn man sie für die praktische Bewertung von faktischen Sachverhalten einsetzt. 3. Die Feststellung der faktischen Folgen, die aus der praktischen Durchführung einer wertenden Stellungnahme zu einem Problem entstehen. 4. Die Aufzeichnung der Wertaxiome, mit denen ein praktisches Postulat kollidiert. [WL 510 f.] Unter diesen Bedingungen kann nach Weber der »Wertbezug praktischen Handelns« Gegenstand empirischer Wissenschaft sein, seine wertende Abwägung gehört indes nicht dazu.

Webers Rezeption lässt sich in »Erben und Kritiker« unterteilen, in Abhängigkeit davon, wer das Postulat der Wertfreiheit akzeptiert und die damit verbundene Trennung von Wissenschaft und Politik nachvollzieht oder ablehnt. Politische Denker haben sich oft von Webers Kategorienaufbau angesprochen gefühlt. Er liefert eine Anzahl von Instrumenten, die sich insbesondere für die Untersuchung der politischen Prozesse der Moderne eignen. Die Strenge der Trennung zwischen »deskriptiv-wissenschaftlichem« und »normativ-ethischem« Denken in politischen Fragen stößt hingegen mancherorts auf Widerspruch. Gerade die Vehemenz solcher Ablehnung zeugt jedoch davon, dass Weber nicht als Vertreter eines fremden Fachbereichs wahrgenommen wurde, sondern in erster Linie als politischer Denker. Damit ist die Fragestellung gegeben, die zur Rekonstruktion seiner »Terminologie« im Sinne einer politischen Kategorienbildung anregt. Bevor dies angegangen wird, ist jedoch auf die Hauptströmungen der Rezeption hinzuweisen, die Weber und sein Werk ausgehend vom Spannungsverhältnis zwischen Wissenschaft, Ethik und Politik einzuordnen versuchen.

1.2 Vier klassische Abgrenzungen vom Wertfreiheitspostulat

Von den vier »Absetzungen« von Webers Werk, die Wilhelm Hennis als paradigmatisch bezeichnet,[10] sind die von Georg Lukács und Herbert Marcuse der marxistischen Gesellschaftstheorie verpflichtet, während die von Leo Strauss und Eric Voegelin der »philosophisch-normativen Politikwissenschaft« zuzuordnen sind.[11] Die Kritik der beiden letztgenannten Autoren avisiert die theoretisch-anthropologischen Voraussetzungen von Webers Kategorienbildung, wohingegen die ersten beiden Webers Stellung zur Frage der historischen Entwicklung des Kapitalismus beanstanden.

Eric Voegelin (1901–1985) begründet seine Abgrenzung von Webers Theorie mit der Notwendigkeit, die politische Wissenschaft unabhängig vom »positivistischen Geist« neu zu konstitu-

---

10 Vgl. Hennis (1987) S. 3-4.
11 Vgl. Hübinger; Osterhammel (1990). Vgl. auch Bluhm (2002) S. 245-277.

ieren, von dem sich Weber ihm zufolge nicht vollständig gelöst hatte.[12] Seine Kritik gilt den Befürwortern der These, dass Geistes- und Sozialwissenschaften die Methoden der Naturwissenschaft übernehmen sollen, um auf diese Weise an »Wissenschaftlichkeit« zu gewinnen. Denn dadurch wird für Voegelin die Theorie der Methode untergeordnet, so dass die »theoretischen Relevanzkriterien« aufgehoben werden und eine Anhäufung von Daten erfolgt, die zwar methodenkonform sind, jedoch erst interpretierend erklärt werden müssen. Die dafür notwendigen theoretischen Prinzipien werden jedoch nicht mehr kritisch reflektiert, sondern entweder oberflächig von der Tradition übernommen, oder durch Meinungen ersetzt, die vom Zeitgeist, der politischen Neigung oder den persönlichen Idiosynkrasien des Forschers abhängen.

Diese Lage der Geistes- und Sozialwissenschaft, die charakteristisch für die zweite Hälfte des 19. Jahrhunderts war, hat für Voegelin eine weitere Erscheinung des Positivismus hervorgebracht: die Entwicklung der »Methodologie«. Die theoretische Debatte darüber hat zwar auf der einen Seite das Verständnis für die Differenzierung der Methoden und ihre spezifische »Adäquanz« für die unterschiedlichen Wissenschaften neu belebt. Auf der anderen Seite hat sie jedoch versucht, die politische Wissenschaft ausschließlich durch die Ausschaltung von »Werturteilen« objektiv zu machen. Die »Methodologen« optieren somit für das positivistische Prinzip, versuchen jedoch die Geschichts- und Sozialwissenschaft durch die Neubegründung ihrer Wissenschaftlichkeit aus der Missachtung zu holen, worin sie hineingeraten war. Hierin liegt für Voegelin auch der Sinn von Webers Wertfreiheitsprinzip: das unkritische Meinen in der Politik- und Sozialwissenschaft auszuschalten und ihr dadurch eine neue Geltung zu verschaffen. Damit rückt die Frage nach den kritischen Maßstäben der theoretischen Arbeit wieder ins Zentrum der Diskussion. Webers Lösung des Problems stellt allerdings die Auswahl der Werte, die als Axiome oder Hypothesen dienen, in das Er-

---

12 Voegelin (1991) S. 22-51. Hier aus Voegelin (1995) zitiert.

messen des einzelnen Wissenschaftlers, womit Voegelin zufolge dem Relativismus der Weg geebnet wird. Nicht mehr die Politikwissenschaft, sondern jeder Einzelne kann bestimmen, aus welcher Wertperspektive er seine Untersuchung aufbaut, vorausgesetzt, dass er dann im Rahmen der Untersuchung wertfrei vorgeht.

Die Frage der Methodologie charakterisiert für Voegelin die gesamte erkenntnistheoretische Debatte um die Jahrhundertwende zum 20. Jahrhundert, wobei Weber darin eine besondere Stellung gebührt. »Was die politische Wissenschaft betrifft, so gelangte die Bewegung der Methodologie in der Person und dem Werk Max Webers zu ihrem immanent-logischen Abschluss«.[13] Weber stellt der politischen Wissenschaft die Aufgabe, aufzuklären, welche Folgen das politische Handeln hat, wenn bestimmte Werte in die Praxis umgesetzt werden. Dadurch entwickelt sich die Politikwissenschaft zwar nicht bis zur kritischen Auseinandersetzung mit ihren Prinzipien, sie liefert aber ein technisches Wissen, das Politiker verwerten können. Indem Weber die Frage einer wertfreien Wissenschaft bis zu diesem pragmatischen Punkt zuspitzt, hebt er nach Voegelin »die Debatte wieder über die methodologischen Streitigkeiten hinaus auf die Ebene theoretischer Relevanz«.[14] Dies lässt für Voegelin den Durchbruch zu einer »neuen Wissenschaft der Politik« erwarten, den Weber jedoch nicht vollzieht, da er weiterhin am Prinzip der Wertfreiheit der »methodologischen Bewegung« festhält.

Webers Sozialwissenschaft lehnt die normative Diskussion der politischen Geltungsprinzipien ab, so dass ihr nach Voegelin nur die Option übrig bleibt, die Geltungsgründe politischer Ordnungen auf eine »Psychologie der Motive« zurückzuführen.[15] Dies ergibt sich aus dem methodologischen Ansatz sozialwissenschaftlicher Wertfreiheit, hängt jedoch auch von den anthropologischen Annahmen ab, die der politischen Theorie zugrunde liegen. So orientiert sich Voegelin an der politischen Anthropo-

---

13   Voegelin (1995) S. 71.
14   Voegelin (1995) S. 72.
15   Voegelin (1995) S. 64.

logie der Antike, um die politische Wissenschaft neu zu begründen, und lehnt die »Psychologie der Motive« ab. Letztere ist charakteristisch für die moderne, postreformatorische Reflexion über das politische Phänomen, die in Thomas Hobbes (1588–1679) einen ihrer Hauptvertreter hat. Dessen Staatstheorie beruht nämlich auf der Annahme der gegenseitigen Feindschaft der Menschen im Naturzustand,[16] in dem nur die psychologischen Motive der Furcht und des Willens zur Macht zur Geltung kommen. Der Gesellschaftsvertrag und die Entstehung des Staates werden im Gegensatz dazu als Sieg der Vernunft über die Leidenschaften der menschlichen Natur erklärt.

Damit setzt Hobbes' Begründung der politischen Theorie anthropologische und politisch-theoretische Annahmen (u.a. über die Beziehung von Herrschaft und Souveränität) voraus, die Webers soziologische Kategorienbildung teilweise aufgreift, ohne dies immer zu explizieren. So konzentriert sich Webers sozial-politische Kategorienbildung nicht nur aus »methodologischen Gründen« auf die Frage, welche sozialen Prozesse die Existenz von politischen Ordnungen ermöglichen, selbst wenn sie keine »guten Ordnungen« sind. Denn für ihn gibt es weder die Möglichkeit, Wertkonflikte rational zu entscheiden, noch die Möglichkeit, ein Kriterium zu erarbeiten, womit sich beurteilen lässt, ob eine politische Ordnung »gutzuheißen ist«.

Die Ablehnung des Wertfreiheitspostulats sowie Unterschiede in der Einschätzung der anthropologischen Grundlagen von Politik und Politikwissenschaft kennzeichnen auch die Einstellung von Leo Strauss (1899–1973) zu Webers Werk. Im Prinzip der Wertfreiheit sieht Strauss ein Hindernis für die Untersuchung des »vorwissenschaftlichen Verständnisses« von Welt, die für ihn eine notwendige Voraussetzung für die Entwicklung der politischen Wissenschaft darstellt.[17] Jedes Gesellschaftsbild besteht aus verfestigten Meinungen, die zu einem *common sense* stabilisiert werden, damit die Menschen zusammenleben können. Aus den

---

16   Vgl. Hobbes (1996).
17   Vgl. Strauss (1989) S. 13 f.

Meinungen entsteht mit der Zeit ein öffentliches Dogma, eine Weltanschauung, deren kritische Aufklärung für Strauss die Grundaufgabe der Politikwissenschaft darstellt. Sie soll Kriterien entwickeln, um festzustellen, inwieweit das öffentliche Dogma der Idee einer »guten oder gerechten Gesellschaftsordnung« entsprechen kann. Folglich lehnt Strauss Webers Methodologie der Wertfreiheit ab, weil sie für ihn das Emporsteigen von der Untersuchung der verdichteten Meinungen zum kritischen Urteil über die Ordnung der Gesellschaft unmöglich macht.

Mit dieser Schlussfolgerung könnte die Wiedergabe von Strauss' Kritik an Webers Position beendet werden, wenn die Art, wie er sie darstellt, keine Besonderheit aufweisen würde. Für Leo Strauss geht Webers Methodologie von der Prämisse aus, dass keine rationale Entscheidung über konkurrierende Wertvorstellungen (auch nicht über politische Legitimationsvorstellungen) möglich ist. Dabei bemängelt Strauss nicht, dass Weber keine normative Kritik der politischen Prinzipien vorlegt, sondern weist auf die Wertvorstellungen hin, die für ihn Webers methodologischen Ansatz begründen und der ethisch-politischen Weltanschauung seines Zeitalters verpflichtet sind. Webers »ethischer Agnostizismus« ist Strauss zufolge somit kein Produkt dessen sozialwissenschaftlicher Methodologie, sondern umgekehrt hängt letztere von der »Grundposition« ab, die er in Fragen von Ethik und Politik einnimmt.

Webers »kategorischer Imperativ« gründet laut Strauss auf dem Gebot eines streng individuellen Gesetzes: »Folge deinem Dämon. Werde der du bist!« Dies ist für Weber das einzige ethische Prinzip, das dem modernen Menschen zuträglich ist, so dass er dazu berufen ist, sein »Schicksal« zu akzeptieren und seiner »Sache« zu folgen, ohne zu fragen, ob sie gut oder schlecht ist. Was Strauss dabei zu beanstanden hat, ist, dass Weber seine Auffassung von Wissenschaftlichkeit diesem ethischen Prinzip untergeordnet hat, indem er den ethischen Agnostizismus zum Preis für eine wahrhaftige Sozialwissenschaft macht. So stellt Webers Grundannahme über die Ethik und ihre Beziehung zur Politik für Strauss die »zentrale These« dessen Reflexion dar. Demnach lassen sich Konflikte zwischen Wertvorstellungen, politischen Prinzipien oder religiösen Geboten durch die Vernunft nicht entscheiden, so dass auch die Sozialwissenschaft diese Leistung nicht erbringen kann. Dieses Prinzip erreicht jedoch nach Strauss nichts anderes, als eine klassische politische Ansicht unbewusst zu verallgemeinern, nämlich jene, dass Konflikte zwischen Ethik und Politik unlösbar sind. Der Kampf wird folglich als die Grunddimension des Lebens dargestellt, so dass er auch zur einzig möglichen Beziehung zwischen Werten avanciert.

Die außerordentliche Wirkung dieser Annahme auf Webers Reflexion erklärt Strauss mit dem Einfluss von Nietzsches Denkungsart auf dessen Generation. Die Erwartung, dass Wissenschaft und Philosophie einen Weg zur Wahrheit eröffnen, hat sich für den modernen Menschen – so Weber in Strauss' Rekonstruktion – als illusorisch erwiesen, denn dieser lebt in einer entzauberten Welt, die keine Illusionen mehr zulässt. Folglich kann er über Wertkonflikte auch nicht mehr entscheiden, sondern muss sich ihnen ergeben. Da Webers Methodologie so stark in den Wertvorstellungen seiner Zeit verankert war, musste er nach Strauss alle übrigen Möglichkeiten preisgeben, um eine Politikwissenschaft aufzubauen. So lehnte er die Tatsache ab, dass die menschliche Erfahrung die Wirklichkeit bereits in eine sinnvolle Artikulation bringt und dass die Wissenschaft durch die kritische Untersuchung dieser Artikulation entsteht. Im Unterschied zu Voegelin, der die fehlende Untersuchung der politischen Ordnungsprinzipien beanstandet, fokussiert damit Strauss' Kritik den Umstand, dass sich in Webers Methodologie die Weltanschauung des Wilhelminischen Zeitalters widerspiegelt.

Noch stärker als in Strauss' Interpretation spitzt sich in der marxistisch orientierten Kritik des Wertfreiheitspostulats die Tendenz zu, Webers Vorstellung von Soziologie auf den historischen Kontext seines Zeitalters zurückzuführen. In der Folge werden zwei Varianten dieser Kritik dargestellt, denen bei aller Unterschiedlichkeit gemeinsam ist, dass sie sich auf eine durch Marx inspirierte Gesellschaftstheorie berufen und eine bedeutende Wirkung auf die Rezeptionsgeschichte von Webers Werk ausgeübt haben.

Herbert Marcuse (1898–1979) hat in einem einflussreichen Vortrag auf dem 15. Deutschen Soziologentag seine Position zu Webers Gesellschafts- und Politiktheorie geschildert.[18] Seine Kritik konzentriert sich auf Webers Postulat der »Wertfreiheit« sozialwissenschaftlicher Forschung, in dem er die unmittelbare Wirkung eines wertenden Urteils bezüglich der Beziehung von Wissenschaft und Politik sieht, das charakteristisch für Webers Zeitalter war. Die Theorie der »internen Wertfreiheit« der Wissenschaft entlarvt sich für Marcuse als das, was sie für die politische Praxis bedeutet, nämlich als Absicht, die Wissenschaft für die Akzeptanz von verbindlichen Wertsetzungen frei zu machen, die ihr von Außen aufgetragen werden. So hat Weber schon in seiner Freiburger Antrittsrede diese Funktion der Sozialwissenschaft klar definiert:[19] Politische Wertvorstellungen sind von der wissenschaftlichen Kritik fern zu halten – aus Marcuses Sicht mit der Folge, dass die sozialwissenschaftliche Neutralität zur Institutionalisierung ihrer Ohnmacht wird.

Webers Analyse des modernen Kapitalismus zeigt nach Marcuse jedoch auch, dass sich seine »wertfreie philosophisch-soziologische Begriffsbildung« zu einer Wertkritik entwickelt. Denn im Laufe der Untersuchung der modernen Gesellschaft verwandeln sich Webers analytische Kategorien »zu einer Kritik des Gegebenen im Lichte dessen, was das Gegebene den Menschen (und Dingen) antut«.[20] Dies sollte dazu anspornen, eine kritische Untersuchung von Webers unexplizierten Wertvorstellungen durchzuführen und vor allem zu verstehen, wie Weber den Zusammenhang seiner Theorie des Kapitalismus, der Rationalität und der Herrschaft konzipierte. Das Ziel der Untersuchung ist nach Marcuse festzustellen, inwieweit jene Wertvorstellungen dem Gesellschaftsbild von Webers Zeitalter verpflichtet sind und ob nicht eine soziologische Betrachtungsweise möglich ist, die sich aus anderen Wertvorstellungen speist.

---

18 Vgl. Marcuse (1965).
19 Vgl. Weber (1988e) S. 1-25.
20 Marcuse (1965) S. 162.

Die »historische Bedingtheit« von Webers Kategorien kommt für Marcuse da besonders stark zum Vorschein, wo er seinen Begriff der modernen Rationalität definiert und in der Untersuchung der Bürokratisierung einsetzt. Das Bewusstsein der geschichtlichen Prägung der modernen Rationalitätsvorstellung zeichnet Webers Begriffsprägung aus, verliert sich jedoch im Laufe der Untersuchung, so dass die »formale Rationalität« der wirtschaftlichen Kalkulation zur »kapitalistischen Rationalität« *tout court* wird. Die dadurch anvisierte Rationalität enthüllt sich für Marcuse als »technische Vernunft«, womit der formale, wertfreie Begriff der Vernunft gesprengt wird. Aus der Beschreibung einer historisch gewordenen Form der technischen Rationalität entsteht somit eine Kategorie, die Anspruch auf überhistorische Geltung erhebt.

So ist es Marcuses Anliegen zu zeigen, wie solcherart technische Rationalität einerseits zur Irrationalität wird und andererseits eine Entwicklungsmöglichkeit birgt, auf der die Idee einer sozialistischen Umgestaltung der kapitalistischen Gesellschaft beruht. Diese Möglichkeit lässt sich jedoch für ihn nur durch die kritische Untersuchung der Wertvorstellungen erkennen, die Webers Begriffsdefinition voraussetzt.

Laut Marcuse akzeptiert Weber die Wirkung der wirtschaftlichen Rationalität in ihrer historischen Bedingtheit wie ein Schicksal, ohne danach zu fragen, ob sie eine andere Form annehmen kann. Dies bedeutet für ihn, dass Webers Analyse der modernen Gesellschaft »nicht genug wertfrei« ist, da sie die dem Kapitalismus spezifischen Wertsetzungen in die »reine Definition« der formalen Rationalität hereinnimmt. Solcherart technische Vernunft ist jedoch geschichtlich bedingt und enthält die Möglichkeit, sich in eine »qualitativ unterschiedliche Rationalität« zu entwickeln. Diese Möglichkeit war in Webers Augen reine Utopie. Angesichts der spätkapitalistischen Entwicklung scheint er nach Marcuse Recht gehabt zu haben.

Mit seiner Kritik weist Marcuse trotzdem auf eine Möglichkeit hin, die politische Wissenschaft über Webers Theorie hinaus zu entwickeln. Voraussetzung dafür ist jedoch das Postulat der durch Marx inspirierten kritischen Theorie, die die moderne Gesellschaft vom Gesichtspunkt einer »anderen möglichen Gesellschaft« betrachtet.[21] Weber wird dabei als der Sozialwissenschaftler dargestellt, der mit seiner analytischen Feinheit dieser theoretischen Möglichkeit am nächsten gekommen ist, ohne für sie zu optieren. Damit nimmt Marcuses marxistisch inspirierte Kritik an Weber eine positive Wendung. Ganz anders ist indes der Ton von Lukács' Kritik an Webers Gesellschaftswissenschaft, die ausgesprochen ablehnend ausfällt und die Rezeption von Webers politischem Denken lange Zeit negativ mitbestimmt hat.

In seinem als Kritik des Irrationalismus verstandenen Werk *Die Zerstörung der Vernunft* geht Georg Lukács (1885–1971) auch auf Webers Soziologie ein.[22] Seine These lautet, dass sämtliche Strömungen der deutschen Kultur seit dem Anfang des 19. Jahrhunderts faktisch, wenn auch nicht absichtlich, zur Entstehung einer irrationalistischen Ideologie beigetragen haben. So auch Webers Gesellschaftstheorie, in der Lukács vor allem eine politische Gegnerin der marxistischen Theorie moderner Gesellschaftsentwicklung sieht. Seit Tönnies Werk *Gemeinschaft und Gesellschaft*[23] setzt sich nach Lukács eine Form des ethischen und geschichtsphilosophischen Agnostizismus in der deutschen Soziologie durch, der die Gesellschaftstheorie zu einer bornierten Einzeldisziplin umwandelt.

Dies gilt ihm zufolge auch für Webers Religionssoziologie, in der die Wechselwirkung von Wirtschaftsformen und Religionen unter schroffer Ablehnung der von Marx postulierten Priorität der Wirtschaft untersucht wird. Die klassische deutsche Soziologie zielt nach Lukács darauf, in der Polemik mit dem Marxismus alternative Erklärungen zur Entstehung des Kapitalismus zu liefern. Webers Konzeption der protestantischen Ethik ist in der Hinsicht als die erfolgreichste dieser Alternativerklärungen zu sehen. Sie geht von der Wechselbeziehung zwischen Wirtschaftsethik und ökonomischen Formationen aus und behauptet die fak-

---

21   Vgl. dazu Horkheimer (1988).
22   Vgl. Lukács (1962) S. 521-537.
23   Vgl. Tönnies (1887).

tische Priorität des religiösen Motivs, wodurch sie nach Lukács das Wesen des Kapitalismus »entökonomisiert und vergeistigt«. Schließlich legt Weber in der Wirtschaftsethik des Protestantismus die Ursache des Kapitalismus auf eine Art fest, die Lukács zufolge den historischen Materialismus zu widerlegen und die »objektive gesellschaftliche Wirklichkeit« vom subjektiven Gesichtspunkt her aufzulösen scheint.

Weber hat sich Lukács' Ansicht nach zwar gegen den Vorwurf des Relativismus gewehrt, er hat jedoch seine »agnostisch-formalistische Methode« als die einzig wissenschaftliche angesehen. Folglich gewährleistet seine Soziologie nur eine sozialtechnische Untersuchung der Mittel, die zur Verwirklichung von bestimmten Zwecken dienen. Alles andere ist in den Bereich des bloßen Glaubens verbannt. Die sozialwissenschaftliche Wertfreiheit läuft damit nach Lukács auf eine Irrationalisierung des gesellschaftlich-geschichtlichen Geschehens hinaus. Dies hat Weber zuletzt eingestehen müssen, als er den unlöslichen Kampf der Wertordnungen zur Grundlage des gesellschaftlichen Zusammenlebens machte. Da er solcherart Kampf jedoch im Unterschied zu Marx nicht als dialektische Entwicklung umdeuten konnte, war er – so Lukács – gezwungen, in den Irrationalismus zu fliehen. Damit ist auch die wissenschaftliche Vertretung praktischer Stellungnahmen für Weber unmöglich gewesen, weil die unterschiedlichen Wertordnungen in einem durch die Vernunft unlösbaren Kampf zu stehen scheinen. Mit dieser Vorstellung steht Weber auch laut Lukács unter dem Einfluss von Nietzsches Philosophie und macht die Irrationalität der menschlichen Stellungnahmen in Bezug auf ihre Praxis zu einer überhistorischen Tatsache des gesellschaftlichen Lebens. Webers Weltanschauung mündet somit für Lukács im »religiösen Atheismus der imperialistischen Periode«, dessen Grundlage er in der sozialhistorischen Perspektivenlosigkeit einer nicht dialektischen Gesellschaftswissenschaft sieht.

So schließt die vierte Distanzierung von Webers politischem Denken mit einer Verwerfung der wissenschaftlichen Wertfreiheit zugunsten von Marx dialektischer Gesellschaftstheorie. Sie hat heute vor allem historische Bedeutung, obwohl sie in der Weber-Rezeption eine Rolle gespielt hat. Bei der Darstellung der vier Abgrenzungen von Webers Wertfreiheitspostulat sollte gezeigt werden, auf welche Art Webers Werk durch Denker, die klassische Richtungen der politischen Reflexion vertreten, aufgenommen wurde. Bezeichnend ist dabei, dass insbesondere das Postulat der Wertfreiheit und die Art, wie Weber die Beziehung zwischen Ethik und Politik festlegt, im Zentrum der Debatte stehen. Dies deutet darauf hin, dass damit ein Themenkomplex angesprochen wird, der eine gewichtige Rolle im politischen Denken sowie in dessen Theorie einnimmt.

Nun geht es darum zu zeigen, wie Weber von den Autoren aufgefasst wird, die seine Trennung von wertfreier Wissenschaft und politischem Denken als Grundlage der Sozialwissenschaft mittragen. Diese lassen sich in drei Gruppen unterteilen und zwar in Abhängigkeit davon, ob sie ausgehend von der Akzeptanz des Wertfreiheitspostulats ihre Aufmerksamkeit eher auf Weber als Wissenschaftler, handelnden Politiker oder politischen Philosophen lenken.

2. Max Weber in der Rezeption

2.1 Weber als Sozialwissenschaftler

Die Rezeption Max Webers als Sozialwissenschaftler im engeren Sinne ist durch das Werk der Soziologen geprägt, die sich im Laufe der Jahrzehnte auf ihn als Vordenker, Begründer und richtungsweisenden Autor der modernen Sozialwissenschaft als Fachdisziplin berufen haben. So ist Webers Bild in diesem Zusammenhang eng mit der Institutionalisierungsgeschichte der Soziologie sowohl in Europa als auch in Amerika verbunden. Vor allem die Rezeption durch US-amerikanische Soziologen war für die Wirkungsgeschichte maßgeblich, da deren Theorien wiederum eine Schlüsselrolle für den Neuaufbau der europäischen Soziologie nach dem Zweiten Weltkrieg gespielt haben. Die Hauptvertreter der amerikanischen Weber-Rezeption sind somit größtenteils auch die Urheber des klassischen Bildes von Weber als Sozialwissenschaftler und Verfechter des Wertfreiheitspostulats.

Die kanonische Zuordnung Webers zu den Begründern der Soziologie als eigenständige Wissenschaft erfolgte im Wesentlichen durch Parsons' Werk *The Structure of Social Action*.[24] Darin untersucht Talcott Parsons (1902–1979) das Werk unterschiedlicher europäischer Soziologen und bemüht sich zu beweisen, dass ein allgemeines System der Gesellschaftstheorie besteht, dessen Bereich andere Disziplinen nicht angemessen abdecken. In diesem Zusammenhang wird Weber zum Mitbegründer jener spezifischen Sozialwissenschaft erhoben, die Parsons vorschwebt, wobei Webers Leistung auf die Formulierung einer »voluntaristischen Handlungstheorie« zurückgeführt wird. Damit ist der Grundstein für eine Rezeption gelegt, die unter Anwendung von besonderen Interpretationsperspektiven ihre Aufmerksamkeit auf Teilaspekte von Webers Werk richtet und wichtige Momente

---

24   Parsons (1937).

seiner Gesellschafts- und Herrschaftstheorie ausblendet. Andererseits hat die Entdeckung Webers durch die amerikanische Soziologie eine historische Bedeutung, da dadurch seine Begriffe in der Feldforschung Anwendung fanden und die Aufmerksamkeit für sein Werk über die Zeit des Zweiten Weltkrieges hinaus aufrechterhalten wurde.

Die Selektivität der amerikanischen Weber-Rezeption spiegelt sich auch in der Übersetzungsgeschichte wider, die dem englischsprachigen Publikum lange Zeit nur bestimmte Texte zur Verfügung stellte, so dass Reinhard Bendix (1916–1991) 1960 noch deren Unvollständigkeit bemängeln musste.[25] Dies spornte ihn schließlich an, eine Gesamtdarstellung von Webers soziologischem Werk auszuarbeiten, um die Fragmentalität der bisherigen Rezeption zu überwinden. Zu diesem Zweck wählte er eine Darstellungsweise, die eine nachhaltige Wirkung darauf ausübt, wie Weber als Soziologe wahrgenommen wird. Bendix geht nicht von Webers methodologischen Schriften aus, um seine Vorstellung von Sozialwissenschaft zu erklären, sondern von dessen frühen empirischen Untersuchungen über die Lage der ostelbischen Landarbeiter.[26]

Bendix vollzieht damit eine bedeutende Rezeptionswende, indem er Weber direkt aus dessen Forschungsarbeit als Sozialwissenschaftler darstellt und nicht aus seinen neokantianisch geprägten methodologischen Aufsätzen. Webers theoretische Leistung sieht Bendix indes in der Pionierarbeit, die er auf dem Gebiet der komparativen Zivilisationsforschung geleistet hat, wobei das Konzept des Rationalisierungsprozesses den Kern seiner Forschung bildet. Der Religionssoziologie Webers kommt jedoch eine vorbereitende Bedeutung zu, die zum Höhepunkt seiner Reflexion in das definitorische Spätwerk *Wirtschaft und Gesellschaft* überleitet. Dadurch stellt Bendix' Gesamtdarstellung von Webers soziologischem Werk einen Kanon dar, der die Weber-Forschung nachhaltig beeinflusst hat. Auch in Deutschland hat Ben-

---

25 Bendix (1960).
26 Vgl. Weber (1988b) S. 470-507.

dix' Darstellung eine bedeutende Rolle gespielt, vor allem durch René Königs Rezeption, der bereits 1960 davon ausging, dass Weber durch die Vermittlung von Bendix hier eine systematische soziologische Diskussion anregen würde.[27]

Mit dem Streit über das Wertfreiheitspostulat befasst sich Bendix zusammen mit Guenther Roth in der gemeinsamen Studiensammlung *Scholarship and Partisanship*.[28] Die Beziehung zwischen Sozialwissenschaft und Politik betrachten beide als kontrovers, da diese sowohl einen Generationskonflikt (den sie in den USA der frühen 1970er Jahre miterlebten) als auch die Spannung zwischen wissenschaftlicher Distanz und politischem Engagement birgt.

Zeitgenössische Intellektuelle könnten von Webers Redlichkeit, von seiner Ablehnung der Spekulation und von seiner historisch nüchternen Forschung lernen, denn er selbst lebte im Konflikt mit der Generation seiner politischen und wissenschaftlichen Lehrer, entschied sich aber trotzdem für eine wissenschaftliche Laufbahn. Im Unterschied zu vielen anderen avancierte Weber jedoch nicht zum Apologeten des Status quo, wie seine soziologischen Untersuchungen bezeugen. Dennoch bleibt Weber das Ziel der Polemik hinsichtlich der sozialwissenschaftlichen Wertfreiheit, zu deren Galionsfigur er stilisiert wurde. Webers Werk auf dessen politische Positionen zu reduzieren, wäre jedoch nach Bendix und Roth falsch, da dann eine abgewogene Einschätzung seiner Leistung nicht mehr möglich wäre. Eine tiefere Kenntnis von Webers Werk sowie dessen historische Einbettung tragen indessen dazu bei, die Tragweite von Webers Konzeption der sozialwissenschaftlichen Wertfreiheit besser zu verstehen.

Kritik gegenüber dem von Bendix aufgestellten Rezeptionskanon äußert Friedrich Tenbruck (1919–1994) in seiner Studie über Webers Werk.[29] Bendix' These gerät in Widerspruch, wenn die Frage gestellt wird, in welchem Werk sich Weber die Untersuchung des Rationalisierungsprozesses selbst zur Aufgabe ge-

---

27   Vgl. König (1960).
28   Bendix; Roth (1971).
29   Tenbruck (1999) S. 59-98.

macht hat. Die Antwort von Bendix kollidiert laut Tenbruck mit der Zeitfolge der Weberschen Arbeiten, da er nur deren Veröffentlichungsdaten berücksichtigt und nicht die Abfassungszeiten. So verlangt Bendix Interpretationshypothese, dass *Wirtschaft und Gesellschaft* als Webers »letztes hinterlassenes Hauptwerk« betrachtet wird. Dem stellt Tenbruck die These entgegen, dass die Religionssoziologie als das eigentliche Hauptwerk und als die Krönung von Webers Werk zu betrachten ist. Dort und vor allem in der Zwischenbetrachtung[30] hat Weber das Ergebnis seiner vergleichenden Untersuchungen über die Entwicklung der Rationalität zusammenfassend dargestellt. Dabei zeigt sich, wie sich für Weber der Begriff des Rationalismus historisch unterschiedlich konkretisieren lässt, indem sich derselbe empirische Zusammenhang von einem Gesichtspunkt ausgehend als rational und von einem anderen als irrational betrachten lässt. Für Tenbruck zieht Weber damit nur die logische Konsequenz des Wertfreiheitspostulats, wonach die rationale Unbeweisbarkeit der Werte zur erkenntnistheoretischen Grundlage der Soziologie gemacht wird. In verkürzter Interpretation ist Webers Wertfreiheitspostulat zur politischen Ausdeutung gekommen, als Aufruf zur unbedingten Disziplin der wissenschaftlichen Sachlichkeit. Mit dem Interpretationsschlüssel, der aus Webers Religionssoziologie zu gewinnen ist, lässt sich jedoch zu dessen tieferer Bedeutung durchdringen. Dadurch kann die Soziologie auch in der modernen entzauberten Welt als Instrument der Erkenntnis und der praktischen Orientierung dienen und über die Schranken der Auseinandersetzung zwischen den politischen Ideologien hinausweisen.

An Tenbruck schließt Wolfgang Schluchters Auseinandersetzung mit Webers Werk an.[31] In den 1970er Jahren galt *Wirtschaft und Gesellschaft* noch als Webers Hauptwerk und als einheitliches in zwei Teile gegliedertes Buch. Tenbrucks Angriff auf diese vorherrschende Meinung hat die Diskussion in Gang gebracht, ob *Wirtschaft und Gesellschaft* nicht als eine Sammlung

---

30   RS I 536-573.
31   Schluchter (1998) S. 9-37.

von unterschiedlichen Texten zu sehen ist. In seiner Auseinandersetzung mit dieser Frage stellt Schluchter fest, dass Tenbruck mit der Verneinung der Zweiteilung von *Wirtschaft und Gesellschaft* Recht hat, wobei die Behauptung der Zweitrangigkeit dieses Werks in Webers Œuvre zu weit geht. Die *Religionssoziologie* und *Wirtschaft und Gesellschaft* sind als die beiden Hauptwerke Webers zu betrachten, obwohl eine Reihe von Emendationen zur Stellung des letztgenannten Werks in der Rezeptionsgeschichte zu machen sind. Dies wirft unterschiedliche Fragen auf, die nur zu klären sind, indem Webers Forschungsprogramm in seiner Eigenart erfasst wird, was wiederum eine Auseinandersetzung sowohl mit der Struktur der *Religionssoziologie* als auch von *Wirtschaft und Gesellschaft* voraussetzt. So nimmt sich Schluchter die Rekonstruktion von Webers Forschungsprogramm vor und versucht in der Theoriediskussion der 1970er Jahre eine Brücke zwischen Webers Theorie und der modernen Systemtheorie sowie Habermas' Rekonstruktion des historischen Materialismus zu schlagen. Dabei ist die Bedeutung von Webers Werkgeschichte als zunehmend groß einzuschätzen, da sein Ansatz als ein gültiges »makrosoziologisches Forschungsprogramm« angesehen wird. Schluchters Untersuchung dieses Programms setzt sich zuerst mit der Ausgangslage der Weber-Diskussion in den 1970er Jahren auseinander, um dann ein Gesamtverständnis seines Werks zu erarbeiten. Methodologisch gesehen geht es dabei um den evolutionstheoretischen Status von Webers Forschungsprogramm, sachlich gesehen um das Problem der gesellschaftlichen Rationalisierung. Der Fragestellung von Webers »makrosoziologischem Forschungsprogramm« ist Schluchter seitdem in einer Reihe von Untersuchungen nachgegangen, die eine Orientierung in den unterschiedlichen Bereichen von Webers Werk ermöglichen.[32]

Die Neuentdeckung von Webers Sozialwissenschaft hat schließlich eine fruchtbare Wirkung auf die historische For-

---

32 Vgl. Schluchter (1991a); (1991b); sowie Schluchter (Hg.) (1983); (1984); (1985b); (1987); (1988).

schung gehabt, auf die hier nur hingewiesen werden kann. So haben einerseits Jürgen Kocka und Hans-Ulrich Wehler die Sozialgeschichte als historische Sozialwissenschaft auf Webers soziologische Kategorienbildung gestützt.[33] Andererseits hat Reinhart Koselleck Webers Rolle für die begriffliche Klärung vor allem auf dem Gebiet der Herrschaftstheorie gewürdigt.[34]

2.2 Weber als Politiker

Die Rezeption Webers als Klassiker der Soziologie geht von der Akzeptanz des Wertfreiheitspostulats sozialwissenschaftlicher Forschung aus. So wird Weber auf der Grundlage seines wissenschaftlichen Werks wahrgenommen, weil seine Aktivität als politischer Schriftsteller nach dem Vorsatz der Wertfreiheit nicht dazu gezählt werden kann. Umgekehrt basiert die Rezeption Webers als Politiker auf der Vorstellung, dass das politische Moment und damit seine aktive politische Tätigkeit sowie seine Stellungnahmen als politischer Schriftsteller ausschlaggebend für das Verständnis des theoretischen Werks sind.

Die Interpretation von Webers Werk als Ausdruck seiner politischen Einstellung ist vornehmlich das Ergebnis von Wolfgang J. Mommsens Untersuchungen aus den 1950er Jahren. In seiner Studie über *Weber und die deutsche Politik*[35] steht die Frage nach der Wirkung von Webers politischer Weltanschauung auf dessen gesamte Denkungsart im Zentrum der Betrachtung. Seit seiner Jugend war Weber in Mommsen Augen stets hin und her gerissen zwischen der Entscheidung für eine akademische und der für eine politische Laufbahn. Als er im Jahr 1895 dem Ruf nach Freiburg als Professor für Nationalökonomie folgte, bedeutete dies für Weber keinen Abschied von der Politik. Die Volkswirtschafts-

---

33 Vgl. Kocka (1986a); Wehler (1973).
34 Vgl. Koselleck (1982).
35 Vgl. Mommsen (1974a) 2., überarbeitete und erweiterte Aufl., zuerst erschienen 1959.

lehre stellte für ihn eine politische Wissenschaft dar, die er als »Dienerin der machtpolitischen Interessen der Nation« verstand, wie laut Mommsen Webers Antrittsrede von 1895 bezeugt.[36]

Weber entwickelt in dieser Rede sein politisches Programm und weist alle Wertideale von sich – ausgenommen den Begriff der Nation, da er in diesem nach Mommsen den letzten Wert schlechthin sah. Diese paradoxe Wendung, die dem Wertfreiheitspostulat widerspricht, ist für Mommsen auf den Einfluss von Nietzsches Denkungsart auf Weber zurückzuführen. Obwohl Weber später seine Antrittsrede als unreifes Jugendprodukt bezeichnete, habe er die ihrem Leitprinzip zugrunde liegende Einstellung nie verworfen. Gerade weil Politik – so Weber nach Mommsen – kein moralisches Fundament haben kann, fußt die Wertfreiheitslehre auf dem Bemühen, das Nationalstaatsideal zum alleinigen Richtmaß der Nationalökonomie zu erheben. Dieser »nationalen Grundhaltung« ist Weber Mommsen zufolge zeitlebens treu geblieben.[37]

Nach dem Zusammenbruch des Kaiserreichs 1918 bestand für Weber die Notlage, ein neues Verfassungsgebäude zu errichten, um den entstehenden demokratischen Staat zu stärken. Denn darin sah er, so Mommsen, die einzige Möglichkeit, Deutschlands Zukunft als Nation zu sichern. In diesem Zusammenhang stellte die Stärkung des Parlaments die notwendige Voraussetzung dar, um die neue Verfassungsform zu stabilisieren. Dies schrieb Weber im November 1918 in einer Reihe von Artikeln für die *Frankfurter Zeitung*, die nach Mommsen einen großen Einfluss auf die Verfassungsberatungen hatten.[38] Nach der gescheiterten Abgeordnetenkandidatur Webers in Hessen/Nassau und aufgrund seiner nun skeptischeren Meinung gegenüber der Parteibürokratie habe sich auch Webers Einstellung zur Verfassungsfrage gewandelt. Seitdem plädierte er konsequenter für die direkte Wahl des Reichspräsidenten durch das Volk. Denn dadurch hätte dieser die nationale Einheit verkörpert und seine

---

36 Vgl. ebd. S. 38. Vgl. auch GPS 1-25.
37 Vgl. Mommsen (1974a) S. 51-52.
38 Ebd. S. 357-358. Vgl. auch GPS 448-483.

Wahl eine Auslese von Führerpersönlichkeiten ermöglicht, die als Gegengewicht zur Herrschaft der Parteibürokratien wirken konnte.[39] Diese Schlussfolgerung veranlasst Mommsen dazu, eine kritische These über die politische und theoretische Position des späten Webers aufzustellen, die in der Literatur nach wie vor für rege Diskussionen sorgt.

Die Bedeutung von Webers Lehre des Reichspräsidenten als ein vom Volk direkt beauftragter »politischer Führer« beschränkt sich für Mommsen nicht nur auf deren Wirkung auf die Gestaltung der Verfassungsinstitution des Reichspräsidenten in der Weimarer Republik. Sie hat darüber hinaus auch eine bestimmte Mitverantwortung für die darauf folgende verfassungsrechtliche Debatte der späten 1920er Jahre.[40] Sie trug nach Mommsen nicht unerheblich dazu bei, die Praxis der präsidialen Regierungen theoretisch zu legitimieren.

Vor allem Carl Schmitt hat für Mommsen Webers Konzeption des vom Volk gewählten Reichspräsidenten als politischer Führer aufgegriffen und bis zur äußersten Grenze des Möglichen fortentwickelt.[41] Schmitts Interpretation ist nach Mommsen zwar einseitig, aber in der Begrifflichkeit eine durchaus fundierte Weiterentwicklung von Webers Forderung nach einem mit Autorität ausgestatteten Reichpräsidenten als Repräsentanten des politischen Gesamtwillens des Volkes. Weber selbst hat eine Wendung des plebiszitären Führergedankens gegen den parlamentarischen Staat oder gar dessen Fortentwicklung zur totalen Herrschaft niemals intendiert und hätte sie auch unter keinen Umständen gebilligt. Trotzdem hat sich für Mommsen der politische Gedanke des »cäsaristischen Führertums« über den Intensionsbereich seiner Entstehung im Laufe der 1920er Jahre verselbständigt.

Dies wirft ein Licht auf die »innere Problematik« von Webers Verfassungsidealen. Weber war ein Zeuge der Krise des Liberalis-

---

39   Vgl. Mommsen (1974a) S. 396-397.
40   Ebd. S. 407 f.
41   Vgl. Ebd. S. 408, insb. Fußnote 156. Vgl. auch Schmitt, Carl (1983[6]). *Verfassungslehre* (1928). Berlin: Duncker und Humblot.

mus und der wachsenden Vorherrschaft des bürokratischen Beamtentums als Herrschaftsmittel des Obrigkeitsstaats. Zur Konzeption der »Führerdemokratie« verleitete ihn aber überdies die bittere Erfahrung des Mangels an politischen Persönlichkeiten im Deutschland seiner Tage sowie die Erkenntnis, dass die fortschreitende Bürokratisierung von Staat und Parteiwesen den unabhängigen Politikern den Aufstieg zur Macht erschwerte. Die innere Problematik von Webers Verfassungsidealen hängt jedoch für Mommsen von dessen politischer Grundhaltung ab, die er zeitlebens nicht wesentlich änderte. Mommsen betrachtet sie als die politische Grundhaltung »eines sowohl konsequenten, wie auch realistischen Nationalisten und Imperialisten«.[42] Hinzugekommen sei seit 1918 die Überzeugung, dass eine außerparlamentarische Rekrutierung von »politischen Führern« im Kampf gegen die Vorherrschaft der Bürokratie notwendig sei. Seine späte politische Theoriebildung habe Weber diesen Ansichten untergeordnet.

Mommsens Auslegung von Webers politischer Grundhaltung hat eine leidenschaftliche Polemik entflammen lassen, die noch heute anhält und zu einer gegensätzlichen Betrachtung Webers als Sozialwissenschaftler oder als Politiker beiträgt. Die scharfe Kritik gegenüber Webers »politischer Grundhaltung« hat Mommsen jedoch nicht daran gehindert, weiterhin einen fruchtbaren Beitrag zur Erforschung vor allem von Webers Herrschaftssoziologie zu leisten.[43]

2.3 Weber als politischer Philosoph?

Die Trennung zwischen sozialwissenschaftlicher Wertfreiheit und politischem Urteil spiegelt sich in der Rezeption Webers insofern wider, als er entweder vornehmlich als Soziologe oder als

---

42 Vgl. Mommsen (1974a) S. 443.
43 Vgl. dazu Hanke; Mommsen (Hg.) (2001).

Politiker betrachtet wird. Gegen die Trennung zwischen dem politischen und dem wissenschaftlichen Denken Webers spricht sich Karl Jaspers (1883-1969) in seiner Darstellung *Max Weber. Politiker – Forscher – Philosoph* aus.[44] Weber zeichnet sich für Jaspers durch sein scharfes und treffsicheres politisches Urteil aus, das ihn für eine politische Führungsrolle in Deutschland nach dem Zusammenbruch von 1918 qualifizierte. Die historischen Umstände hinderten ihn jedoch daran, ein politisches Amt anzunehmen. In der Stunde des Scheiterns der Weimarer Demokratie blickte Jaspers 1932 auf Weber zurück auf der Suche nach der politischen Orientierung, die Weber als »große deutsche politische Persönlichkeit« idealtypisch bieten konnte.

Weber war für Jaspers allerdings nicht nur ein »Politiker«, sondern auch ein »großer Forscher«, zu dessen Einsichten die Erklärung der innerweltlich-asketischen Lebensführung in ihrer Bedeutung für die Entstehung des modernen Kapitalismus gehört. Weber begründet seine Methode auf der »Trennung« zwischen Erfahrungswissen und wertender Beurteilung. Dies bedeutet aber nicht, dass er die Erfüllung der wissenschaftlichen Pflicht, die Wahrheit der Tatsachen zu sehen, ohne die Erfüllung der praktischen Pflicht, für die eigenen Ideale einzutreten, für möglich hält. Weber wendet sich nur gegen die Vermischung beider Pflichten, wobei er nach Jaspers die abgetrennten Sphären der wertfreien Wissenschaft und des politischen Werturteils in der existentiellen Dimension seines eigenen Lebens wieder vereinigt. Diese Schlussfolgerung verleitet Jaspers dazu, Weber als einen »Philosophen« zu sehen, der gerade durch das Wertfreiheitspostulat das Bewusstsein dessen, was nicht gewusst ist, in die Reflexion über die Wissenschaft mit einbezieht. Weber philosophiert zwar nicht, sein »Philosophieren« ist aber trotzdem nach Jaspers in dem zu finden, was er als Politiker, Forscher und Mensch faktisch tat. Besonders an dem Punkt, wo Weber scheitern musste, da seine Tätigkeit gegenüber der »ihm auferlegten Geschichtlichkeit« zum Scheitern verurteilt war, liegt für Jaspers Webers Grö-

---

44   Jaspers (1988) S. 49-114.

ße. Denn dort verkörpert er die Möglichkeiten, die das Denken zum Vorschein bringt, wenn es mit den politischen, wissenschaftlichen und menschlichen Grenzen des Daseins konfrontiert ist.

Andere Autoren haben sich mit Weber als philosophischem Denker befasst, so hat Karl Löwith (1897–1973) versucht, Marx und Webers Sicht der modernen Welt zu vermitteln.[45] Vor allem aber hat Wilhelm Hennis mit seinen Beiträgen seit den 1980er Jahren auf die Bedeutung Webers als Fortführer der Tradition praktischer Philosophie insistiert. Hennis ist durch die These bekannt, dass Webers Fragestellung nicht der Rekonstruktion des »abendländischen Rationalismus« gilt, sondern der Bedeutung der Lebensführung für die »Entwicklung des Menschentums« in seiner modernen Ausprägung.[46] Damit meint Hennis, dass für Weber die anthropologische Fragestellung leitend ist, die nach dem Ursprung des Typus Mensch fragt, der aufgrund seiner »Seelenverwandtschaft« mit der kapitalistischen Wirtschaftsform in der Moderne vorherrschend geworden ist. Die Entwicklungsgeschichte des »modernen Berufsmenschen« als soziologischer Typus und die Frage nach der religiösen Wurzel seiner rationalen Lebensführung stehen demnach im Zentrum von Webers Werk.

Diese Fragestellung versucht Weber an der Untersuchung der typischen Lebensführung festzumachen, die das moderne Abendland in seiner Entstehung auszeichnet, nämlich die Lebensführung des asketischen Protestantismus. Der Geist methodischer Lebensführung wird aus der Askese in ihrer protestantischen Umbildung abgeleitet, die mit den kapitalistischen Wirtschaftsformen in einem Verhältnis der Wahlverwandtschaft steht. Dabei geht es Weber, so Hennis, um die »charakterologische Wirkung« bestimmter Arten der Frömmigkeit, die den Sieg des Kapitalismus in der Seele des Menschen durch den darin stattfindenden Sieg des »ethisch-asketischen Lebensstils« vorbereiteten.

---

45 Vgl. Löwith (1988).
46 Vgl. Hennis (1987) S. 3 f.

Für die Einschätzung von Webers politischem Denken ist jedoch vor allem Hennis These relevant, dass Weber als Fortsetzer der Tradition praktischer Philosophie zu sehen ist.[47] Webers charakterologische Fragestellung, die das Verhältnis von Persönlichkeit, Lebensführung und gesellschaftlichen Ordnungen und Mächten untersucht, deckt sich nach Hennis nahtlos mit der Grundfrage der abendländischen politischen Wissenschaft. Diese fragte von Platon bis Rousseau nach der Staatsform, die das Gemeinwesen haben muss, damit charaktervolle freie Bürger wachsen können. Nach Hennis orientierte Weber seine Arbeit zeitlebens an der Aufgabe der »politischen Erziehung der Nation«. So ist sein Werk nicht nur in seiner Stellung zum südwestdeutschen Neukantianismus zu verstehen, sondern auch in seinen Wurzeln in der älteren philosophischen Tradition. Weber hat sich nach Hennis mit der seinerzeit »auslaufenden Tradition der praktischen Philosophie« und folglich mit der politisch-praktischen Bedeutung der Lebensführung sowie der gesellschaftlichen Ordnungen und Mächte für die Ausprägung des »modernen Menschentums« befasst. Deshalb ist Weber als der letzte Autor in der Tradition der praktischen Wissenschaft sowohl im Bereich der Politik als auch der Nationalökonomie zu sehen.

Hennis' Schlussfolgerung stellt eine wichtige Herausforderung für die Rekonstruktion von Webers politischem Denken dar. Er wirft die Frage auf, ob sich Webers Untersuchung der gesellschaftlichen Ordnungsfaktoren individueller Lebensführung in die Tradition der politischen Philosophie einordnen lässt. Die Antwort auf diese Frage kann sehr unterschiedlich ausfallen, in Abhängigkeit davon wie Webers methodologische und theoretische Sichtweisen interpretiert werden. Vieles hat auch mit der Einschätzung der Aufgabe der Sozial- oder Politikwissenschaft zu tun sowie damit, wie das Verhältnis ihrer deskriptiven und normativen Ebene festgelegt wird. In der folgenden Rekonstruktion geht es zunächst darum zu zeigen, welche Terminologie Weber entwickelt, um eine »Topographie« des politischen Phänomens

---

47   Vgl. Hennis (1996) S. 93 f.

zu entwickeln. Damit befassen sich die Kapitel 4 bis 7, wobei das Kapitel 8 schon zu Webers Zeitdiagnose überführt. Das Kapitel 9 beschäftigt sich indes mit der Art wie Weber die Beziehung zwischen Ethik und Politik festlegt. In diesem Zusammenhang wird auf die Problematik einer »normativen Ergänzung« wertfreier Sozialwissenschaft hingewiesen, deren Aufarbeitung jedoch den Rahmen der vorliegenden Untersuchung sprengen würde und Gegenstand einer getrennten Studie zu sein hat.

Bevor jedoch die Darstellung von Webers politischer Terminologie erfolgt, gilt es zunächst die Grundzüge seiner Methodologie zu veranschaulichen.

3. Methodologische Grundzüge der verstehenden Soziologie

Webers Methodologie ist ein komplexes Thema, dem sich gewichtige monographische Studien widmen und das hier nur in den Grundzügen behandelt werden kann. Darüber hinaus ist die Methode der »verstehenden Soziologie« Gegenstand zahlreicher Auseinandersetzungen in der Weber-Forschung, auf die hier nicht eingegangen wird und die durch die entsprechende Sekundärliteratur aufgearbeitet werden können.[48] Die folgenden Erläuterungen beschränken sich darauf, die Grundannahmen von Webers Methodologie zu erklären, die zum Verständnis des Aufbaus seiner politischen Terminologie notwendig sind.

Die bereits eingeführte Konzeption der Wertfreiheit bildet den Ausgangspunkt für die Entwicklung von Webers Methodologie. Die Sozialwissenschaft setzt eine Betrachtung der sozialen und politischen Phänomene voraus, die Abstand von den Weltanschauungen des Wissenschaftlers als Privatmensch verlangt. Dies bedeutet für Weber jedoch nicht, dass sich die Sozialwissenschaft mit dem Bezug der Handelnden auf Ideen, Werte und politische Vorstellungen nicht befasst. Denn gerade die Fähigkeit, die Struktur des sozialen Handelns sowie seine Orientierung an Wertvorstellungen zu erklären, gehört zu den Grundaufgaben der Sozialwissenschaft. Indem die »Kausalkette« des Handelns von der Motivation über die Mittel bis zum Handlungszweck rekonstruiert wird, ergibt sich für Weber die Möglichkeit, den politischen, religiösen oder sonstigen Wertbezug einer sozialen Handlung objektiv zu erklären. Dieses Erklärungsverfahren setzt sich jedoch aus einer Serie von methodologischen Schritten zusammen, die Weber sowohl in den *Aufsätzen zur Wissenschaftslehre* als auch in den »Methodischen

---

48 Vgl. Brunn (1972); Merz (1990); Prewo (1979); Scheltings (1934); Schluchter (1991a); Tenbruck (1999).

Grundlagen« von *Wirtschaft und Gesellschaft* kritisch untersucht und umfassend darlegt.[49]

Für die Rekonstruktion von Webers Methodologie ist deshalb die Definition der Begriffe entscheidend, auf die sich der nächste Abschnitt konzentriert. Dazu zählen: die Definition der »Objektivität sozialwissenschaftlicher Forschung«, das Prinzip des »methodologischen Individualismus« sowie der Begriff der »verstehenden Soziologie« und ihre spezifische »Verstehensmethode«, deren Hauptabschnitte die Untersuchung vom »Sinn des sozialen Handelns«, die »idealtypische Begriffsbildung« und schließlich der Begriff vom »Rationalitätstypus« sind.

In seinem Aufsatz »Die ›Objektivität‹ sozialwissenschaftlicher und sozialpolitischer Erkenntnis« setzt sich Weber mit der Objektivitätsproblematik auseinander.[50] Er stellt die grundlegende Frage, ob eine objektiv gültige Erkenntnis auf dem Gebiet der Kulturwissenschaften überhaupt möglich ist. Unter der Voraussetzung, dass die Sozialwissenschaft wertfrei operiert und keine Normen und Ideale zu ermitteln hat, aus denen Rezepte für die Praxis abzuleiten sind, kann sie zu einer objektiven Erkenntnis gelangen. Eine kritische Erforschung von Idealen und Werturteilen wird dadurch möglich, dass das Handeln in seinem Wertbezug erklärt und als Kausalkette der Mittel und Zwecke rekonstruiert wird. Auf diesem Weg lässt sich beurteilen, ob die vom Handelnden eingesetzten Mittel für die Erreichung des angestrebten Zwecks geeignet sind, da sich objektiv zeigen lässt, welche Alternativen in der Auswahl der Mittel und in der Festlegung der Zwecke möglich sind.

---

49 Die Aufsätze zur Wissenschaftslehre werden aus Weber (1988d) mit der Sigle WL zitiert. Zum problematischen Status des posthum entstandenen Titels *Gesammelte Aufsätze zur Wissenschaftslehre* vgl. Tenbruck (1999) S. 1 f. Als Grundlage der Untersuchung von *Wirtschaft und Gesellschaft* dient die 5., revidierte Studienausgabe (Weber 1980), aus der mit der Sigle WuG zitiert wird.

50 Vgl. WL 146-214. Diese Abhandlung wurde bei der Übernahme des *Archivs für Sozialwissenschaft und Sozialpolitik* von den Herausgebern Werner Sombart, Max Weber und Edgar Jaffé veröffentlicht.

Webers Ansicht nach ist wissenschaftliche Forschung auf dem sozialökonomischen Gebiet nie voraussetzungslos, sondern durch das »Erkenntnisinteresse« des Forschers bedingt. [Vgl. WL 161] Ohne die Festlegung auf einen bestimmten Gesichtspunkt, nach dem die sozialen Erscheinungen als Forschungsobjekte ausgewählt werden, ist also auch keine sozialwissenschaftliche Untersuchung möglich. Damit die Ergebnisse der Forschung einen objektiven Charakter erhalten, gilt es jedoch, das Erkenntnisinteresse zu explizieren und den Wertbezug des untersuchten Handelns darzustellen, ohne diesen wertend einzustufen. So erklärt die Sozialwissenschaft beispielsweise die Orientierung des sozialen Handelns an politischen Idealen, darf diese Ideale jedoch nicht bewerten, denn dies würde ihren Objektivitätsanspruch in Frage stellen. Methodologisch gesehen, stützt sich die Sozialwissenschaft dabei auf eine »verstehende Interpretation« des Handelns, um die Verkettung von Zwecken und Mitteln sowie die Wertbezüge zu erfassen, die das Handeln ausmachen. Die erkenntnistheoretische Besonderheit dieses Erklärungsverfahrens besteht darin, dass es sich keiner naturwissenschaftlichen Methoden bedienen kann. Denn diese subsumieren die Einzelerscheinung unter allgemeine Gesetze, wohingegen es die Kultur- und Sozialwissenschaften mit »historisch-gesellschaftlichen Individualerscheinungen« zu tun haben, die als solche verstehend zu erklären sind. [Vgl. WL 179 f.]

Soziale Phänomene zu untersuchen, bedeutet folglich, sich mit ihrem Sinn zu befassen. Dies ist jedoch Weber zufolge nur unter der Voraussetzung möglich, dass der »subjektiv gemeinte Sinn« methodologisch zugänglich gemacht wird, den die Individuen mit ihrem Handeln assoziieren. Aus diesem Grund führt die »verstehende Soziologie« die komplexen sozialen Gebilde auf das Handeln der Individuen zurück, weil sich diese Gebilde aus einem Bündel individueller Handlungen zusammensetzen, die sich in ihrem subjektiv gemeinten Sinn verstehend erklären lassen. Dieser Zugang zu den sozialen Phänomenen lässt sich als Webers »methodologischer Individualismus« bezeichnen und erklärt u.a. auch den Grund, warum die verstehende Soziologie auf einer Handlungstheorie begründet ist. [Vgl. WuG 6 (§ 9)] An der Struktur der »Soziologischen Grundbegriffe« lässt sich dieser Ansatz wiedererkennen, weil diese ausgehend vom »sozialen Handeln« der Individuen sukzessive die komplexeren sozialen Beziehungen und Gebilde auf dessen Grundlage entwickeln.

Dem auf die Interpretation des subjektiv gemeinten Sinns abzielenden Ansatz entsprechend, definiert Weber die »verstehende Soziologie« als eine Wissenschaft, die »soziales Handeln deutend verstehen und dadurch in seinem Ablauf und seinen Wirkungen ursächlich erklären will«. [WuG 1] Das »soziale Handeln« bildet den hauptsächlichen Forschungsgegenstand der Soziologie in dem folgendermaßen eingeschränkten Sinn: »›Handeln‹ soll …ein menschliches Verhalten (einerlei ob äußeres oder innerliches Tun, Unterlassen oder Dulden) heißen, wenn und insofern als der oder die Handelnden mit ihm einen subjektiven *Sinn* verbinden. ›Soziales‹ Handeln aber soll ein solches Handeln heißen, welches seinem von dem oder den Handelnden gemeinten Sinn nach auf das Verhalten *anderer* bezogen wird und daran in seinem Ablauf orientiert ist«. [Ebd.] Der für die verstehende Soziologie relevante Sinn beschränkt sich damit auf den »sinnhaften Bezug« der Handelnden auf die Mithandelnden. Diesen Sinnbegriff unterteilt Weber in den tatsächlich (im Einzelfall oder durchschnittlich) zu beobachtenden Sinn einerseits und den innerhalb der analytischen Kategorie vorausgesetzten Sinn andererseits, der zur Interpretation der empirischen Handlung herangezogen wird.

Aufgabe der verstehenden Soziologie ist es, Interpretationsmodelle des sozialen Handelns aufzustellen, deren sie sich schließlich bedient, um das empirische Handeln verstehend zu erklären. In diesem Zusammenhang ist der Handlungssinn ausschlaggebend, den der Sozialwissenschaftler theoretisch voraussetzt, wenn er einen »begrifflich konstruierten reinen Typus« des Handlungsablaufs als Interpretationsmodell des empirischen Handelns entwickelt. [Vgl. Ebd.] Die durch diese Methode gewonnenen Typen der Handlung (Idealtypen) gehören zu den Grundkategorien der verstehenden Soziologie, mit deren Definition und Abgrenzung zur Begriffsbildung anderer Wissenschaften sich Weber eingehend befasst.

Der Idealtypus stellt für die verstehende Soziologie kein normatives Ideal dessen dar, was eine Handlung zu sein hat. Er ist kein »Richtigkeitstypus«, wie dies in der Jurisprudenz der Fall ist, sondern eine analytische Kategorie, die markante Merkmale einer sozialen Handlung hervorhebt, die erfahrungsgemäß ihren »normalen Ablauf« auszeichnen. Der durch dieses Verfahren gewonnene Idealtypus dient dann als Maßstab, um das beobachtete Handeln nach seiner Angemessenheit bezüglich des normalen Ablaufs der Handlung oder aber nach seiner Abweichung davon einzuschätzen. Methodologisch gesehen, geht es jedoch darum, zu klären, wie soziologische Idealtypen aufzustellen sind und welcher Verstehensbegriff damit verbunden ist.

Die wissenschaftliche Deutung des sozialen Handelns strebt »Evidenz« an, wozu ihr grundsätzlich zwei »Verstehensmethoden« zur Verfügung stehen, da diese Evidenz entweder rationalen oder nacherlebenden Charakter haben kann. »Rational evident« bedeutet nach Weber auf dem Gebiet des Handelns, dass ein bestimmter Handlungsablauf »intellektuell verstanden« wird. Dies impliziert den Umstand, dass der Sozialwissenschaftler die beobachtete Handlung rational nachvollziehen kann, da der Handelnde aus den gegebenen Zwecken und bekannten Erfahrungstatsachen die sich eindeutig ergebenden Konsequenzen für die Auswahl der Mittel gezogen hat. »Jede Deutung eines derart rational orientierten Zweckhandelns besitzt – für das Verständnis der angewendeten *Mittel* – das Höchstmaß von Evidenz«. [WuG 2] Deshalb zielt Webers Kategorienbildung vorerst auf die Definition der »Rationalitätstypen« hin, weil diese zu überprüfen ermöglichen, ob das empirische Handeln dem Rationalitätsfall entspricht, der am eindeutigsten zu verstehen ist.

Ausgehend vom Rationalitätstypus lassen sich dann die Handlungstypen »geringerer Evidenz« dadurch verstehend erklären, dass sie als Abweichungen vom Rationalitätstypus eingestuft werden. »Für die *typen*bildende wissenschaftliche Betrachtung werden nun alle irrationalen, affektuell bedingten, Sinnzusammen-

hänge des Sichverhaltens, die das Handeln beeinflussen, am über-
sehbarsten als ›Ablenkungen‹ von einem konstruierten rein
zweckrationalen Verlauf desselben erforscht und dargestellt«.
[Ebd.] Dadurch lässt sich eine »Skala« von theoretischen Hand-
lungsmodellen entwickeln, die dann als Interpretationsmittel für
das verstehende Erklären der beobachteten Handlungsabläufe
eingesetzt werden. Am deutlichsten kommt dieser Ansatz in Webers Untersuchung der Bestimmungsgründe sozialen Handelns
zur Geltung, auf die noch zurückzukommen ist. [Vgl. WuG 12 f.]
    Nachdem Weber die Bedeutung des »Rationalitätstypus« der
Handlung für den Aufbau einer Interpretationsskala des sozialen
Handelns hervorgehoben hat, führt er die ausgereifte Definition
seiner »idealtypischen Methode« ein. »Die Konstruktion eines
streng zweckrationalen Handelns also dient ...der Soziologie, seiner evidenten Verständlichkeit und seiner – an der Rationalität
haftenden – Eindeutigkeit wegen, als *Typus* (›Idealtypus‹), um
das reale, durch Irrationalitäten aller Art (Affekte, Irrtümer) be-
einflußte Handeln als ›Abweichung‹ von dem bei rein rationalem
Verhalten zu gewärtigenden Verlaufe zu verstehen«. [WuG 3]
Nur in diesem Sinne und aus den Zweckmäßigkeiten ihrer For-
schungsaufgaben ist die Methode der verstehenden Soziologie
»rationalistisch«, so dass im »rationalen Idealtypus« ein analyti-
sches Mittel und kein rationalistisches Vorurteil zu sehen ist. Aus
der Bedeutung des Rationalitätstypus für den kategorialen Aufbau der verstehenden Soziologie lässt sich schließlich Webers Ablehnung der »nacherlebenden, auf Empathie gründenden Verstehensmethode« ableiten.
    Der Unterteilung des Sinnbegriffs in empirisch beobachteten
und theoretisch vorausgesetzten Sinn entspricht Webers Unterscheidung zwischen »unmittelbarem Verstehen» und »motivati-
onsmäßigem Verstehen« der Handlung in ihrem Sinnzusammen-
menhang. Analytisch fragt die Sozialwissenschaft nach der Motivation und dem Zweck des Handelns. Dies kann jedoch einerseits mit der Absicht einhergehen, den Einzelfall oder den
Durchschnittsfall deutend zu erfassen, oder andererseits in Bezug
auf die Erfassung »des für den *reinen* Typus (Idealtypus) einer

häufigen Erscheinung wissenschaftlich zu konstruierenden (›idealtypischen‹) Sinnes oder Sinnzusammenhangs [erfolgen]«. [WuG 4] Analytische Idealtypen sind nicht nur in der Soziologie, sondern auch in der Nationalökonomie geläufig und beschreiben den Handlungsablauf, der stattfinden würde, wenn das Handeln streng zweckrational und ungestört von Irrtum und Affekt orientiert wäre. Empirisch verläuft das soziale Handeln selten nach dem idealtypisch konstruierten Handlungsmodell, die Bedeutung des »rationalen Idealtypus« liegt jedoch darin, dass er als kausale Hypothese zur Untersuchung des empirischen Handelns dient. [Vgl. WuG 4; WL 190 f.] Wo sich solche Handlungshypothesen empirisch bestätigen lassen, spricht Weber von einer verstehenden Erklärung des sozialen Handelns, die gleichzeitig »kausal- und sinnadäquat« ist. [Vgl. WuG 5]

Abschließend zur Darstellung der methodischen Grundlagen der verstehenden Soziologie in *Wirtschaft und Gesellschaft* befasst sich Weber noch mit der Frage ihrer Abgrenzung vom Erkenntnisbereich der Psychologie, Biologie und Rechtswissenschaft sowie mit der Unterscheidung der verstehenden Soziologie von den anderen Richtungen der Soziologie um die Jahrhundertwende zum 20. Jh. [Vgl. WuG 6-9]

Nach der Darstellung der Grundzüge von Webers Methodologie kann nun die Einführung in seine »politische Terminologie« erfolgen. Dabei gilt es einerseits die idealtypische Begriffsbildung von Webers Kategorien zu berücksichtigen sowie andererseits die theoretischen Optionen zu explizieren, die den systematischen Aufbau seines politischen Denkens leiten.

4. Die zwei Varianten von Max Webers Grundbegriffen

4.1 Die Entstehungsgeschichte von *Wirtschaft und Gesellschaft*

Wirtschaft und Gesellschaft[51], Webers »hinterlassenes Hauptwerk«, hat eine längere und komplexe Entstehungsgeschichte.[52] Die seit 1909 ausgehandelte Publikation eines *Grundrisses der Sozialökonomik* beim Verlag Mohr in Tübingen, in dem u.a. auch Webers Text mit dem Titel »Die Wirtschaft und die gesellschaftlichen Ordnungen und Mächte«[53] – erscheinen sollte, verzögerte sich aus unterschiedlichen Gründen über mehrere Jahre.[54] Webers Manuskript, das am Anfang als Beitrag für das Sammelwerk gedacht war, gewann mit der Zeit an Umfang und theoretischer Struktur. Der Grund dafür war einerseits, dass Weber den Stoff konzeptuell zu einer kategorialen Begründung der verstehenden Soziologie überarbeitete. Andererseits bestand die Notwendigkeit, inhaltliche Lücken zu schließen, die dadurch zustande kamen, dass einige Koautoren auf die Mitarbeit am *Grundriss* verzichteten.

Als *Wirtschaft und Gesellschaft* schließlich posthum durch die »redaktionelle Einwirkung« von Marianne Weber und Melchior Palyi 1921/22 erschien, hatte das Buch bis auf ein paar wichtige

---

51 Als Grundlage der Untersuchung von *Wirtschaft und Gesellschaft* dient hier die 5., revidierte Studienausgabe (Weber 1980), die als Seminargrundlage (bis zur Vervollständigung der historisch-kritischen Gesamtausgabe) üblich ist und aus der mit der Sigle WuG zitiert wird. Die sonst in der Sekundärliteratur übliche Unterscheidung zwischen der Sigle Wug[1] für die erste und der Sigle Wug[5] für die fünfte Auflage ist hier nicht notwendig.
52 Vgl. dazu Winckelmann (1986).
53 Für Webers Beitrag sind in den Jahren unterschiedliche Titel vorgesehen worden. Als Letzter wahrscheinlich: »Soziologie«. Vgl. dazu Schluchter (1998) S. 12.
54 Vgl. Marianne Weber (1984) S. 446.

Abweichungen den Umfang und die Struktur, die sein heutiger Leser vorfinden kann.[55] Der aktuelle Band umfasst circa 950 Seiten und gliedert sich in zwei Teile. Teil eins ist der »soziologischen Kategorienlehre« gewidmet und Teil zwei befasst sich mit der »Wirtschaft und den gesellschaftlichen Ordnungen und Mächten«.

Die Entstehungsgeschichte von *Wirtschaft und Gesellschaft* wirft eine Fülle von Fragen auf, die einen Schwerpunkt der heutigen Weber-Forschung ausmachen. Zum einen bleibt unbestimmt, wie ausgereift die unterschiedlichen Manuskripte waren, die zur Veröffentlichung in *Wirtschaft und Gesellschaft* zusammengestellt wurden. Denn einige von ihnen stammen aus der Zeit kurz vor Webers Tod im Juni 1920 und andere aus einem Konvolut, das bis auf die Entstehungsphase des *Grundrisses* vor 1913 zurückgeht.[56] Zum anderen ist die Gliederung des Werkes in zwei Teile problematisch, da sie u.a. die Verdopplung des Textes der Herrschaftssoziologie mit sich bringt. Schließlich bleibt nach wie vor die Frage nach der Art der Eingriffe offen, die die beiden frühen Herausgeber am Text durchführten.[57] Fraglich ist des Weiteren auch die Aktivität von Johannes Winckelmann als nachfolgender Herausgeber des Werkes, besonders was das Hinzufügen des 8. Abschnitts von Kapitel IX über die Staatssoziologie betrifft, die eine Kompilation aus anderen Texten Webers ist. [WuG 815-868][58]

Auf eine endgültige Beantwortung solcherart Fragen, soweit dies überhaupt möglich ist, lässt der absehbare Abschluss der historisch-kritischen Edition von Webers Werken hoffen. Zunächst gilt hier die Aufmerksamkeit ausschließlich den Aspekten der Editionsproblematik von *Wirtschaft und Gesellschaft*, die zur Erklärung der Struktur und des Aufbaus von Webers »politischer Terminologie« unerlässlich sind.

Die historisch-kritische Edition von *Wirtschaft und Gesellschaft* orientiert sich weder an der Editionsstrategie von Marian-

---

55   Vgl. dazu Schluchter (1989) S. 67-68.
56   Ebd. S. 65.
57   Vgl. Winckelmann (1986) S. 84 f.
58   Vgl. Schluchter (1989) S. 69.

ne Weber und Melchior Palyi noch an jener von Johannes Winckelmann.[59] *Wirtschaft und Gesellschaft* wird als ein Band betrachtet, der sich aus verschiedenen Manuskripten zusammensetzt, die aus unterschiedlichen Verfassungszeiten stammen und
in einigen Fällen sukzessive Abfassungen desselben Stoffes darstellen. Folglich präsentiert die historisch-kritische Edition Webers Texte strikt in der überlieferten Form, ohne das unvollende-
te Werk rekonstruieren zu wollen, womit sie auch die in der Rezeptionsgeschichte verbreitete Vorstellung eines in sich geschlossenes Buches aufgibt.[60]

Die Entstehungsgeschichte der Manuskripte, die in *Wirtschaft
und Gesellschaft* vereint wurden, lässt sich folgendermaßen zusammenfassen. Eine erste »geschlossene Theorie und Darstellung« soll bereits Ende 1913 vorgelegen haben. Diese gab Weber
jedoch nicht zur Veröffentlichung frei.[61] Er beschränkte sich darauf, den Teil zu publizieren, der 1913 als Aufsatz unter dem Titel
»Über einige Kategorien der verstehenden Soziologie« in der
Zeitschrift *Logos* erschien.[62] Dieser sog. »Kategorienaufsatz« ist
von ausschlaggebender Bedeutung für die Erklärung von Webers
Begriffsauswahl im zweiten (dem älteren) Teil von *Wirtschaft und
Gesellschaft* und muss wiederum als Teil der ersten »geschlossenen
Theorie und Darstellung« gesehen werden.[63] Deshalb geht auch
die Rekonstruktion von Webers politischer Terminologie von
dieser ersten Fassung seiner Grundbegriffe aus.

Nur aufgrund des einleitenden Kapitels von *Wirtschaft und
Gesellschaft* – der später geschriebenen »Soziologischen Grundbegriffe«[64] – lässt sich kein Zugang zum zweiten Teil des Bandes
finden. Denn in den »Soziologischen Grundbegriffen« änderte

---

59 Vgl. Max Weber (2001a) S. VII-XVII.
60 Vgl. Ebd. S. XIII.
61 Vgl. Schluchter (1989) S. 59.
62 Vgl. Weber (1988d = WL) S. 427-474. Wie in der Weber-Forschung
    üblich, wird dieser Beitrag auch hier »Kategorienaufsatz« genannt und mit
    der Sigle KA zitiert.
63 Dies gilt für die Abschnitte IV bis VII des Kategorienaufsatzes. Vgl. dazu
    Schluchter (1989) S. 63-64.
64 Vgl. Weber (1980) S. 1-30.

Weber seine Terminologie größtenteils. Aus diesem Grund werden im Folgenden die beiden unterschiedlichen Fassungen von Webers Grundterminologie getrennt dargestellt: Der Kategorienaufsatz als Grundlage für den älteren Teil von *Wirtschaft und Gesellschaft* (also Teil II) und die »Soziologischen Grundbegriffe« als Einführung zum später entstandenen Teil des Bandes (also Teil I). Die Untersuchung der zwei Terminologien trägt auch dazu bei, die unterschiedlichen Teile von *Wirtschaft und Gesellschaft* chronologisch einzuordnen, in Abhängigkeit davon, welche Termini in ihnen auftauchen. Dies wird besonders hilfreich sein, um später die zwei Abfassungen der Herrschaftssoziologie miteinander zu vergleichen.

Der Zusammenhang des Kategorienaufsatzes mit dem älteren Teil des Manuskripts für *Wirtschaft und Gesellschaft* lässt sich schließlich durch Webers eigene Worte bestätigen. In einer Fußnote, die er 1913 an den Anfang des Aufsatzes setzte, schrieb er: »Der zweite Teil des Aufsatzes ist ein Fragment aus einer schon vor längerer Zeit geschriebenen Darlegung, welche der methodischen Begründung sachlicher Untersuchungen, darunter eines Beitrags (›Wirtschaft und Gesellschaft‹) für ein demnächst erscheinendes Sammelwerk dienen sollte und von welchem andre Teile wohl anderweit gelegentlich publiziert werden«. [KA 427] Damit sind die Paragraphen IV bis VII vom Aufsatz gemeint, in denen Weber die erste Ausarbeitung seiner grundlegenden Terminologie vorlegte.

Die Gründe für die gesonderte Veröffentlichung des Kategorienaufsatzes rekonstruiert Schluchter in der Untersuchung zur Vorbereitung der historisch-kritischen Edition folgendermaßen. Weber habe das methodische und grundbegriffliche Resultat seiner vierjährigen Arbeit für den *Grundriss* in Gestalt des Kategorienaufsatzes 1913 veröffentlicht, nicht aber dessen Korrelat sachlicher Studien. Seine Arbeit sei weitergegangen, da es Bedarf nach theoretischer Vertiefung gab und dem Manuskript von 1913 noch mehrere sachliche Untersuchungen fehlten. Dann begann der Krieg, der einen Einschnitt in der Redaktion verursachte. So habe sich Weber in den darauffolgenden Jahren mit der

Verfassung der Studien über die *Wirtschaftsethik der Weltreligionen* befasst.[65] Erst im Sommer 1918 wandte sich Weber im Zusammenhang mit seiner Tätigkeit in Wien wieder dem Text für den *Grundriss* zu. »Resultat ist das Manuskript, das im Juni 1920, bei Webers Tod, im Satz stand. Es ist unvollendet und folgt *nicht* der alten Disposition. Im Vergleich mit dem alten ist es lehrhafter formuliert, außerdem verdichtet, aber auch erweitert«.[66] Diesem Manuskript hätten dann seine ersten Herausgeber die »geschlossene Theorie und Darstellung« hinzugefügt, von der Weber 1913 sprach. Dieser Entstehungszusammenhang von *Wirtschaft und Gesellschaft* macht den größten Teil der Schwierigkeiten aus, mit denen der aktuelle Interpret konfrontiert ist. Hinzu kommt noch die Tatsache, dass die Staatssoziologie durch Winckelmanns Textkompilation entstand und nicht aus Webers Feder stammt.

Um derartige Probleme zu überwinden, haben die Herausgeber der historisch-kritischen Gesamtausgabe die Entscheidung getroffen, die Zweiteilung von *Wirtschaft und Gesellschaft* aufzugeben, und für die Unterscheidung zwischen »neuerem und älterem Manuskript« optiert. Der Kategorienaufsatz wird dabei in zweierlei Hinsicht als Teil des älteren Manuskripts betrachtet. »Nicht nur, dass im Kategorienaufsatz die Grundbegriffe für die alten Manuskripte entwickelt werden, dieser ist für sie auch insofern unentbehrlich, als sie ohne ihn textlich unvollständig bleiben«.[67] Die Rückverweise im zweiten Teil von *Wirtschaft und Gesellschaft* sind folglich als Bezugnahme auf den Kategorienaufsatz und nicht auf die »Soziologischen Grundbegriffe« zu verstehen. Dieser Befund bildet gemeinsam mit den anderen, die wir zusammengefasst haben, die Grundlage für die Arbeit der historisch-kritischen Edition. Mit ihrem Erscheinen ist zu erwarten, dass sukzessive ein anderer Zugang zu Webers Texten ermöglicht

65   Sie erschienen zuerst im *Archiv für Sozialwissenschaft und Sozialpolitik,* hg. v. Edgar Jaffé. Bd. 41-46 (1915-19). Vgl. dazu Weber (1989), Editorischer Bericht S. 31-73 und Weber (1996), Editorischer Bericht S. 25-47.
66   Schluchter (1989) S. 65.
67   Schluchter (1989) S. 81.

wird. Andererseits ist jedoch »die gestörte Überlieferung« nicht rückgängig zu machen,[68] vor allem wenn man berücksichtigt, wie groß die Wirkungsgeschichte von *Wirtschaft und Gesellschaft* als Band gewesen ist.

So ist auch die Rekonstruktion von Webers politischer Terminologie mit einer doppelten Aufgabe konfrontiert. Einerseits soll sie die Entstehungsgeschichte von Webers Texten berücksichtigen, insbesondere dass sie unterschiedlichen Arbeitsphasen entstammen und teils Bearbeitungsstufen desselben Stoffs markieren. Andererseits soll sie einen Zugang zu den Texten mit politischem Schwerpunkt ermöglichen, die durch *Wirtschaft und Gesellschaft* überliefert worden sind, und dabei das Ganze von Webers politischem Denken, seine Artikulation und seine theoretischen Optionen darstellen.

4.2 Webers Grundbegriffe im »Kategorienaufsatz« von 1913

Der Aufsatz »Über einige Kategorien der verstehenden Soziologie« spielt eine grundlegende Rolle für die Entstehungsgeschichte von *Wirtschaft und Gesellschaft* und für die Entwicklung von Webers theoretischer Reflexion. Er legte damit die erste Fassung seiner Grundkategorien zur Begründung einer übergreifenden Gesellschaftstheorie vor, die nach dem methodologischen Ansatz der verstehenden Soziologie vom Handeln der Individuen ausging. Die Untersuchung dieser Begriffe zeigt auch, welche Bedeutung sie im Rahmen von Webers politischem Denken haben, da die soziologische Kategorienbildung von Anfang an mit der politischen Reflexion eng verbunden ist. Lässt sich dieser Zusammenhang auf der Ebene der Grundkategorien von Webers Gesellschaftstheorie erfassen, dann ist auch der Zugang zur weiteren Erklärung seiner politischen Terminologie möglich. Wie bereits

---

68   Ebd. S. 85.

erläutert, hat Weber seine Grundbegriffe in zwei Abfassungen vorgelegt: im Kategorienaufsatz von 1913 und in den »Soziologischen Grundbegriffen« von 1921. Die Rekonstruktion der Begriffsstruktur dieser beiden Begründungen von Webers verstehender Soziologie ist ausschlaggebend, um die Art zu verstehen, wie er das politische Phänomen als eine grundlegende Notwendigkeit der menschlichen Assoziation verstand. Dies wiederum verhilft zum Verständnis der politisch-theoretischen Optionen, auf die Weber seine Gesellschaftstheorie begründete.

Einleitend zur Untersuchung des Kategorienaufsatzes geht es darum, zu klären, worin der Unterschied dieser früheren Kategorien gegenüber denen der »Soziologischen Grundbegriffe« besteht. Darauf verweist Weber in der einführenden Bemerkung zu den »Soziologischen Grundbegriffen«. Die Methode der Begriffsdefinitionen, die *Wirtschaft und Gesellschaft* einleiten, beansprucht nicht, neu zu sein. Er hofft jedoch, damit in »zweckmäßiger, korrekter aber auch pedantischer Weise« das zum Ausdruck zu bringen, was jede empirische Soziologie meint, wenn sie über ähnliche Dinge spricht. Gegenüber dem Kategorienaufsatz ist »die Terminologie tunlichst vereinfacht und daher auch mehrfach verändert, um möglichst leicht verständlich zu sein«. [WuG 1]

Der Unterschied zwischen den »Soziologischen Grundbegriffen« und dem Kategorienaufsatz ist also auf den Lehrbuchcharakter von *Wirtschaft und Gesellschaft* zurückzuführen. Die Terminologie des Kategorienaufsatzes ist indessen als komplexer, theoretischer und fachspezifischer einzustufen. Dazu gehört auch die Tatsache, dass sie stärker auf die theoretische Diskussion der frühen deutschen Soziologie eingeht und begriffliche Unterscheidungen, die aus dem Werk anderer Autoren stammen, kritisch aufgreift. Darauf ist kurz hinzuweisen, um die Bedeutung der Begriffe zu klären, die Weber im Kategorienaufsatz einführt und die dann im älteren Teil von *Wirtschaft und Gesellschaft* wiederzufinden sind.

Zwei Begriffsprägungen sind in diesem Zusammenhang besonders wichtig. Einerseits die Unterscheidung zwischen »Gemeinschaft und Gesellschaft«, die aus dem Werk von Ferdinand

Tönnies (1855–1936) stammt, und andererseits der Begriff der »Vergesellschaftung« im Sinne eines »Assoziationsprozesses«, den Georg Simmel (1858–1918) in seiner Soziologie einführte.[69] Auf Tönnies' Werk kommt Weber sowohl im Kategorienaufsatz als auch in den »Soziologischen Grundbegriffen« zu sprechen. So heißt es im Aufsatz: »Abweichungen der Begriffsbildung, wie sie sich ...gegenüber *F. Tönnies'* dauernd wichtigem Werk (›Gemeinschaft und Gesellschaft‹) ...finden, müssen nicht immer Abweichungen der Absichten sein«. [KA 427] Wobei Weber in den »Soziologischen Grundbegriffen« schreibt: »Sachlich [verweise ich] vor allem auf das schöne Werk von *F. Tönnies*, ›Gemeinschaft und Gesellschaft‹«. [WuG 1]

In beiden Texten erwähnt Weber auch Simmel, jedoch nur bezüglich methodologischer Fragen. Simmels Bedeutung für die Entwicklung von Webers Kategorien lässt sich trotzdem mit dem Hinweis auf die Verflüssigung der soziologischen Begriffe bekräftigen. So geht die Auflösung des Gesellschaftsbegriffs in der Untersuchung der »Formen der Vergesellschaftung« auf Simmels *Soziologie* zurück. [SOZ 7] Es sind spärliche Hinweise, doch im Falle von Tönnies' Reflexion lohnt es sich, sie auf einen kurzen Textvergleich zu stützen, um vor allem die Bedeutung von Webers Auseinandersetzung mit den Begriffen von Gemeinschaft und Gesellschaft zu klären.

In seiner 1887 erschienen Begründung einer »reinen Soziologie« machte Tönnies die Beziehungen »gegenseitiger Bejahung« zwischen den Menschen zum Gegenstand seiner Untersuchung. Dabei nannte er die durch solche bejahenden Verhältnisse entstandene Gruppe »Verbindung«. Dann unterschied er zwischen zwei Formen der Verbindung, die er entweder »Gemeinschaft« nannte, wenn die Verbindung als etwas Reales und Organisches begriffen wurde, oder »Gesellschaft«, wenn sie als etwas Ideelles und Mechanisches gesehen wurde. [GuG 3] Tönnies begründete die Unterscheidung zwischen Gemeinschaft und Gesellschaft als

---

69   Vgl. Tönnies (1887), hier mit der Sigle GuG zitiert, und Simmel (1992), hier mit der Sigle SOZ zitiert.

»Formen sozialer Verbindung« mit dem Hinweis auf die Tatsache, dass die Menschen entweder als verbundene Teile eines Ganzen, also »holistisch«, oder aber »atomistisch« als unverbundene Wesen betrachtet werden können. Im letzteren Fall seien sie nicht als »füreinander handelnde Mitglieder« einer sozialen Einheit gesehen, sondern als grundsätzlich getrennt, da sie nur aufgrund von Verträgen zusammenkämen.

Tönnies untersuchte gemeinschaftliche und gesellschaftliche Verbindungen in ihren unterschiedlichen historischen Erscheinungsformen. So beschrieb er die Grundstrukturen der Gemeinschaft und ihre Würdenträger in Familie, Dorf, Zunft und Stadt, kam aber auch auf die theoretische Frage der Bildung eines »gemeinsamen Willens« innerhalb der gemeinschaftlichen Formen des Zusammenlebens. Im Gegensatz zur Gesellschaft entsteht die Gemeinschaft nicht dadurch, dass ihre Mitglieder Verträge abschließen. Ihr Zusammenhalt ist auf das Bestehen einer »vorvertraglichen Gesinnung« zurückzuführen, die die Menschen wegen ihres Zusammenlebens in »organischen Einheiten« wie z.B. die Familie verbindet. Solch eine Gesinnung fällt bei Tönnies unter den Begriff des »Verständnisses«, den er folgendermaßen definiert. »Gegenseitig-gemeinsame, verbindende Gesinnung, als eigener Wille einer Gemeinschaft, ist das, was hier als *Verständnis* (consensus) begriffen werden soll. Sie ist die besondere soziale Kraft und Sympathie, die Menschen als Glieder eines Ganzen zusammenhält«. [GuG 17] Da die Menschen über Vernunft und Sprache verfügen, lässt sich dieses Verständnis, ihre »einwilligende Gesinnung«, als der »Sinn« des darauf gründenden sozialen Verhältnisses verstehen. Durch sprachliche Kodifizierung entsteht somit ein »Recht der Gemeinschaft« aus dem, was das gemeinsame Zusammenleben fordert und für das gemeinschaftliche Verhältnis Sinn macht. Eine solche Kodifizierung, die sich aus einer Art *common sense* der gemeinschaftlichen Lebensbeziehungen entwickelt, gilt dann als der eigentliche Wille der in »Gemeinschaft verbundenen Menschen«.

Im Gegensatz zur Gemeinschaft, wo die Menschen trotz aller Trennung verbunden bleiben, sind die in Gesellschaft lebenden

Menschen als grundsätzlich unverbunden zu betrachten. In der Gesellschaft bestehen soziale Verbindungen nur unter dem Prinzip des Austauschs von Leistung und Gegenleistung. Den Kern der Gesellschaft bildet somit keine Gesinnung, sondern der Vertrag, den Tönnies auf diese Art definierte: »Der einige Wille bei jedem Tausche, sofern der Tausch als gesellschaftlicher Akt gedacht wird, heißt *Kontrakt*. Er ist die Resultante aus zwei divergierenden Einzelwillen, die sich in einem *Punkte* schneiden. Er dauert bis zur Vollendung des Tausches, will und fordert die zwei Akte, aus welchen dieser sich zusammensetzt«. [GuG 39]

Folglich ist die Gesellschaft in erster Linie als die Welt des Marktes zu verstehen, auf dem unverbundene Individuen sich treffen und Verträge bezüglich ihres gemeinsamen Handelns schließen. Mit dieser Definition des Gesellschaftsbegriffs verband Tönnies die Vorstellung des modernen Kapitalismus als Zusammenkunft von Besitzern der Produktionsmittel und Anbietern von Arbeitskraft. Die gesellschaftlichen Beziehungen sind somit als die typische Erscheinung der modernen Welt zu verstehen, während die gemeinschaftlichen Lebensformen eher die antike und mittelalterliche Zeit prägten. Trotzdem ist die Tendenz zur Bildung von gemeinschaftlichen Lebensformen auch in der Moderne nicht vollständig getilgt, so sah Tönnies im Entstehen von Arbeitervertretungen und Solidarverbindungen eine Neubildung von Gemeinschaft. Wie dem auch sei, durch die Definition der Begriffe von Gemeinschaft und Gesellschaft als »Verbindungsformen« legte Tönnies einen ersten begrifflichen Raster vor, dank dessen sich unterschiedliche Erscheinungen der sozialen Welt voneinander unterscheiden ließen.

Mit seiner begrifflichen Unterscheidung hatte Tönnies auch eine politisch-theoretische Frage der Gesellschaftstheorie vorläufig beantwortet. Es gibt zwei Grundformen von sozialer Verbindung. Die erste ist als »organisch und naturwüchsig« zu verstehen und gründet auf einer Art von *common sense*, die »Verständnis« genannt wird. Die zweite ist als »mechanisch und abstrakt« zu sehen, da sie auf Tausch und Vertrag gründet. Die politisch-theoretische Frage, ob die Gesamtheit der sozialen Beziehungen auf das theoretische Modell des Vertrags zurückzuführen sei, war damit zunächst negativ beantwortet.

An Tönnies' Unterscheidung zwischen Gemeinschaft und Gesellschaft knüpfte Weber im Kategorienaufsatz an, er tat dies jedoch auf eine Art, die theoretisch davon bedeutend abwich. Unter Berücksichtigung des Ansatzes des methodologischen Individualismus wandelte Weber Tönnies' Kategorien in Prozessbegriffe um. Damit griff er auf Simmels Methode der Auflösung von gesellschaftlichen Gebilden in sozialen Wechselwirkungsprozessen zurück. Diesen Ansatz verband er jedoch mit Tönnies' Unterscheidung, da er nicht nur den Begriff der »Vergesellschaftung«, sondern auch den der »Vergemeinschaftung« in seiner Kategorienbildung berücksichtigte. Terminologisch kam diese Begriffsprägung erst in den »Soziologischen Grundbegriffen« zur Ausreifung. Im Kategorienaufsatz ging es indessen darum, zu klären, welche Handlungstypen den Charakter einer vergesellschafteten oder einer nicht vergesellschafteten Verbindungsform – in einem Sinn, der noch zu untersuchen ist – annehmen.

4.2.1 Gemeinschaftshandeln

Inhaltlich gliedert sich der Kategorienaufsatz in zwei Teile. Im ersten Teil widmet sich Weber der methodologischen Begründung der verstehenden Soziologie.[70] Der zweite Teil, also die Paragraphen IV bis VII, bieten indessen eine Untersuchung ihrer Grundkategorien. Dabei geht es um die Definition der elementaren Handlungsformen, aus denen sich die sozialen Gebilde konstituieren. Der erste Begriff, den Weber einführt, sorgt zunächst für terminologische Verwirrung, da er ihn mit »Gemeinschaftshandeln« benennt. Dies könnte dazu veranlassen, diese Handlungsform als Bildungsprozess von Gemeinschaft im Sinne von Tönnies einzustufen. Dem ist jedoch nicht so, wie Webers Definition verdeutlicht: »Von ›Gemeinschaftshandeln‹ wollen

---

70 Es handelt sich um die Paragraphen I bis III. Zu Webers Methodologie vgl. oben Kap. 3.

wir da sprechen, wo menschliches Handeln subjektiv *sinnhaft* auf das Verhalten anderer Menschen bezogen wird«. [KA 441] Es versteht sich also, dass das »Gemeinschaftshandeln« nichts mit gemeinschaftlichen Lebensformen zu tun hat, sondern die einfachste Form eines »gemeinsamen Handelns« der Individuen meint, das mit subjektivem Sinnbezug auf andere zustande kommt.

Es ist kein Zufall, dass Weber in den »Soziologischen Grundbegriffen« jedes Missverständnis dadurch ausschloss, dass er den Begriff des Gemeinschaftshandelns durch den des »sozialen Handelns« ersetzte, letzteres jedoch mit genau derselben Definition versah. So schrieb er, soziales Handeln »soll ein solches Handeln heißen, welches seinem von dem oder den Handelnden gemeinten Sinn nach auf das Verhalten *anderer* bezogen wird und daran in seinem Ablauf orientiert ist«. [WuG 1] Die so umrissene, einfachste Form von Handeln (sei sie nun Gemeinschafts- oder soziales Handeln genannt) bildet den Gegenstand von Webers verstehender Soziologie. Auf dieser Grundlage baute er seine Untersuchung der anderen Handlungsformen der Menschen auf.

Nachdem der Begriff von Gemeinschaftshandeln bzw. sozialem Handeln erläutert wurde, ist es von äußerster Bedeutung klarzumachen, an welchem Leitfaden entlang Weber die Untersuchung der übrigen Handlungsformen aufbaute. Dieser Leitfaden wird im Kategorienaufsatz mit die Problematik der »Erwartungen« sichtbar, die dem menschlichen Handeln als Grundlage dienen. Entscheidend für die Orientierung des Handelns an andere Mitmenschen ist die Notwendigkeit, die »ihnen gegenüber gehegten Erwartungen« verfestigen zu können. Dafür stehen dem Individuum unterschiedliche Mittel zur Verfügung, die ihm dabei helfen, einzuschätzen, wie die anderen auf sein Handeln reagieren mögen und wie es sie zu einem bestimmten Verhalten verpflichten kann. Die Erwartbarkeit »eines bestimmten Handelns anderer« bildet somit einen wichtigen Bestandteil des sozialen Handelns und stützt sich auf die »subjektiv geschätzten Erfolgschancen« des eigenen Handelns.

Dadurch, dass Weber im Kategorienaufsatz den Schwerpunkt seiner Untersuchung der Handlungsstruktur auf die Erwartungsproblematik setzt, spricht er gleichzeitig einen politischen Themenkomplex an. Weber sieht die soziale Wirklichkeit weder als eine selbstverständliche Kooperation noch als einen offenen Konflikt. Die handelnden Individuen brauchen nicht unmittelbar »Angst voreinander« zu haben, wie dies manche politische Theorie hinsichtlich der Voraussetzungen des Gesellschaftsvertrags besagt. Soziales Handeln ist als möglich zu betrachten, dies stellt jedoch die Frage danach, wie die Erwartungen der Handelnden bezogen auf ihre Mitmenschen zu verfestigen sind. In der Gesellschaftstheorie geht es also darum, zu erklären, welche Voraussetzungen die soziale Kooperation im individuellen Handeln hat. Webers frühe Typologie der Handlungsformen entwickelt sich folglich anhand der Untersuchung der unterschiedlichen sozialen Verfahren, die zur Verfestigung von Handlungserwartungen beitragen. Dabei zielt er darauf zu zeigen, worauf sich der Handelnde in der Einschätzung des objektiven Bestehens seiner Erwartungschancen stützen kann. Dies kommt besonders in der Untersuchung der »zweckrationalen Form« des Handelns zur Geltung, die aus methodologischen Gründen als Folie dient, um dann die anderen Handlungsformen als Abweichungen vom Rationaltypus einzustufen.

Der politisch-theoretische Charakter von Webers Reflexion über die Grundformen der Handlung kommt dadurch zum Vorschein, dass die Problematik der Verfestigung von Handlungserwartungen ausgehend von einem vertragstheoretischen Modell des Assoziationsprozesses untersucht wird. Handlungserwartungen können subjektiv dadurch verfestigt werden, dass der Handelnde sich mit dem Anderen verständigt und Vereinbarungen trifft, dessen Einhalten er erwartet. [KA 441] Anderswo wie etwa im religiösen oder im affektiven Handeln kann der Sinn auch nur im Handlungsinhalt liegen und nicht in der Erfüllung bestimmter Erwartungen. Im Kategorienaufsatz verfolgt Weber jedoch den »zweckrationalen Fall« des Assoziationsprozesses und lässt das »wertrationale und affektive Handeln« seiner hier vorübergehend skizzierten Typologie der Bestimmungsgründe sozialen Handelns außen vor. [KA 435] Das an Erwartungen sinnhaft orientierte Handeln ist damit als der rationale Grenzfall des sozialen Handelns zu betrachten, den es auf die objektiven Bedingungen seines Bestehens zu überprüfen gilt. [KA 442] Diese Betrachtungsweise ergibt sich aus Webers Methodologie der verstehenden Soziologie, wirft jedoch gleichzeitig die Frage auf, ob die gesamte soziale Wirklichkeit auf den zweckrationalen Fall des Assoziationsprozesses zurückzuführen ist.

4.2.2 Vergesellschaftetes Handeln

Weber schreitet am Leitfaden der Erwartungsproblematik fort und untersucht den rationalen Fall der Verfestigung von Erwartungschancen, den er als Ergebnis eines vertragsbildenden Handelns darstellt. So lautet die Definition der zweiten grundlegenden Handlungsform: Als »vergesellschaftetes Handeln (›Gesellschaftshandeln‹)« ist ein Gemeinschaftshandeln (also ein soziales Handeln) dann und soweit zu verstehen, wenn »es 1. sinnhaft orientiert ist an Erwartungen, die gehegt werden auf Grund von Ordnungen, wenn 2. deren ›Satzung‹ rein zweckrational erfolgte im Hinblick auf das als Folge erwartete Handeln der Vergesellschafteten, und wenn 3. die sinnhafte Orientierung subjektiv zweckrational geschieht«. [KA 442] Damit eine Handlungsform als »vergesellschaftet« eingestuft wird, muss sie also drei Bedingungen erfüllen. Sie soll nach einer Ordnung erfolgen, die für die Erwartungen der Handelnden richtungsweisend ist. Die Ordnung soll nach zweckrationalen Kriterien festgelegt worden sein, mit der Absicht, das Handeln der Vergesellschafteten zu regeln. Schließlich müssen sich die Beteiligten auch tatsächlich zweckrational an der Ordnung orientieren. Webers etwas abstrakte Kategorisierung lässt sich versinnbildlichen, indem man z.B. an Verträge im wirtschaftlichen Bereich, an Betriebsordnungen oder an Satzungen von Vereinen denkt.

Die »gesatzte Ordnung« kann jedoch zweierlei Ursprung haben; insofern bedeutet sie entweder »1. eine einseitige, im rationalen Grenzfall: ausdrückliche, Aufforderung von Menschen an andere Menschen oder 2. eine, im Grenzfall: ausdrückliche, beiderseitige Erklärung von Menschen zueinander, mit dem subjektiv gemeinten Inhalt: dass eine bestimmte Art von Handeln in Aussicht gestellt oder erwartet werde«. [Ebd.] Beim Aufstellen einer gesatzten Ordnung geht es also darum, den Erwartungshorizont des gemeinsamen Handelns klar zu umreißen, wobei dies entweder einseitig gefordert oder beidseitig ausgehandelt werden kann.

Mit dem Begriff des »vergesellschafteten Handelns« definiert Weber eine erste minimale Form des kooperativen Handelns auf rationaler Grundlage. Dieses zeichnet sich dadurch aus, dass es bestimmten Regeln unterworfen ist, die den Handelnden verpflichten, so dass er sich »subjektiv sinnhaft« an einer Ordnung zu orientieren hat. Der subjektive Sinn des Handelns ist jedoch keine feste Größe. Jeder kann ihn anders erfassen, mit der Folge, dass der subjektive Sinn des Handelns vom objektiven – durch die Ordnung vorgesehenen – abweichen kann. Solcherart Abweichung kennt unendliche Abstufungen und erreicht ihren Höhepunkt in der bewusst vortäuschenden Haltung eines Falschspielers.

Über den Umweg dieser Reflexion kommt Weber zur Frage der »empirischen Geltung« rational gesatzter Ordnungen. Dass eine Ordnung gilt, bedeutet nicht eine kontinuierliche subjektive Orientierung jedes Einzelnen an ihrer Satzung. Ihre Geltung besteht vielmehr in der durchschnittlichen Erwartung der Handelnden, dass *die anderen* sich an der gesatzten Ordnung orientieren, sowie dass dies auch tatsächlich erfolgt. Es geht also um die objektiv abschätzbare Verwirklichungschance von Handlungserwartungen, die somit als Erkenntnisgrund für das Bestehen eines durch gesatzte Ordnung geregelten Gesellschaftshandeln dient. Klar ist allerdings, dass ein soziales Handeln, das sich nur an Erwartungen an das Handeln anderer orientiert, sehr labil ist.

Damit führt Weber zum ersten Mal in diesem Zusammenhang die Problematik der Legalität ein. Zusammen mit der Frage der Legitimität wird sie den gesamten Aufbau von Webers politischer Terminologie begleiten, wobei es hier um die »minimale Verbindlichkeit« geht, die das Bestehen einer Ordnung ermöglicht. Handlungserwartungen sind – so Weber – »um so mehr mit durchschnittlicher Wahrscheinlichkeit ›begründet‹, je mehr im Durchschnitt darauf gezählt werden darf, dass die Beteiligten ihr eigenes Handeln *nicht* bloß an den Erwartungen des Handelns der anderen orientieren, sondern je mehr bei ihnen die subjektive Ansicht in relevantem Maß verbreitet ist, dass die (subjektiv sinnhaft erfasste) ›Legalität‹ gegenüber der Ordnung ›verbindlich‹ für sie sei«. [KA 446] Die subjektiv empfundene Verbindlichkeit ist somit die unabdingbare Voraussetzung für die objektive Geltung jeder Ordnung. Kein vergesellschaftetes Handeln kann bestehen, ohne diese Notwendigkeit zu berücksichtigen.

In diesem Kontext stellt sich jedoch die Frage nach den organisatorischen und legitimierenden Faktoren, die das Bestehen einer als verbindlich empfundenen Ordnung unterstützen. Die Vertiefung dieser hier nur angeschnittenen Frage bot Weber den Leitfaden, um die weiteren grundlegenden Handlungstypen zu entwickeln, die er im Kategorienaufsatz unterbreitete. Eine verbindliche Ordnung braucht nämlich einen Apparat, um ihre Richtlinien durchzusetzen. Dies kann jedoch nur unter der Voraussetzung einer gewissen Zustimmung der ihr unterworfenen Menschen erfolgen. Beides verlangt wiederum das Bestehen bestimmter Über- und Unterordnungsbeziehungen.

4.2.3 Der Zweckverein als rationaler Idealtypus der Vergesellschaftung

Nachdem Weber den Begriff des vergesellschafteten Handelns definiert hatte, kam er zur Untersuchung dessen voll entfalteten rationalen Idealtypus, den er den »Zweckverein« nannte. Der Aufbau dieses Begriffs gibt Aufschluss über die Struktur, die ein Vergesellschaftungsprozess annehmen soll, wenn er bis ins letzte Detail aus Vereinbarungen *aller* mitbeteiligten Individuen besteht. Dieser Begriff ist ausschlaggebend, um Webers Typologie der politischen Verbandsformen zu verstehen, da der Zweckverein als Kontrastvorlage zu den später eingeführten Begriffen von Anstalt und Verband dient. Um sich ein Bild von Webers Begriff des Zweckvereins zu machen, kann man sich am besten einen Sportverein oder eine Aktiengesellschaft im Zustand der Gründung vorstellen.

Der Zweckverein besteht in einem Gesellschaftshandeln mit einer zweckrational von allen Beteiligten vereinbarten Ordnung des Inhalts und der Mittel des Gesellschaftshandelns. Im idealtypischen Rationalfall wird bei der Vereinbarung der Ordnung auch berücksichtigt: »welches in welchen Formen sich vollziehendes Handeln welcher ...Personen (›Vereinsorgane‹) ›dem Verein zugerechnet‹ werden soll und welchen ›Sinn‹, d.h. welche Folgen für die sich Vergesellschaftenden dies haben soll«. [KA 447] Ferner berücksichtigt die Gründung eines Zweckvereins im idealtypischen Fall auch, welches Zweckvermögen für Vereinszwecke zur Verfügung steht und welches Handeln den Vereinsmitgliedern geboten, verboten oder erlaubt ist. Schließlich, und diesem Aspekt schenkte Weber besondere Aufmerksamkeit, muss die Vereinsvereinbarung vorsehen, welche Vereinsorgane unter welchen Bedingungen als »Zwangsapparat« dienen sollen, damit die Ordnung des Zweckvereins eingehalten werden kann.

Vor und nach der Untersuchung des Zweckvereins führt Weber eine Reihe von weiteren Untertypen des vergesellschafteten Handelns ein, die er nach dem Kriterium voneinander unterscheidet, wie unmittelbar sich die Individuen direkt an der Vereinbarung der Handlungsordnung beteiligen. So diskutiert er jeweils: das »Vergesellschaftungshandeln« als das vereinbarungsstiftende Handeln. Das »Gesellschaftshandeln« als das sich an der Vereinbarung orientierende Handeln. [KA 448] Dann das »gesellschaftsbezogene Handeln« als das direkt zu den Ordnungen der Vergesellschaftung Stellung nehmende Handeln und schließlich das »gesellschaftsgeregelte Handeln« als das bloß an den Ordnungen orientierte Handeln. [KA 447] Diese knappe Darstellung mehrerer Unterbegriffe ist eine für Webers Prosa typische Erscheinung, die den Übergang vom gerade eingeführten

Begriff durch seine unterschiedlichen Abschattungen zum jeweils darauffolgenden Hauptbegriff einleitet. Solcherart Deklinierung der Begriffe erfolgt meistens nur der Vollständigkeit halber und lässt sich ohne Wissensverlust überfliegen.

Diesen Passagen folgt eine Untersuchung der zeitlichen Faktoren, die das Weiterbestehen des Zweckvereins über seine Begründer hinaus sichern, sowie eine Darstellung der Unterformen der Vergesellschaftung unter dem Aspekt, ob sie sich selber eine Ordnung geben oder nicht. So sind sie als autonom oder als heteronom zu definieren, sowie als heterokephal oder autokephal, je nachdem, ob ihre Organe Teil einer anderen Vergesellschaftung sind oder nicht. [KA 449-450]

Damit kommt Weber zum Abschluss der Definition beider Grundkategorien des vergesellschafteten Handelns. Was beim Begriff des Zweckvereins als rationaler Idealtypus der Vergesellschaftung zu unterstreichen bleibt, ist sein vertragstheoretischer Charakter. Der Zweckverein bildet die Form des sozialen Handelns, die so weit wie möglich unter dem Zeichen der gegenseitigen Vereinbarung *aller* Mitbeteiligten steht. Im Verlauf des Vereinbarungsprozesses entstehen dann Vereinsorgane sowie ein Zwangsapparat zur Durchsetzung der vereinbarten Ordnung. Damit kann der Zweckverein über die Zeit seiner Gründung hinaus weiterbestehen und ist kein ephemeres Gebilde. Nun stellen sich für Weber zwei Fragen: erstens ob es auch andere soziale Handlungsformen gibt, die nicht auf der Grundlage von gesatzten Ordnungen bestehen, und zweitens welche strukturierten sozialen Gebilde vom Modell des Zweckvereins abweichen.

4.2.4 Einverständnishandeln

Die Frage, ob es Formen des sozialen Handelns gibt, die keine vereinbarte Ordnung haben, aber trotzdem bestimmten Normen folgen, wird von Weber bejaht. Er definiert solches Handeln mit dem Begriff des Einverständnishandelns. »Es gibt Komplexe von Gemeinschaftshandeln, welche *ohne* eine zweckrational vereinbarte Ordnung dennoch 1. im Effekt so ablaufen, als ob eine solche stattgefunden hätte, und bei welchen 2. dieser spezifische Effekt durch die Art der Sinnbezogenheit des Handelns der Einzelnen mitbestimmt ist«. [KA 452] Ein Beispiel dafür ist das Handeln auf dem Markt. Hier tauschen die Handelnden Ware gegen Geld in der Erwartung, dass Dritte zukünftig das Geld zum Kauf von anderer Ware entgegennehmen werden. Letzteres erfolgt nicht nach Vereinbarung, hat jedoch den Charakter einer »Gesetzmäßigkeit«. Der zweite Aspekt der Definition ist für Weber besonders wichtig, da die »Sinnbezogenheit« des Handelns diese Handlungsform vom einfachen Massenhandeln oder von der Nachahmung anderer unterscheidet.[71]

Das Einverständnishandeln ist eine Form des sozialen Handelns und als solches setzt es den Bezug auf das Handeln anderer voraus. Dies lässt sich beispielsweise an einer »Sprachgemeinschaft« zeigen, die nicht auf bloßer Nachahmung oder massenbedingter Gleichartigkeit der Sprechakte beruht, sondern auf dem Versuch, sich gegenseitig verständlich zu machen. Zur Erklärung des Einverständnishandelns führt Weber auch ein erstes Beispiel aus dem Bereich der Herrschaftsbeziehungen ein. Herrschaft bedeute nicht, dass starke Persönlichkeiten sich durchsetzen, sondern ein sinnhaft aufeinander bezogenes Handeln der einen, die Befehle erteilen, und der anderen, die Gehorsam leisten. Dabei zeigt sich, dass die Handelnden ihre Erwartungen nicht auf Vereinbarungen stützen, sondern in Hinblick auf das »Einverständnis« der Mithandelnden hegen.

Webers erste Reihe von Beobachtungen zum Einverständnishandeln macht jedoch eine schärfere Definition des Begriffs notwendig, da unter dem bloßen Handeln, »*als ob* eine Ordnung da wäre«, zu unterschiedliche Erscheinungen der sozialen Welt zu verstehen sind. So schreibt Weber: »Unter ›Einverständnis‹ ... wollen wir den Tatbestand verstehen: daß ein an Erwartungen des Verhaltens Anderer orientiertes Handeln um deswillen eine empirisch ›geltende‹ Chance hat, diese Erwartungen erfüllt zu se-

---

71 Damit schließt Weber die Handlungsformen, die im Zentrum der massenpsychologischen Untersuchungen von Tarde (1890) und Le Bon (1898) standen, aus seiner Definition des Einverständnishandelns aus.

hen, weil die Wahrscheinlichkeit objektiv besteht: daß diese anderen jene Erwartungen trotz des Fehlens einer Vereinbarung als sinnhaft ›gültig‹ für ihr Verhalten praktisch behandeln werden«. [KA 456] Einverständnis bedeutet somit das »Dulden oder Geltenlassen« der Erwartungen anderer Handelnder. Der Begriff des Einverständnishandelns bildet den logischen Gegenpol zum zweckrational vereinbarten Handeln, meint jedoch kein irrationales oder emotionales Verhalten.

Mit dem Begriff des Einverständnishandelns knüpft Weber an Tönnies Begriffsunterscheidung zwischen Gemeinschaft und Gesellschaft an. Den Kern der gemeinschaftlichen Verbindung stellte bei Tönnies die Gesinnung dar, die die Menschen in einer organischen Einheit zusammenhält. Demgegenüber ist Webers Kategorie formaler. Tönnies geht vom »Familiengeist« aus, den er Verständnis nennt, und dehnt dann den Begriff auf die übrigen Gemeinschaftsformen aus. Weber definiert indessen den Oppositionsbegriff zum vergesellschafteten Handeln dadurch, dass er im Gegensatz zum »Verhandeln« hier den Akzent auf die Tatsache des »Geltenlassens« von Erwartungen legt, die andere dem Handelnden gegenüber hegen. Vom Gesichtspunkt des Beobachters aus heißt somit jedes soziale Handeln, das sich an Einverständnischancen und nicht an Vereinbarungen orientiert, »Einverständnishandeln«. Wie schon beim vergesellschafteten Handeln unterscheidet Weber auch hier zwischen der »subjektiven Erwartung« nach Einverständnis und der »objektiven Wahrscheinlichkeit«, dass die Erwartung erfüllt werde. So kann es z.B. beim »Herrschaftseinverständnis« Ungehorsam geben, der durch scheinbare Unterordnung vorgetäuscht wird, was beim Begriff der Vereinbarung der Haltung des Falschspielers entspricht.

Einverständnis bedeute nicht etwa »Zufriedenheit« mit dem Handeln anderer, sondern ein »Dulden, Zulassen oder Geltenlassen«, unabhängig von den Motivationen, die dazu führen. Wie im Fall der Vereinbarung kann es auch hier Einverständnis aus bloßem Interesse geben, sowie ein Geltenlassen von Unterordnungsbeziehungen aus Furcht vor Konsequenzen gegenüber einer bloßen Gewaltherrschaft. Ein Einverständnishandeln, das sich nur auf Interessenlagen stützt, ist jedoch ein relativ labiles Gebilde und bildet für Weber den bloßen Grenzfall dieser Kategorie. Handlungserwartungen sind auch im Fall des Einverständnishandelns objektiv besser begründet, wenn der Handelnde davon ausgehen kann, dass die durch Einverständnis Verbundenen (Webers »Einverstandenen«) dieses Einverständnis auch als »subjektiv verbindlich« empfinden. Diese Form von Einverständnis ist für Weber notwendig als Zustimmungsgrundlage für alle sozialen Beziehungen, die Anspruch auf Legalität oder Legitimität erheben. So würden letztlich auch Vereinbarungen kraft dieses (Legalitäts-)Einverständnisses »gelten«. [Vgl. KA 457]

Damit nimmt Weber zum zweiten Mal innerhalb des Kategorienaufsatzes Stellung zur Problematik der Legalität. Selbst Vereinbarungen, die aktiv ausgehandelt werden, würden empirisch aufgrund von Legalitätseinverständnis gelten. Das Dulden und Geltenlassen, das Weber mit dem Einverständnisbegriff bezeichnet, ist also als Grundlage des gesamten Phänomens der Ordnungslegalität zu verstehen. Damit weist Weber hier erstmals auf die besondere Bedeutung hin, die er dieser Kategorie im gesamten Aufbau seiner sozialpolitischen Terminologie zuschreibt. Die empirische Legalitätsgeltung von Ordnungen ist auf eine Zustimmung angewiesen, die durch das Einverständnishandeln verkörpert wird.

In diesem Zusammenhang spielen die Bestimmungsgründe des sozialen Handelns noch keine Rolle, wie dies später in den »Soziologischen Grundbegriffen« der Fall sein wird. [Vgl. WuG 12] Es geht bloß darum festzustellen, auf welche Handlungsform sich Legalität stützt, unabhängig davon, welche unterschiedlichen rationalen, emotionalen oder traditionalen Motivationen diese begleiten können. Dies meint Weber hier im deskriptiven Sinn seiner »wertfreien« verstehenden Soziologie, er trifft also keine normative Aussage über die gerechte, gute oder demokratische Begründung von Ordnungen, die Legalitätsanspruch erheben. Mit seiner konsequenten Argumentation trennt Weber schließlich den Einverständnisbegriff säuberlich von dem einer stillschweigenden Vereinbarung. Beide sind nicht miteinander zu verwechseln, da der Inbegriff des Einverständnishandelns das Auslassen jedes aktiven Verhandelns sowie das Ausbleiben von Satzungen bedeutet. Einverständnis ist ein einfaches Geltenlassen, wie das Beispiel der fortbestehenden Geltung von Geldscheinen zeigt. [KA 458]

Nachdem Weber die Definition des Einverständnishandelns präzisiert hat, befasst er sich mit weiteren begrifflichen Abgrenzungen. Dabei geht es um die Psychologie der Handlungsmotivation, um die Übergänge zwischen vergesellschaftetem Handeln und Einverständnishandeln und schließlich um die Fragen des Zwanges sowie des Unterschieds von offenem und geschlossenem Einverständnishandeln. Auf diese Vertiefungen wird hier nur kurz hingewiesen, um dann zu den Kategorien von »Anstalt und Verband« überzugehen. Für Weber sollte die Untersuchung des Einverständnishandelns sämtliche inneren Lagen und psychologischen Motivationen der Individuen ausblenden, da sie bei demselben Handeln durchaus unterschiedlich sein können und deshalb darauf keine kausale Wirkung haben.

Was den Übergang vom Einverständnishandeln zum vergesellschafteten Handeln angeht, so zeichnet sich dieser für Weber dadurch aus, dass alles gemeinsame Handeln ab einem bestimmten Moment per Satzung geregelt wird. Mit der Entstehung eines Vereinbarungsprozesses geht somit jedes Einverständnis zu einer Vergesellschaftung über. Umgekehrt entsteht jedoch bei »fast jeder Vergesellschaftung ein über den Umkreis ihrer rationalen Zwecke hinaus übergreifendes (›vergesellschaftungs*bedingtes*‹) Einverständnishandeln zwischen den Vergesellschafteten«. [KA 461]

Schließlich beschäftigt sich Weber mit der Unterscheidung zwischen dem Einverständnis und dem Begriff einer gegenseitigen Bejahung sowie einer solidarischen Verbindung unter den Handelnden. Das Einverständnishandeln ist für Weber eine formale Kategorie und bedeutet nicht automatisch ein »Füreinander« der Handelnden. So kann das Einverständnis auch ein Handeln »gegeneinander« sein, das sich trotzdem an der Erwartung orientiert, dass bestimmte Akte geduldet und als gültig erachtet werden. Aus diesen Gründen lässt sich aber nicht a priori sagen, ob ein Einverständnishandeln offen oder geschlossen ist, wie etwa das Beispiel der Sprachgemeinschaft zeigt, die sowohl offen für alle Mitsprechenden ist als auch zu einer Geheimsprache werden kann. Mit dieser inhaltlich neutralen Prägung seiner Begriffe entfernte sich Weber von Tönnies' Verständnis der Soziologie, der seine Untersuchungen ausschließlich auf Beziehungen gegenseitiger Bejahung begründete. Unter dem Begriff des Einverständnishandelns oder des vergesellschafteten Handelns lassen sich also sowohl solidarische Beziehungen als auch Formen des Kampfes verstehen. Auch die intimste »Einverständnisgemeinschaft« kann Konflikte nicht ausschließen, sowie jeder Kampf ein gewisses Maß an Einverständnis oder Vergesellschaftung der Kontrahenten einschließt, womit in der Regel ein gewaltsamer Kampf in eine Form des Wettbewerbs übergeht. Die fortschreitende Befriedung des menschlichen Zusammenlebens und damit das Zurücktreten physischer Gewalt ist für Weber das Ergebnis einer historischen Entwicklung. Sie hängt damit zusammen, dass die Gewaltanwendung »zunehmend von dem Zwangsapparat einer bestimmten Art von Vergesellschaftung oder Einverständnis-Gemeinschaft: der politischen, monopolisiert und in die Form der geordneten Zwangsandrohung durch die Mächtigen und schließlich durch eine formell sich neutral gebärdende Gewalt verwandelt worden« ist. [KA 464]

Im Zuge dieser Reflexion stößt Weber auf die Problematik des Zwangs als grundlegende Funktion für die Bildung und das Aufrechterhalten von sozialen Gebilden. Sie zeichnet den Anfang der Untersuchung, die das politische Problem im Sinne der Entstehung von Beziehungen der Über- und Unterordnung zum Gegenstand von Webers Kategorienbildung macht. Damit bereichert sich Webers Terminologie um eine neue Dimension, indem zur horizontalen Dimension der einfachen sozialen Beziehungen eine vertikale Dimension hinzukommt, die charakteristisch für die politischen Beziehungsgebilde ist. Dabei fragt Weber danach, inwieweit soziale Gebilde wie z.B. Staat, Kirche oder kapitalistischer Betrieb eine geordnete Form von Zwang benötigen, um zu bestehen. Diese Problematik thematisiert er ausgehend von der Frage der zwangsläufigen Zurechnung der Individuen zu einer strukturierten Handlungsform, wie beispielsweise im Fall der politischen Gemeinschaft.

4.2.5 Anstalt und Verband

Den Ausgangspunkt von Webers Definition der Begriffe von Anstalt und Verband bildet eine Untersuchung der politischen Zurechnungsfrage, wie sie etwa im Fall der Staatsbürgerschaft gegeben ist. Dadurch, dass der Staatsbürger in einem Territorium geboren wird, sind ihm bestimmte Rechte und Pflichten gegenüber der politischen Gemeinschaft zugeschrieben, ohne dass er sie ausgehandelt hätte. Hinsichtlich dieser Problematik geht es Weber darum, vor dem Hintergrund des Zweckvereinsbegriffs zu zeigen, welche sozialen Beziehungsformen entstehen, wenn jemand »ohne sein Zutun« an einer Einverständnisgemeinschaft beteiligt wird. Weber hatte den Begriff des Zweckvereins im Sinne vom rationalen Idealtypus der Vergesellschaftung so dargestellt, dass dieser durch die ausdrückliche Vereinbarung seiner Zwecke, Ordnungen und Mittel durch *alle* Teilnehmer entsteht. Die Beteiligung des Einzelnen am Zweckverein (d.h. die Erwartung, dass er sein Handeln an dessen gesatzter Ordnung orientiert) beruht somit auf seiner Teilnahme am Prozess der rationalen Vereinbarung.

In der sozialen Wirklichkeit gibt es jedoch für Weber »sehr wichtige Vergesellschaftungsformen«, die wie Zweckvereine durch rationale Satzung nach Mitteln und Zwecken geordnet sind, für die es dennoch gilt, dass »der Einzelne normalerweise in die Beteiligung am Gesellschaftshandeln und also in die Mitbetroffenheit von jenen Erwartungen der Orientiertheit seines Handelns an jenen von Menschen geschaffenen Ordnungen *ohne* sein Zutun hineingerät«. [KA 465]

Mit dieser Beobachtung setzt Webers Auseinandersetzung mit der Entstehungsproblematik von politischen Gebilden ein, denen die Individuen zwangsläufig zugeordnet werden. Gleichzeitig bedeutet diese Wende in seiner Kategorienbildung eine Kritik am Kontraktualismus, da er den bedeutendsten Formen politischer Vergesellschaftung den Charakter des Zweckvereins abspricht und damit ihre Begründung auf das theoretische Modell des Gesellschaftsvertrags.

Konstitutiv für die Handlungsform einer Anstalt ist, dass eine Person aufgrund objektiver Tatbestände dem Anstaltshandeln zugerechnet wird und dass die Beteiligung und die Orientierung ihres Handelns an der gesatzten Ordnung erwartet wird. Die objektive Begründung für die Erwartung, dass die Individuen am gemeinsamen Handeln teilnehmen, stützt sich dabei auf die Tatsache, dass die Einzelnen als dazu verpflichtet gelten und eventuell durch einen Zwangsapparat dazu verpflichtet werden. Im Fall der politischen Gemeinschaft sind dies Tatbestände wie z.B. die Geburt, die Abstammung oder der Aufenthalt auf einem bestimmten Territorium, die eine »Teilnahmeerwartung« begründen. Die normale Art des Eintritts in eine solche Gemeinschaft[72] ist somit in den meisten Fällen das Hineingeborenwerden.

Weber definiert die Gemeinschaftsformen, die auf Zurechnung gründen, ausgehend von ihrem rationalen Fall, womit er den Begriff der Rationalität von dem der Vereinbarung unter allen Mitbeteiligten trennt. Den rationalen Fall solcher Gemeinschaften, in die man hineingeboren wird, nennt Weber »Anstalt«, wenn 1. »im Gegensatz zum freiwilligen ›Zweckverein‹: die Zurechnung auf Grund rein objektiver Tatbestände unabhängig von Erklärungen der Zugerechneten« [KA 466] erfolgt und 2. »im Gegensatz zu den einer absichtsvollen rationalen Ordnung entbehrenden, in dieser Hinsicht also amorphen Einverständnisvergemeinschaftungen: die Existenz solcher rationaler von Menschen geschaffener Ordnungen und eines Zwangsapparates als einer das Handeln mitbestimmenden Tatsache« gegeben ist. [Ebd.] Die Anstalt ist also weder Einverständnishandeln noch Zweckverein, denn sie hat im Gegensatz zu Ersterem eine rationale

---

72 Der Begriff der Gemeinschaft steht hier wie oft in Webers Text allgemein für menschliche Vereinigung, wobei sein oppositionelles Begriffspaar dasjenige zwischen Vergemeinschaftung und Vergesellschaftung ist.

Ordnung und einen Zwangsapparat, die Individuen treten ihr jedoch im Gegensatz zu Letzterem nicht freiwillig bei. Nach dieser Definition sind Sprach- und Hausgemeinschaften, in die man hineingeboren wird, keine Anstalten, da sie keine Satzung haben, wohingegen Staat und Kirche als Anstalten zu sehen sind.

Wie das vergesellschaftete Handeln im Einverständnishandeln in Webers Terminologie eine Parallele findet, so verhält sich der Begriff der Anstalt mit rationaler Satzung zu dem Begriff des »Verbandes«. Denn dieser gründet zwar auf demselben Zurechnungsprinzip, entbehrt jedoch der rationalen Ordnung der Regeln, nach denen bestimmte Personen oder Organe den Verband »regieren«. Damit ist der Verbandsbegriff eine nach Webers Methodologie »abgeschwächte Form« der rationalen Anstalt, die er als ein Einverständnishandeln definiert, das unter drei Voraussetzungen erfolgt.

Wörtlich lautet die Definition: »Als Verbandshandeln gilt uns ein nicht an Satzungen, sondern an Einverständnis orientiertes, also: ein Einverständnishandeln, bei welchem 1. die Zurechnung des Einzelnen zur Teilnahme einverständnismäßig ohne sein eigenes darauf zweckrational gerichtetes Zutun erfolgt und bei welchem ferner 2. trotz des Fehlens einer darauf abgezweckten gesatzten Ordnung dennoch jeweils bestimmte Personen (Gewalthaber) einverständnismäßig *wirksame* Ordnungen für das Handeln der einverständnismäßig zum Verband gerechneten Beteiligten erlassen, wenn ferner 3. sie selbst oder andere Personen sich zu eventuellen Ausübungen von physischem oder psychischem, wie immer geartetem, Zwang gegen einverständniswidrig sich verhaltende Teilnehmer bereit halten«. [KA 466]

Die Zurechnung der Individuen zum Verband erfolgt also wie im Fall der Anstalt »ohne ihr Zutun«. Im Unterschied zur Anstalt fehlt hier jedoch eine Ordnung, die bestimmt, wer mit welchen Befugnissen der »Gewalthaber« innerhalb des Verbandes ist. Trotzdem erlassen die Inhaber der Verfügungsgewalt Ordnungen für das Handeln der zum Verband zugerechneten Individuen und erwarten mit Erfolg deren Einverständnis als ein Dulden oder Geltenlassen dieser Ordnungen. Schließlich verfügen sie über einen Zwangsapparat, um die objektive Geltung der Ordnung sicherzustellen.

Im Fall von Anstalt und Verband lässt sich wie schon bei den anderen Begriffen Webers auf historische Beispiele zurückgreifen, um die Bedeutung dieser ansonsten sehr abstrakten Kategorien zu versinnbildlichen. In den nächsten Kapiteln wird die Untersuchung der unterschiedlichen Teile von *Wirtschaft und Gesellschaft* auf eine Menge solcher Beispiele stoßen. Hier sei kurz darauf hingewiesen, dass Weber den Begriff der Anstalt tendenziell mit dem des modernen Staates assoziiert, während er unter dem Verbandsbegriff unterschiedliche vormoderne Herrschaftsformen versteht. Ein Beispiel dafür stellen die mittelalterlichen Städte Europas dar, die sich von den feudalen Herrschaftsbeziehungen freisprachen und in der Regel durch eine plutokratische Elite von Händlerfamilien regiert wurden. Weitere Beispiele für den Verband sind die »urwüchsige Hausgemeinschaft«, die »patrimonialen Fürstentümer« und die »religiöse Gemeinde« eines Propheten. [Vgl. KA 467] In der Moderne ist fast alles Verbandshandeln mindestens partiell durch rationale Ordnung geregelt, so dass der Übergang zur Anstalt flüssig ist. Dies umso mehr, als es nur wenige »reine Typen« der Anstalt gibt. Denn je komplexer eine Anstalt ist, desto weniger kann ihre Gesamtheit durch Satzungen geordnet werden. So stellt das »Anstaltshandeln« in der Regel nur den rational geordneten Kern eines »Verbandshandelns« dar.

Die Frage, die Weber auch in diesem Zusammenhang am meisten beschäftigt, ist jene nach der Art, wie neue Satzungen zustande kommen und inwieweit sie frei vereinbart werden oder durch »Zwang« entstehen. Neue Ordnungen für das Handeln der an einer Anstalt beteiligten Individuen entstehen für Weber im Regelfall nicht durch freie Vereinbarung, sondern werden ihnen aufgezwungen. Dennoch erwartet man dann von ihnen Loyalität gegenüber der Ordnung. Dieses Verfahren, das Weber zufolge auch im Fall der demokratischen Mehrheitsentscheidung angewendet wird, nennt er, der juristischen Sprache seiner Zeit entsprechend, »Oktroyierung«. Damit ist im wertfreien Sinn gemeint: »Bestimmte Menschen proklamieren eine Satzung als für das verbandsbezogene oder verbandsgeregelte Handeln geltend, und die Anstaltsgenossen (oder der Anstaltsmacht Unterworfenen) fügen sich dem tatsächlich mehr oder minder vollständig durch mehr oder minder eindeutige sinnhaft loyale Orientierung ihres Handelns daran. Das besagt: die gesatzte Ordnung tritt bei den Anstalten in empirische Geltung in Gestalt von ›Einverständnis‹«. [KA 468]

So sind für Weber die Entstehung von Ordnungen sowie das Verabschieden von Gesetzen ein politisches Verfahren, in dem die mitbeteiligten Individuen nicht aktiv verhandeln, sondern Entscheidungen durch Einverständnis akzeptieren und gelten lassen. Im Fall moderner demokratischer Entscheidungsprozesse erfolgt dies nach Ordnungen, die die Verfügungsmacht der Regierenden beschränken und Normen für den geregelten Zugang zur politischen Macht vorsehen. Nach ihrer Wahl erlässt jedoch jede Regierung Gesetze nach dem parlamentarischen Mehrheitsprinzip, so dass sich die Bürger diesen Gesetzen fügen müssen (sie also durch Einverständnis gelten lassen) und erst bei der darauffolgenden Wahl die Regierung abwählen können. Diese Art von Entscheidungsprozessen hat auch Weber im Sinn, wenn er von »Oktroyierung« spricht, obwohl er mit seinem Begriff ein weites Spektrum von politischen Prozessen im Visier hat.

Die Geltung von »Anstaltssatzungen« (sowie der Ordnungen eines vergesellschafteten Handelns) ist durch Einverständnis gesichert und lässt sich nicht mit einer stillschweigenden Vereinbarung gleichsetzen. Das Aufoktroyieren einer Ordnung kann entweder autonom durch die Anstaltsorgane oder heteronom durch die unterschiedlichen Instanzen eines politischen Verbands erfolgen. Dem Ursprung nach ist jedoch die »ganz überwältigende Mehrzahl aller Satzungen *sowohl* von Anstalten *wie* von Vereinen« nicht vereinbart, sondern oktroyiert. [KA 469] Bei aller Unterschiedlichkeit der Herrschaftsformen, die vom demokratisch verfassten Staat bis zur Gewaltherrschaft reichen, geht es auf diesem Niveau von Webers Kategorienbildung darum, die Tatsache der faktischen Geltung derartiger »Oktroyierungsgewalt« zu erklären. Weber nennt ihren durch Einverständnis zugelassenen Anspruch auf Geltung die »empirisch geltende Verfassung« der in Frage kommenden Anstalt. Damit meint er die Tatsache, dass die Oktroyierungsgewalt in ihren Akten auf Zustimmung stößt, unabhängig vom Wortlaut der gesatzten Verfassung des Verbandes. So weist Weber vom wertfreien Gesichtspunkt seiner Sozialwissenschaft aus auf die Problematik der Rechtsgeltung von Herrschaft. Diese Problematik ist auch im Fall der modernen, parlamentarisch verfassten Demokratie zu finden. Zweckrationale Verfassungen können die Oktroyierung von bindenden Satzungen an die Zustimmung von Mehrheiten knüpfen, dies ändert jedoch nichts an der Tatsache, dass die dadurch gefällten Entscheidungen für die Minderheit eine Oktroyierung bedeuten. Diese Argumentation führt Weber zur Untersuchung der Herrschaft als Funktion der sozialen Verbände sowie zur Erklärung ihrer »Geltungsgründe«.

4.2.6 Herrschaft als soziale Funktion

Die Untersuchung der Oktroyierungsgewalt, die Anstalt und Verband charakterisiert, führt Weber zur Auseinandersetzung mit der politischen Problematik im eigentlichen Sinne, die er anhand eines genau definierten Begriffs der Herrschaft umreißt. Die theoretische Frage, die es dabei zu beantworten gilt, weist auf die Notwendigkeit einer Erklärung der Handlungsformen hin, die die Oktroyierungsmacht tragen und das »Regieren« in Anstalt und Verband ermöglichen. Alle Oktroyierungsgewalt beruht auf dem »Einfluß – der ›Herrschaft‹ – konkreter Menschen (Propheten, Könige, Patrimonialherren, Hausväter, Aeltester oder anderer Honorationen, Beamter, Partei- oder anderer ›Führer‹ von höchst wichtig *verschiedenem* soziologischen Charakter) auf das Verbandshandeln der anderen«. [KA 470] Die Definition dieses »Einflusses« als eine soziale Beziehung, in der die einen diesen ausüben und die anderen ihn dulden oder wirken lassen, ist eine der theoretischen Leistungen Webers. Damit ermöglicht es seine Kategorienbildung, den amorphen Begriff der »Macht« als Durchsetzungskraft bestimmter Menschen oder Persönlichkeiten zu überwinden, und leitet die Untersuchung der Eigenschaften von Herrschaft als sozialer Beziehung ein. So fokussiert Webers Herrschaftsbegriff die Tatsache, dass eine Seite der Herrschaftsbeziehung aktiv ist und die andere ihre Handlungserwartungen duldet und gelten lässt, ohne auf psychologische Erklärungsgründe oder auf anthropologische Hypothesen zu rekurrieren.

Der Einfluss (also die Herrschaft) bestimmter Menschen kann auf die unterschiedlichsten Gründe zurückgeführt werden, auch auf die Furcht vor der Anwendung von physischem oder psychischem Zwang. Selbst in diesem Fall gilt jedoch, dass »das bloß an Erwartungen (insbesondere: ›Furcht‹ der Gehorchenden) orientierte Einverständnishandeln nur den relativ labilen Grenzfall« [ebd.] der Herrschaft als sozialer Beziehung darstellt. Die empirische Geltung des Einverständnisses, das die Herrschaftsbeziehung ermöglicht, ist auch hier (wie schon im Fall der gesatzten Ordnung) umso besser begründet, je mehr darauf gezählt werden kann, dass »die Gehorchenden aus *dem* Grunde gehorchen, weil sie die Herrschaftsbeziehung als für sich ›*verbindlich*‹ auch *subjektiv* ansehen«. [Ebd.] Wo dies durchschnittlich der Fall ist, beruht die Herrschaft auf »Legitimitätseinverständnis«. Damit weist Weber erneut auf die Tatsache, dass die empirische Geltung von sozialen Gebilden die Form des Einverständnishandelns einnimmt und dass das Moment der »subjektiv empfundenen Verbindlichkeit« ihre Grundlage bildet. Was schon im Fall des »Legalitätseinverständnisses« zu beobachten war, bestätigt sich also auch hinsichtlich des »Legitimitätseinverständnisses«. Legalität und Legitimität als »subjektiv verbindliche Formen des Einverständnishandelns« stellen somit das grundlegende Begriffspaar der politischen Theorie dar, mit der Weber die Geltung der Ordnungen und Herrschaftsbeziehungen sozialer Verbände erklärt. Dies stellt einen wichtigen Hinweis auf die theoretischen Optionen dar, die Webers Politik- und Sozialwissenschaft als Orientierung dienen und die dem vertragstheoretischen Paradigma kritisch gegenüberstehen.

Mit dem Abschluss der Kategorienbildung, die hier rekonstruiert wurde, gelangt Weber im Kategorienaufsatz zur Herrschaftsproblematik, die für ihn »die wichtigste Grundlage fast alles Verbandshandelns« [ebd.] ausmacht. Er verweist jedoch darauf, dass sie nur innerhalb einer gesonderten Untersuchung behandelt werden kann, da dies andernfalls den Rahmen einer Studie zu den Grundkategorien der verstehenden Soziologie sprengen würde. Weber setzte also seine Kategorienbildung nur bis zu dem Punkt fort, an dem er auf die Problematik der »Notwendigkeit der Herrschaft« für das Bestehen der sozialen Verbände stieß. Deren Vertiefung überließ er jedoch gesonderten Studien. Die Herrschaft wurde so zum Gegenstand der zwei bekannten Untersuchungen, die in den Kapiteln drei aus dem ersten Teil und neun aus dem zweiten Teil von *Wirtschaft und Gesellschaft* wiederzufinden sind.[73]

Die Eigenart des Aufbaus von Webers Grundkategorien, der nur bis zum Anfang der Herrschaftsproblematik geht, lässt sich, wie noch zu sehen ist, durch die Untersuchung der »Soziologischen Grundbegriffe« bestätigen. Grund dafür ist folgende Tatsache: Für die soziologische Analyse der Herrschaft kommt es vor allem – so Weber im Kategorienaufsatz – »auf die verschiedenen möglichen, subjektiv sinnhaften, Grundlagen jenes ›Legitimitäts‹-Einverständnisses an, welches überall da, wo nicht nackte Furcht vor direkt drohender Gewalt die Fügsamkeit bedingt, in grundlegend wichtiger Art ihren spezifischen Charakter bestimmt«. [Ebd.] Der Typologie solcher »Grundlagen von Legitimitätseinverständnis« sollte sich eine getrennte Untersuchung widmen. Deshalb brach Weber die an diesem Punkt erst einsetzende Analyse der »›eigentlichen‹ Probleme der Verbands- und Anstaltstheorie« im Kategorienaufsatz ab.

Die letzten Seiten des Kategorienaufsatzes widmen sich einer anderen Problematik: der »Rationalisierung« des Verbandshandelns durch gesatzte Ordnungen. Historisch ist zu beobachten, dass kein Ersatz von Einverständnishandeln durch Vergesell-

---

73   Vgl. dazu unten Kap. 5.

schaftung stattfindet. Vielmehr ist »eine immer weitergreifende zweckrationale Ordnung des Einverständnishandelns durch Satzung und insbesondere eine immer weitere Umwandlung von Verbänden in zweckrational geordnete Anstalten zu konstatieren«. [KA 471] Damit spricht Weber die Rationalisierungsfrage an, die ein Grundthema seiner Reflexion vor allem in der Religionssoziologie ist und eine wichtige Rolle für die Wirkungsgeschichte seines Werkes spielte.[74] Im Kategorienaufsatz findet jedoch nur eine kurze Auseinandersetzung mit dieser Thematik statt. Weber fragt, was »Rationalisierung« der Ordnungen einer Gemeinschaft im praktischen Sinne bedeutet. Dabei konstatiert er, dass die empirische Geltung sämtlicher Vorschriften und Regelungen nicht auf der rationalen Erkenntnis der Prinzipien beruht, nach denen sie verfasst sind. Vielmehr handelt es sich um eine einfache »Einverständnisgeltung«, deren Entstehung zu erklären ist.

Dies tut Weber anhand eines Beispiels: nämlich der Geltung des »Einmaleins«, das Kinder erst auswendig lernen und später rational erklärt bekommen. Dabei geht es zuerst um das bloße Aufoktroyieren von etwas, was man dennoch als »verbindlich Geltendes« zu betrachten hat. »Das ›Einverständnis‹ ist zunächst also schlichte ›Fügung‹ in das Gewohnte, *weil* es gewohnt ist«. [Ebd.] Im Alltagsleben ist dies eine immer wiederkehrende Erfahrung. Nicht aufgrund rationaler Erwägung, sondern vermittelst eingeübter Gegenproben stellt jeder fest, ob er einverständnismäßig richtig gehandelt und die vermeintlichen Voraussetzungen eines Geschehens eingeschätzt hat.

Ein Beispiel stellt etwa der Fahrstuhl dar. Nach welchen Prinzipien ein Aufzug korrekt funktioniert, wissen die wenigsten; jeder weiß jedoch, wie er zu benutzen ist, und vertraut dem guten Ablauf seiner Funktion. Ein weiteres Beispiel dieser Problematik, die in der späteren Soziologie oft mit der Kategorie des »Vertrauens« thematisiert wurde, biete die soziale Institution des Geldes. Warum Geldscheine gelten, kann nicht jeder erklären, alle ver-

---

74   Vgl. dazu Kap. 2. Vgl. auch Schluchter (1998).

trauen aber darauf, sie weiter einsetzen zu können. Ähnliches gilt auch für die Entstehung neuer Gesetze. Nur wenige wissen Bescheid, worum es dabei geht. Einige wiederum beteiligen sich an ihrer Gestaltung, wobei die meisten sich den neuen Regelungen nur anpassen.

Dieser Zusammenhang zeichnet für Weber die moderne Gesellschaft aus, da mit steigender Komplexität der Ordnungen und fortschreitender Differenzierung des sozialen Lebens die passive Haltung zu Satzungen und Gesetzen ein universeller Tatbestand wird. Die Gesellschaftstheorie muss folglich die unterschiedlichen Stufen von Bewusstheit des Sinnbezuges zu den Ordnungen unterscheiden, die durch Oktroyierung entstehen. Im Übergang von der Regierungsmacht durch die Verbandsorgane zur breiten Masse, der am Verband beteiligten Menschen, wird das Bewusstsein und das Wissen über den Sinn der Ordnungen geringer, so dass die Mehrheit der Individuen sie nur passiv und traditionell einhalten können. Daher lautet Webers Fazit: »Die empirische ›Geltung‹ *gerade* einer ›rationalen‹ Ordnung ruht also dem Schwerpunkt nach ihrerseits wieder auf dem Einverständnis der Fügsamkeit in das Gewohnte, Eingelebte, Anerzogene, immer sich Wiederholende«. [KA 473]

Das Fortschreiten der Rationalisierung sowie der Herrschaft der Technik über das Leben bedeutet somit eher eine Distanzierung der durch sie betroffenen Menschen von der rationalen Basis ihres Handelns als ein steigendes Wissen darüber. So kennt laut Weber der »Wilde« viel mehr von der Grundlage seiner Existenz als der »Zivilisierte«. Die rationale Note des zivilisierten Lebens besteht nur im Glauben, dass die Bedingungen des Alltags prinzipiell rational sind, und damit in der Zuversicht, dass man mit ihnen rechnen kann und sie nicht durch magische Mittel zu beeinflussen sind. Mit diesem Exkurs über die tatsächliche Rationalisierung und Bewusstheit des modernen Lebens schließt Weber den Kategorienaufsatz ab.

Durch einen zusammenfassenden Blick über den Aufbau des Aufsatzes lassen sich einige Aspekte von Webers Kategorienbildung beleuchten, die wesentlich für das Verständnis seiner Politik- und Sozialwissenschaft sind. Am Ende seiner Argumentation kommt Weber zum Kern seiner politisch-soziologischen Fragestellung. Die Herrschaft zeichnet sich als eine Notwendigkeit des sozialen Lebens aus. Sie ermöglicht den Zusammenhalt von sozialen Gruppen sowie ihr Handeln als Ganzes. Durch Herrschaft treten Ordnungen in Kraft, die zur Regulierung des sozialen Lebens beitragen und damit den Erwartungshorizont der Handelnden stabilisieren. Auf diesem Weg verfestigt sich die theoretische Option von Webers politischem Denken zu einem Grundsatz seiner Soziologie, den er durch eine Reflexion über die Erwartungsproblematik der handelnden Menschen begründet. Dies weist auf seine Nähe zu den Denkern der Souveränität – und idealtypisch zu Thomas Hobbes – hin, die in der Souveränität und damit auch in der Herrschaft eine »funktionelle Notwendigkeit« für das Bestehen von sozialen Gebilden sehen.

Weber unterscheidet sich dennoch von den klassischen Theoretikern der Souveränität dadurch, dass er keine Vorstellung eines Naturzustandes als Kriegszustand vertritt, sondern die Möglichkeit der sozialen Kooperation bereits voraussetzt. In seinen Augen ist diese jedoch unstabil, wenn es keine regulierenden Faktoren gibt, die ausgehend von der einfachen Verfestigung der Erwartung durch Vereinbarung bis zur Herrschaft des politischen Verbands dazu beitragen, einen zuverlässigen Ablauf des sozialen Handelns zu sichern. Die Verfestigung des sozialen Handelns durch die Vorherrschaft der politischen Institutionen und die steigende Komplexität ihrer Ordnungen führen aber dazu, dass die große Mehrheit der daran beteiligten Individuen eine passive Haltung zu ihnen einnimmt. Es sind folglich die Handlungsformen des Legalitäts- und Legitimitätseinverständnisses, die eine ausschlaggebende Rolle für das Fortbestehen der politischen Gebilde spielen. Mit dieser Beobachtung bezog Weber einige kritische Momente in seine Kategorienbildung mit ein, die sich im Grenzbereich sozialwissenschaftlicher Wertfreiheit bewegen. Ihnen gegenüber kann man durchaus geteilter Meinung sein.

Wie dem auch sei, sind die Aussagen zur Bedeutung der Herrschaftsgebilde für das Bestehen der sozialen Wirklichkeit und ihre Begründung auf dem Legalität- und Legitimitätseinverständnis fester Bestandteil von Webers Politik- und Sozialwissenschaft. Damit kam er zum Kern seiner politisch-soziologischen Kategorienbildung, die er im Rahmen der Herrschaftssoziologie fortsetzte, so dass man von einem nahtlosen Übergang des Kategorienaufsatzes zu den Manuskripten sprechen kann, die in *Wirtschaft und Gesellschaft* zu finden sind. Da es sich beim Kategorienaufsatz um einen Text handelt, den Weber aus seinem älteren Manuskript gewann, kann man sagen, dass sich die Lektüre ohne argumentativen Sprung und terminologische Brüche mit dem 9. Kapitel aus Teil II von *Wirtschaft und Gesellschaft* fortsetzen ließe.

4.3 Webers »Soziologische Grundbegriffe« von 1921

Wie schon im Kategorienaufsatz geht es in den »Soziologischen Grundbegriffen«[75] um die Definition der Grundkategorien der verstehenden Soziologie. Im Unterschied zum Aufsatz ist der Tenor hier didaktischer und die Terminologie vereinfacht, »um möglichst leicht verständlich zu sein«. [WuG 1] Methodologisch besteht der Unterschied darin, dass Weber im Aufsatz eher aus dem Blickwinkel des Handelnden und seiner Erwartung argumentiert, wohingegen er in den »Soziologischen Grundbegriffen« die Untersuchung eher vom Gesichtspunkt des Beobachters durchführt. Der Aufbau der Begriffe folgt einer ähnlichen Reihenfolge, obwohl es entscheidende Neuerungen gibt, wie z.B. die Darstellung der Bestimmungsgründe des Handelns, die im Kate-

---

75 Der Text der »Soziologischen Grundbegriffe« befindet sich am Anfang von *Wirtschaft und Gesellschaft* [vgl. Weber (1980) S. 1-30; hier zitiert mit der Sigle WuG]. Derselbe Text ist auch als Sonderdruck erhältlich [vgl. Weber (1984a)], wobei in diesem Fall die Paragraphen mit der Originalausgabe übereinstimmen, jedoch nicht die Seitenzahlen. Schließlich sind die §§ 1 bis 7 der »Soziologischen Grundbegriffe« in den *Gesammelten Aufsätzen zur Wissenschaftslehre* abgedruckt [vgl. Weber (1988d) S. 541-581].

gorienaufsatz *in nuce* bleibt. Denn im Aufsatz tauchen »Bestimmungsgründe« des Handelns nur im methodologischen Teil auf, wo es um die Abgrenzung der Soziologie von der Psychologie geht. Sie bilden einen analytischen Raster, um die Abweichung des beobachteten Verhaltens vom idealtypisch rationalen Handlungsmuster einschätzen zu können.[76]

Die Logik des argumentativen Aufbaus in den »Soziologischen Grundbegriffen« lässt sich am besten durch den Hinweis auf ihre drei Dimensionen erfassen. Zunächst geht es darum, das Handeln des Einzelnen und seine »sinnhafte Bezugnahme« zum Handeln anderer als individuelle Dimension zu beschreiben. Dann befasst sich Weber mit der horizontalen Dimension der sozialen Beziehung, die sich aus der gegenseitigen Bezugnahme mehrerer Handelnder ergibt, und beschreibt deren unterschiedlichen Eigenschaften. Schließlich untersucht er die vertikale Dimension der »Zurechnung von Handelnden« unter bestimmten sozialen Beziehungen, in deren Verlauf er dann zur Herrschaftsproblematik übergeht. So führt auch der Kategorienaufbau in den »Soziologischen Grundbegriffen« zur Frage der Herrschaft, die dann im Kapitel drei des ersten Teils von *Wirtschaft und Gesellschaft* in knapper Form und entsprechend der neueren Terminologie analysiert wird.

4.3.1 Soziales Handeln

Den Ausgangspunkt der Untersuchung in den »Soziologischen Grundbegriffen« bildet in Analogie zum Kategorienaufsatz die Definition der grundlegenden Form des menschlichen Zusammenhandelns, die in diesem Rahmen »soziales Handeln« heißt. Soziales Handeln ist ein Handeln, »welches seinem von dem oder den Handelnden gemeinten Sinn nach auf das Verhalten *anderer* bezogen wird und daran in seinem Ablauf orientiert ist«. [Ebd.] Gegenstand der verstehenden Soziologie ist demzufolge das

---

76 Vgl. dazu KA 435. Für die methodologische Fragestellung vgl. oben Kap. 3.

menschliche Handeln, insofern es Bezug auf das Handeln anderer nimmt. Nachdem Weber diesen ersten Begriff eingeführt hat, widmet er sich der umfangreicheren Ausführung über die Methode der verstehenden Soziologie, die bereits behandelt wurde.[77] Daran anschließend (§1. II.) erfolgt die Präzisierung des Begriffs vom sozialen Handeln. Soziales Handeln, einschließlich des Unterlassens und Duldens, bedeutet die Orientierung am vergangenen, gegenwärtigen oder für künftig erwarteten Verhalten anderer. [Vgl. WuG 11]

Um den Begriff des sozialen Handelns abschließend von anderen Handlungsformen abzugrenzen, befasst sich Weber daraufhin mit einer Reihe von Einschränkungen, die hier nur kurz Revue passieren zu lassen sind. Das reine Verhalten gegenüber Objekten sowie bestimmte Formen des religiösen und wirtschaftlichen Handelns ohne Bezug auf andere Individuen werden nicht unter den Begriff des sozialen Handelns subsumiert. Nicht jede Berührung zwischen Menschen ist zwangsläufig schon als soziales Handeln zu betrachten, wie Weber am Beispiel des Zusammenprallens zweier Fahrradfahrer demonstriert. Soziales Handeln ist schließlich weder »gleichmäßiges Handeln« noch »massenbedingtes Handeln« oder »Nachahmung anderer«, womit Weber seine Absage an Le Bons und Tardes sozialpsychologische Studien erneuert.[78] Gewiss hat es die Soziologie nicht nur mit »sozialem Handeln« zu tun, dieses bildet jedoch aus der Perspektive von Webers verstehender Soziologie ihren »zentralen Tatbestand, denjenigen, der für sie als Wissenschaft sozusagen *konstitutiv* ist«. [WuG 12]

Im Anschluss an die Definition des sozialen Handelns nimmt Weber mit der Untersuchung der »Bestimmungsgründe sozialen Handelns« in den »Soziologischen Grundbegriffen« eine bedeutende Neuerung gegenüber dem Kategorienaufsatz vor. Es gibt drei Überlegungen, die angeführt werden können, um sich die Gründe dieser Neuerung zu erklären. Einerseits kann auf eine ge-

---

77   Vgl. dazu oben Kap. 3.
78   Vgl. Le Bon (1898); Tarde (1890).

wisse Unzufriedenheit Webers mit der Unterscheidung zwischen »vergesellschaftetem Handeln« und »Einverständnishandeln« hingewiesen werden besonders hinsichtlich des Lehrbuchcharakters von *Wirtschaft und Gesellschaft*. Andererseits mag die durch die Studien zur Religionssoziologie bekräftigte Notwendigkeit eine Rolle gespielt haben, Handlungstypen nicht nur vom Gesichtspunkt ihres Ablaufs (mit oder ohne Vereinbarung), sondern auch von dem ihrer Motivation aus zu unterscheiden. Darüber hinaus ist anzunehmen, dass die Reflexion über den wirtschaftswissenschaftlichen Typus des *homo oeconomicus* Weber dazu ermutigt hat, diese Art von Kategorisierung auszubauen, um unterschiedliche Dimensionen der sozialen Wirklichkeit unter einen einheitlichen Gesichtspunkt zu ordnen. Daraus entwickelte er schließlich eine Typologie der Handlungsgründe, die den Anforderungen eines *Grundrisses der Sozialökonomik* darin genügte, dass sie sowohl das rational wirtschaftliche Handeln als auch die religiösen, politischen und rechtlichen Handlungsformen berücksichtigte. Schließlich beantwortete Weber mit seiner vierfach differenzierten Typologie die Frage nach den Gründen, die das soziale Handeln bestimmen, ohne dabei auf die Untersuchung dessen psychische Motivationen zu rekurrieren.

Trotz Webers oft trockener und juristisch anmutender Sprache lohnt es sich an dieser Stelle, zuerst den Wortlaut seiner Begriffsbestimmung wiederzugeben, um danach zum Kommentar zu kommen. Soziales Handeln kann folgendermaßen bestimmt sein: »1. *zweckrational*: durch Erwartungen des Verhaltens von Gegenständen der Außenwelt und von anderen Menschen und unter Benutzung dieser Erwartungen als ›Bedingungen‹ oder als ›Mittel‹ für rational, als Erfolg, erstrebte und abgewogene eigne *Zwecke*, – 2. *wertrational*: durch bewußten Glauben an den – ethischen, ästhetischen, religiösen oder wie immer sonst zu deutenden – unbedingten *Eigen*wert eines bestimmten Sichverhaltens rein als solchen und unabhängig vom Erfolg, – 3. *affektuell*, insbesondere *emotional*: durch aktuelle Affekte und Gefühlslagen, – 4. *traditional*: durch eingelebte Gewohnheit«. [WuG 12]

Weber stellt sich also das Handeln wie eine Kausalkette vor. Sie geht von einer Absicht aus, bedient sich bestimmter Mittel und kann sich auf unterschiedliche Art sowohl auf die Ziele als auch auf die Folgen des Handelns beziehen.

Die Typologie der Bestimmungsgründe spaltet sich zunächst in zwei Gruppen auf. Zur ersten Gruppe gehören das zweckrationale und das wertrationale Handeln, die beide als bewusst und rational einzustufen sind. Auf das zur zweiten Gruppe zählende affektuelle und traditionale Handeln trifft das nicht zu, da das Handeln hier mehr oder weniger unreflektiert durch Emotionen oder durch Gewohnheit bestimmt ist. Die beiden rationalen Bestimmungsgründe des Handelns unterscheiden sich dadurch voneinander, dass das Handeln sich entweder an seinem Zweck und Erfolg (zweckrational) oder aber am Eigenwert des Handelns (wertrational) orientiert. Die Beziehung zu den Mächten des Alltags unterscheidet schließlich affektuelles und traditionales Handeln, wobei Letzteres das Fortbestehen des Gewohnten bedeutet und Ersteres den Bruch mit der Regelmäßigkeit des Alltags durch »aktuelle Gefühlslagen« mit sich bringt.

Zur Typologie der Bestimmungsgründe sozialen Handelns gibt Weber eine längere Erläuterung ab, die sich einer Argumentationsfigur bedient, die in *Wirtschaft und Gesellschaft* immer wieder zu finden ist. Die unterschiedlichen Typen werden ausgehend von dem am wenigsten sinnhaft und rational orientierten Handeln untersucht. Durch den Übergang zu immer stärker strukturierten Formen gelangt Weber schließlich zu dem Typus, der alle in Betracht kommenden Eigenschaften im höchsten Grade vertritt. Man könnte diese Argumentationsfigur die Entwicklung von der minimalen zur maximalen Ausprägung bestimmter Faktoren nennen (ein Zuwachsverfahren von 0 auf 100 %). Es ist wichtig, sich damit vertraut zu machen, da es zum Verständnis der stark historisch unterlegten Teile von *Wirtschaft und Gesellschaft* beitragen kann, wenn man derartige argumentative Strategien wiedererkennt.

Das streng traditionale Handeln stellt für Weber die äußerste Grenze im Bereich des bewusst »sinnhaft orientierten« Handelns dar, jenseits deren Massenhandeln und Nachahmung anzusiedeln sind. Denn traditionales Handeln kann die Form eines dumpfen Reagierens nach eingelebten Einstellungen annehmen, woraus größtenteils das Alltagsleben besteht. Demgegenüber stellt das affektuelle Handeln, das sich an derselben äußersten Grenze sinnhaften Handelns befindet, meist eine Reaktion auf das Ungewohnte dar. Wesentlich für das affektuelle Handeln ist die Hingabe an die aktuelle Emotion. Das wertrationale Handeln unterscheidet sich indes vom affektuellen Handeln durch die »bewußte Herausarbeitung der letzten Richtpunkte des Handelns« und durch die »*konsequente* planvolle Orientierung daran«. [Ebd.] Beiden gemeinsam ist jedoch, dass sie den Sinn des Handelns im Handeln selbst sehen und nicht jenseits dessen in seinem Erfolg.

Das rein wertrationale Handeln stellt sich in den Dienst der Überzeugung ohne Rücksicht auf die möglichen Folgen und ist somit ein »Handeln nach Geboten«. Im Unterschied dazu handelt zweckrational, wer sein Handeln kalkulierend plant. Dies bedeutet, dass der Handelnde dabei sowohl die Mittel als auch die Zwecke und die Nebenfolgen des Handelns in seine interessenorientierte Überlegung mit einbezieht. Dabei verhält er sich sachlich und gibt in seiner Kalkulation weder Traditionen noch Affekten und Werten nach. Kollidierende Zwecke und Werte können darüber hinaus auch wertrational gegeneinander abgewogen werden, wodurch das Handeln dann nur in den Mitteln zweckrational ist und nicht in der Abwägung von Zielen und Folgen. Im reinen zweckrationalen Fall werden indessen sowohl die Zwecke als auch die Folgen rein kalkulierend betrachtet, so dass nichts Anspruch auf Eigenwert hat und alles Gegenstand der Berechnung wird. Im Zuge dieser Feststellung kommt Weber zur »absoluten Zweckrationalität«, die den Grenzfall der Bestimmungsgründe sozialen Handelns auf der Seite der maximalen rationalen Sinngebung darstellt.

Zur Erläuterung seiner Typologie der Bestimmungsgründe sozialen Handelns bringt Weber abschließend auch hier eines seiner Standardargumente zum Ausdruck, das *mutatis mutandis* beinahe am Ende jeder Typenbildung in *Wirtschaft und Gesellschaft* zu finden ist: »Sehr selten ist Handeln, insbesondere soziales Handeln, *nur* in der einen *oder* der andren Art orientiert. Ebenso sind diese Arten der Orientierung natürlich in gar keiner Weise erschöpfende Klassifikationen der Arten der Orientierung des Handelns, sondern für soziologische Zwecke geschaffene, begrifflich reine Typen, denen sich das reale Handeln mehr oder minder annähert oder aus denen es – noch häufiger – gemischt ist«. [WuG 13]

4.3.2 Soziale Beziehung

Mit dem Begriff der sozialen Beziehung (§ 3) wird eine zweite Dimension in die Betrachtung der soziologischen Grundbegriffe hineingenommen. Soziale Beziehung bedeutet für Weber Gegenseitigkeit der »sinnhaften Bezugnahme« unter den Handelnden. Sie setzt nicht nur die Orientierung des Handelnden auf die anderen, sondern den gleichzeitigen Sinnbezug mehrerer Handelnden aufeinander voraus. »Soziale ›Beziehung‹ soll ein seinem Sinngehalt nach aufeinander gegenseitig *eingestelltes* und dadurch orientiertes Sichverhalten mehrerer heißen«. [Ebd.] Dies bedeute nicht automatisch eine »positive Einstellung« der Handelnden zueinander, denn nach der Definition des »sozialen Handelns« meint »sozial« nur den sinnhaften Bezug des Handelns auf die anderen und geht auf seinen Inhalt nicht weiter ein.

Der Begriff der sozialen Beziehung ist also »wertfrei« zu verstehen und nicht im Sinne einer gegenseitigen Bejahung der Handelnden, wie dies Tönnies in der Definition der »sozialen Verbindung« meint. Für Weber sind sowohl Kampf, Feindschaft und Konkurrenz als auch Marktaustausch, Freundschaft und Pietät sowie Solidarität und Liebe Formen der sozialen Beziehung. Es geht ihm um die Form und nicht um den Inhalt des Handelns. So wendet er sein Augenmerk auf die Frage des tatsächlichen Bestehens der sozialen Beziehung als soziale Erscheinung und somit auf ihre »Existenzchance«, im Sinne der Erfüllung der durch die Handelnden subjektiv gehegten Erwartungen ihr gegenüber. Die substantielle oder die normative Bedeutung sozialer Beziehungen spielt im Gegensatz zur juristischen Kategorienbildung in diesem Zusammenhang keine Rolle.

Der Sinn, den einzelne Teilnehmer mit der sozialen Beziehung verbinden, mag sehr unterschiedlich sein. So kann die Beziehung eine objektiv einseitige Bedeutung haben, wenn man sie vom Gesichtspunkt der einzelnen Handelnden aus betrachtet. Ihr »Aufeinander-Bezogen-Sein« bedeutet lediglich, dass jeder seine Erwartung daran orientiert, dass die anderen nach einer bestimmten Einstellung handeln. Dabei stellt die vollständig gegenseitige Sinnentsprechung nur den Grenzfall der sozialen Beziehung dar. Eine durchschnittliche Orientierung der Handelnden aneinander ermöglicht indessen meistens ihr Bestehen, wohingegen das Auseinanderklaffen des »gemeinten Sinns« zur Auflösung der sozialen Beziehung führt. Die Fortsetzung der Beziehung hängt somit von der Tatsache ab, dass sich die Handelnden weiter durchschnittlich »an einem bestimmten Sinn« orientieren.

Der ursprüngliche Sinngehalt der sozialen Beziehung kann sich dennoch mit der Zeit ändern, was den Funktionswandel sozialer Institutionen erklärt, die zwar weiterhin bestehen, aber eine neue symbolische Bedeutung bekommen. Wo ein bestimmter Sinngehalt »perennierenden Charakter« haben soll, muss er deshalb in Maximen formuliert sein. Aus diesem Grund kommt es für Weber zur Statuierung von Ordnungen durch eine Vereinbarung der Mitbeteiligten, wodurch das Handeln innerhalb von sozialen Beziehungen eine neue Färbung bekommt. Nach dem Zustandekommen der Vereinbarung orientieren sich die Mitbeteiligten nämlich teilweise zweckrational an der Erwartung, dass die *anderen* die Vereinbarung einhalten, und teilweise wertrational an der Pflicht, die Vereinbarung *selbst* einzuhalten. Damit öffnet sich Webers Betrachtung für die Frage der Klassifikation der sozialen Beziehung nach ihren Typen.

Zuvor untersucht er jedoch die unterschiedlichen »beobachtbaren Regelmäßigkeiten« des sozialen Lebens, um sie in den Raster seiner Kategorienbildung mit einzubeziehen. Zwei davon, der Brauch und die Sitte, sind als Typen des sozialen Handelns zu sehen und weitere zwei, die Konvention und das Recht, als Typen der »legitimen Ordnung«, in einem Sinne, der noch zu definieren ist.

4.3.3 Regelmäßigkeiten des sozialen Handelns und Typen der Ordnung

Brauch, Sitte, Konvention und Recht stellen für Weber unterschiedliche »Regelmäßigkeiten« des sozialen Handelns dar und können als Stufen einer fortschreitenden Strukturierung der sozialen Welt verstanden werden. Da diese Regelmäßigkeiten sowohl dem sozialen Handeln als auch der sozialen Beziehung zur Orientierung dienen, fügt Weber ihre Untersuchung an dieser Stelle des Aufbaus seiner soziologischen Grundbegriffe ein. »Soziale Regelmäßigkeit« bedeutet, dass sich ein »typisch gleichartig gemeinter Sinn« des Handelns bei einem oder bei mehreren Handelnden wiederholt. Es geht also um den »gemeinten Sinn«, der dem Handeln oder der Beziehung zur Orientierung dient und sich zeitlich wiederholen sowie verfestigen kann. In der Untersuchung dieses Zusammenhangs wendet Weber erneut jene Argumentationsfigur an, die eine Entwicklung von der minimalen zur maximalen Ausprägung bestimmter Merkmale eines Phänomens beschreibt. So stellt er in den Paragraphen 4 bis 7 die Typen des »sinnhaft gleichgearteten« sozialen Handelns als eine Reihenfolge dar, die vom minimalen Fall des Brauchs über die Untersuchung von Sitte und Konvention bis zur Definition des höchst strukturierten Falls des Rechts reicht.

Der erste Typus sozialer Regelmäßigkeit im Sinne einer Wiederholung des gemeinten Sinns des Handelns ist der »Brauch«. Er zeichnet sich dadurch aus, dass das soziale Handeln »*lediglich* durch tatsächliche Uebung« regelmäßig wird. [WuG 15] Beispiele hierfür sind die Angewohnheiten, die im Alltagsleben entstehen, ohne bereits kodifiziert zu sein. Aus dem einfachen Brauch kann dann die Sitte dadurch entstehen, dass ihm ein »traditionelles Element« hinzugefügt wird. Die Einübung des das Handeln bestimmenden Sinns gründet somit auf »längerer Eingelebtheit«.

Eine Sitte, die im Gegensatz dazu nur durch »Interessenlage« bedingt ist, tendiert dazu, ein zweckrationales Handeln zu werden, und ist auch als solches zu definieren. Die Regelmäßigkeit ergibt sich in diesem Fall aus der bloßen Orientierung des individuellen Handelns an Erwartungen, die »gleichartig« bleiben. Zum Brauch gehört für Weber die Mode, da sich diese an der Tatsache der »Neuheit« orientiert und zu keiner Angewohnheit im Sinn der Sitte werden kann. Aus der anderen Richtung betrachtet, unterscheidet sich die Sitte von Konvention und Recht dadurch, dass ein Verstoß gegen sie äußerlich nicht sanktioniert wird, während die Beständigkeit des Handelns ihnen allen gemeinsam ist.

Die Sitte ist als »nichts Geltendes« in dem Sinne zu betrachten, dass niemand von den anderen Handelnden verlangen kann, die Sinngebung des Handelns durch die Sitte einzuhalten. Man denke an das Beispiel des Frühstücks, das ganz unterschiedlich zusammengesetzt sein kann, ohne dass dies sanktioniert würde. Wird hingegen der Verstoß gegen eine Sitte sanktioniert, verwandelt sie sich in Konvention oder Recht. Ein Beispiel dafür sind diejenigen Essgewohnheiten, die im religiösen Kontext eine besondere Bedeutung bekommen, normativen Charakter annehmen und deren Nichteinhaltung schließlich sanktioniert wird.

Nicht alle stabilen Regelmäßigkeiten des sozialen Handelns deuten jedoch automatisch auf das Bestehen von »geltenden Normen« hin, wie dies bei Sitte, Konvention und Recht der Fall ist. Als Beispiel hierfür eignet sich das Handeln auf dem Markt, das stabile Regelmäßigkeiten aufweist, die sich aber bloß aus der Orientierung der Handelnden an Interessenlagen ergeben. Auf diese Weise trennt Weber den Bereich der sozialen Regelmäßigkeiten, die einen traditionellen oder wertrationalen Hintergrund haben, von denen mit rein zweckrationalem Charakter. Dies geschieht durch die Anwendung der Typologie, die er in den »Soziologischen Grundbegriffen« entwickelt, um die Bestimmungsgründe des sozialen Handelns voneinander zu unterscheiden. Sie dient hier als Vorlage, um soziale Erscheinungen abzusondern, die äußerlich gleichartig sind. So kann Weber Sitte und Markt unterschiedlich charakterisieren, obwohl ihre »Stabilität« dem

Anschein nach auf ähnlichen Prozessen beruht. In beiden Fällen muss zwar derjenige, der unangepasst handelt, mit »Unbequemlichkeiten« rechnen, diese sind jedoch im Fall des Markts darauf begründet, dass der Handelnde die Interessenlage der Mithandelnden nicht berücksichtigt, während er im Fall der Sitte auf ihre verfestigten Gewohnheiten stößt.

Im Anschluss an die Definition der sozialen Regelmäßigkeiten, die bei Zuwiderhandlung nicht mit Sanktionen verbunden sind, wendet sich Weber der Untersuchung der »legitimen Ordnung« zu. Ihr Bestehen begründet die Möglichkeit der Sanktion und dient als Voraussetzung sowohl für die Konvention als auch für das Recht. [§ 5] Webers Argumentation gestaltet sich weiterhin induktiv. Soziales Handeln und besonders soziale Beziehungen können dadurch bestimmt sein, dass die Beteiligten sich »an der *Vorstellung* vom Bestehen einer *legitimen Ordnung*« orientieren. [WuG 16] Die Aspekte der »objektiven Geltung« einer Ordnung und ihre »Legitimation« durch die Handelnden nehmen eine zentrale Stellung in Webers Untersuchung ein. Sie qualifizieren die Ordnung dazu, mehr als eine Regelmäßigkeit des Handelns zu sein, die bloß durch Angewohnheit oder Interessenlage bedingt ist. »Wenn ein Beamter ...täglich zur festen Stunde auf dem Büro erscheint, so ist das ...nicht *nur* durch eingelebte Gewöhnung (Sitte) und ...nicht *nur* durch eigene Interessenlage bedingt, der er nach Belieben nachleben könnte oder nicht. Sondern [auch] durch das ›Gelten‹ der Ordnung (Dienstreglement) als Gebot, dessen Verletzung nicht nur Nachteile brächte, sondern ...auch von seinem ›Pflichtgefühl‹ wertrational ...perhorresziert wird«. [Ebd.] Die »Geltung einer Ordnung« stellt damit eine strukturierte Form sozialer Regelmäßigkeit dar, weil sie nicht nur auf Gewohnheit oder Interessenlage beruht, sondern zusätzlich äußerlich sanktioniert wird und dadurch innerlich eine wertrationale Orientierung an dem durch sie gebotenen Sinn des Handelns bewirkt.

Weber definiert den Begriff der Ordnung und ihre Geltung zuerst in einem allgemeinen Sinne und präzisiert ihn dann in den verschiedenen Zusammenhängen seiner Untersuchung. Mit

»Ordnung« ist der Sinngehalt einer sozialen Beziehung gemeint, solange er in »Maximen« fixiert ist, an denen sich das Handeln orientiert. Die »Geltung« der Ordnung besteht darin, dass die Orientierung an ihren Maximen als »verbindlich und vorbildlich« für das Handeln angesehen wird. Hier setzt Webers Auseinandersetzung mit der Problematik der subjektiven Geltungsgründe der Ordnungen ein, die er in § 7 systematisch behandeln wird.

Die Geltung von Handlungsmaximen kann nicht nur aufgrund von Angewohnheit oder Interessenlagen bestehen und soll vielmehr auf »subjektiv empfundene Verbindlichkeit« begründet sein. Es geht folglich darum, die innere Motivation des Handelns zu untersuchen, die für die Orientierung an der Ordnung entscheidend ist und als Grundlage ihrer Geltung dient. Einen Kern von Webers Untersuchung der sozialen Ordnungen bildet somit in den »Soziologischen Grundbegriffen« wie schon im Kategorienaufsatz das »Prestige der Verbindlichkeit«, das die Legitimität der Ordnung für den einzelnen Handelnden begründet.

Im Unterschied zum Kategorienaufsatz argumentiert Weber jedoch in den »Soziologischen Grundbegriffen« vom Gesichtspunkt seiner »neueren Terminologie«, die stärker auf die Problematik der Bestimmungsgründe des Handelns eingeht. Er zielt darauf, die subjektive Begründung der Legitimität von Ordnungen zu definieren und den normativen Charakter des Bezugs zur Ordnung zu erklären. So heißt es, dass eine Ordnung stabiler ist, wenn einem bedeutenden Teil der Beteiligten die Ordnung als »geltendsollend« vorschwebt. Damit untersucht Weber die normative Seite der sozialen Wirklichkeit vom Gesichtspunkt seiner neueren Terminologie aus und fragt nach der Rolle, die sie für das Bestehen der Ordnungen spielt. Die legitime Ordnung zeichnet sich durch ihre Beständigkeit aus, weil sie sich auf die innere Motivation des Handelns stützt. Vom Standpunkt der Wertfreiheit aus betrachtet ist dabei nicht der spezifische (ethische, religiöse, politische) Inhalt der Motivation ausschlaggebend, sondern die Tatsache, dass ein subjektiv verbindlicher Bestimmungsgrund des Handelns empfunden wird.

In diesem Zusammenhang arbeitet Weber mit der Typologie der Bestimmungsgründe des Handelns und mit der Unterscheidung zwischen »innerer und äußerer Verfestigung« der Ordnung. Die subjektiv empfundene Verbindlichkeit einer Ordnung, die sie als solche legitimiert, nennt Weber hier den *Legitimitätsglauben*. Der Begriff des Legitimitätsglaubens lässt sich in der Tabelle der Bestimmungsgründe zwischen Tradition und Zweckrationalität einordnen und nimmt in den »Soziologischen Grundbegriffen« den Platz des im Kategorienaufsatz geprägten Begriffs vom *Legitimitätseinverständnis* ein. Der Terminus des Legitimitätsglaubens taucht in den darauffolgenden Untersuchungen immer wieder auf, ohne dass Weber ihn eingehend definiert. Er hat einen »axiomatischen Charakter« und steht für einen Themenkomplex, den Weber im Zusammenhang mit den soziologischen Grundbegriffen nicht vertiefen wollte, da dies den Rahmen seines Kategorienaufbaus gesprengt hätte. Wichtig ist dabei lediglich die Feststellung der Tatsache, dass das Gelten einer Ordnung den Glauben an ihr »Geltensollen« voraussetzt, den Weber in den »Soziologischen Grundbegriffen« mit dem Begriff des Legitimitätsglaubens bezeichnet.

Nachdem Weber den Begriff der Ordnung und ihrer Begründung basierend auf der »Tatsache des Legitimitätsglaubens« definiert hat, untersucht er die »Sinngrenzen der Ordnungen«. Dieses Argument erinnert an die Untersuchung des vergesellschafteten Handelns innerhalb des Kategorienaufsatzes. Alle Beteiligten eines bestimmten sozialen Kreises orientieren sich an den bestehenden Ordnungen, auch diejenigen, die versuchen, diese zu umgehen. Dies gilt beispielsweise auch für den Dieb, der sich zweckrational an der »geltenden Ordnung« orientiert, indem er seinen Verstoß gegen sie zu verbergen versucht. Darüber hinaus besteht die Problematik, dass unterschiedliche Ordnungen nebeneinander existieren, so dass jeder einzelne Handelnde sein Verhalten an widersprüchlichen (ethischen, religiösen, rechtlichen, politischen) Normen zu orientieren hat. Dabei bemüht sich die Sozialwissenschaft, die Komplexität der normativen Ordnungen deskriptiv, d.h. in ihrer Funktion zu beschreiben, ohne sich auf eine wertende Untersuchung ihrer Inhalte einzulassen. Im Unterschied zur Rechtstheorie bedeutet demzufolge der Begriff der Ordnung für die Sozialwissenschaft lediglich, dass es bestimmte Maximen des Handelns gibt, die von den Handelnden als »geltend und verbindlich« wahrgenommen werden. Die kausale Beziehung zwischen den Ordnungen und dem Handeln der Individuen ist also nicht im juristisch-normativen Sinn zu verstehen, sondern nur als die empirische Möglichkeit, dass Handelnde sich an der Vorstellung des Geltens einer bestimmten Ordnung orientieren. [Vgl. WuG 17][79]

Schließlich unternimmt Weber die systematische Unterscheidung der zwei Arten der legitimen Ordnung: Konvention und Recht. Sie stellen die beiden strukturierten Typen sozialer Regelmäßigkeit dar, die nicht nur vermittelst Tradition oder Interessenlage bestehen, sondern »sanktionierte Ordnungen« sind. Nun geht es also darum, ihre Besonderheit als soziale Ordnungen gegenüber Brauch und Sitte zu erklären.

Dabei stützt sich Weber auf die Unterscheidung zwischen den »innerlichen und den äußerlichen Motiven«, die das Bestehen der Ordnung verfestigen. Die Legitimität einer Ordnung kann entweder innerlich durch »empfundene Verbindlichkeit« oder äußerlich durch die »Erwartung bestimmter Folgen« garantiert sein. Weber erklärt diese Unterscheidung, indem er sie auf die Typologie der Bestimmungsgründe sozialen Handelns zurückführt. Eine Ordnung kann aufgrund affektueller Gründe (also durch gefühlsmäßige Hingabe an die Normen sowie an ihre Urheber) »innerlich garantiert sein« oder aber wertrational durch den »Glauben an ihre absolute Geltung als Ausdruck letzter verpflichtender Werte«. [Ebd.] Dieser »Glaube« kann auch eine religiöse Form annehmen, und zwar durch den Glauben daran, dass der Besitz von Heilsgütern (so etwa die Erlösung nach dem Tod oder die Wiedergeburt) vom Einhalten bestimmter Ordnungen abhängt. Eine Ordnung, die im Gegensatz dazu nicht

---

79 Dies vertieft Weber in einer Stellungnahme zu Stammlers Rechtstheorie [WuG 17]. Vgl. dazu Stammler (1896).

»innerlich garantiert« ist, ist in der Regel durch die Orientierung an Interessenlagen zweckrational bestimmt und auch durch die Erwartung äußerer Folgen, die eintreten können, wenn man sie nicht respektiert. Die Untersuchung dieser äußerlichen Folgen des »ordnungswidrigen Verhaltens« ermöglicht es Weber, die Unterscheidung zwischen Konvention und Recht einzuführen.

Weber nennt eine Ordnung »Konvention«, wenn ihre Geltung äußerlich dadurch garantiert ist, dass Abweichungen von ihren Normen in einem sozialen Kreis auf eine allgemeine Missbilligung stoßen. »Recht« heißt indessen eine Ordnung, in der die Möglichkeit besteht, dass ein darauf eingestellter Stab von Menschen physischen oder psychischen Zwang anwenden kann, um das Einhalten ihrer Normen zu erzwingen sowie ihre Verletzung zu bestrafen. Mit dieser knappen Definition von Konvention und Recht legt Weber eine Reihe von Unterscheidungen fest, die eine zentrale Rolle für seine Untersuchung von Herrschaft und Verband spielen. Bedeutend ist dabei der strukturell-organisatorische Unterschied zwischen Konvention und Recht. Im Falle des Rechts, zeichnet sich der soziale Kreis dadurch aus, dass ein organisierter Stab oder Apparat ins Leben gerufen wird, der Zwang anwenden kann, damit die Ordnung eingehalten wird. Im Falle der Konvention wird indessen das Abweichen von der Ordnung durch einfache Missbilligung sanktioniert. Die Untersuchung der Art, wie das Recht entsteht und umgesetzt wird, wirft eine Reihe theoretischer Fragen auf, die Weber im Rahmen seiner Herrschaftssoziologie zu beantworten versucht. Dies betrifft z.B. die Frage nach der Organisations- und Legitimationsform von Zwangsapparaten sowie jene nach den Verfahren, die zur Statuierung von Ordnungen führen.

Nach der Begriffsdefinition von Konvention und Recht kommt Weber zu den Eigenschaften und Übergangsformen der bereits eingeführten Idealtypen, die sich kurz zusammenfassen lassen. Konvention soll die innerhalb eines sozialen Kreises »›geltend‹ gebilligte und durch Missbilligung gegen Abweichung garantierte ›Sitte‹ heißen«. [WuG 18] Im Gegensatz zum Recht fehlt der Konvention ein Apparat, der auf die Erzwingung der

Normerfüllung spezialisiert ist. Konvention bedeutet somit auch »Standessitte« in dem Sinne, dass Verstöße gegen sie oft zum sozialen Boykott führen. Wo dieser eine organisierte Form annimmt, findet jedoch ein Übergang von der Konvention zum Recht statt, da ein Stab von Menschen sich mit der Organisation und der Durchsetzung der Sanktion befasst.

Für Webers Definition des Rechtsbegriffs ist die Existenz eines »Erzwingungsstabes« entscheidend. Er muss nicht immer die Form einer »richterlichen Instanz« haben, muss aber zwingend über Durchsetzungskraft verfügen (wie z.B. im Fall der Rechtsnormen der Sippe, die durch diese selbst umgesetzt werden). Die Mittel des Zwanges sind für die Definition vom Recht irrelevant. Sie können sowohl Anwendung und Androhung von physischer Gewalt darstellen, wie dies im politischen Verband der Fall ist, als auch Anwendung von psychischem Zwang sein, was wiederum die religiösen Verbände auszeichnet. Alle äußerlich garantierten Ordnungen können zusätzlich auch »innerlich garantiert« sein, so dass ethische Normvorstellungen und Recht sich in der sozialen Welt prinzipiell nicht ausschließen, sondern integrieren. Umgekehrt berührt die Verletzung von ethischen Normvorstellungen fremde Interessen oft so tief, dass dies konventionell durch Missbilligung sowie durch organisierten Boykott und schließlich durch rechtliche Maßnahmen sanktioniert wird.

Am Ende der Untersuchung über die Regelmäßigkeiten des sozialen Handelns formuliert Weber die Definition der »Geltungsgründe der legitimen Ordnung«. [§ 7] Dieser Teil seiner Auseinandersetzung mit dem Ordnungsbegriff ist besonders wichtig, da er den logischen Übergang von der Problematik der Bestimmungsgründe sozialen Handelns zur Legitimitätsproblematik der Herrschaft beinhaltet. Handelnde Individuen können einer Ordnung aus vier verschiedenen Gründen legitime Geltung zuschreiben. Diese Gründe entsprechen der Typologie der Bestimmungsgründe sozialen Handelns mit Ausnahme des letzten, der nicht einfach auf Zweckrationalität hinausläuft, sondern zusätzlich die Problematik der *Legalität* und deren Stiftung durch Vereinbarung oder Oktroyierung berücksichtigt. Damit schlägt

Weber eine Brücke zwischen der horizontalen Dimension des sozialen Handelns und der vertikalen Dimension der Herrschaftsbeziehungen. Denn er verbindet die Rekonstruktion der positiven Satzung neuer Ordnungen und ihre Legalität mit der Problematik der Legitimität der »politischen Instanzen«, die sie ins Leben rufen.

Nach der Weberschen Typologie der Geltungsgründe legitimer Ordnung können Ordnungen als »legitim gelten« entweder 1. kraft *Tradition*, d.h. als Geltung des immer Gewesenen; oder 2. kraft *affektuellen* und insbesondere emotionalen Glaubens, d.h. als Geltung des neu Offenbarten oder des Vorbildlichen; oder 3. kraft *wertrationalen* Glaubens, d.h. als Geltung des als absolut gültig Erschlossenen; oder schließlich 4. kraft positiver Satzung, an deren *Legalität* geglaubt wird. [Vgl. WuG 19] Diese Klassifikation entspricht der Typologie der Bestimmungsgründe sozialen Handelns, wobei an die Stelle des zweckrationalen Handelns die positive Satzung tritt.

Weber meint damit, dass die Satzung auf einer rationalen Handlungsform beruht, die sich jedoch nicht nur auf ein Handeln nach Interessenlagen reduzieren lässt, sondern sich gleichzeitig auf Legalitätsglauben stützt. Diesen Zusammenhang erklärt er in den Bemerkungen am Ende der Begriffsdefinitionen. Mit »positiver Satzung« ist der Prozess gemeint, der zur Entstehung einer neuen Ordnung führt. Diese kann mit dem Prestige der Legalität, deren Definition Weber später vornimmt, versehen werden, und zwar entweder durch »Vereinbarung unter den Interessenten« oder kraft »Oktroyierung« und »Fügsamkeit« gegenüber einem »Gesetzgeber«. Der letztere Fall leitet Webers Untersuchung in den Bereich der Herrschaftstheorie über, da alle Oktroyierung und Fügsamkeit auf der Grundlage einer als legitim geltenden Herrschaft beruht.

Mit der Unterscheidung zwischen der Legalität durch Vereinbarung einerseits und der durch Oktroyierung und Fügsamkeit andererseits vereinigt Weber in einem Zuge die komplexe Rekonstruktion der zwei Entstehungsverfahren von Ordnungen, die er im Kategorienaufsatz bereits vorlegte. In der Terminologie der »Soziologischen Grundbegriffe« heißt es, dass Ordnungen entweder traditional, affektuell, wertrational oder eben mittels »Legalitätsglaubens« gelten. Die Legalität der Ordnung schöpft wiederum ihre »Legitimität« entweder daraus, dass sie vereinbart wurde oder dass sie durch eine »legitim geltende Herrschaft« von Menschen über andere Menschen oktroyiert wurde, der gegenüber man Fügsamkeit leistet.

Damit führt die Begründung der Legalität auf den Legitimitätsglauben zurück, wodurch dieser für Weber zur Stütze des gesamten Gebäudes der Legalität wird. Diese Schlussfolgerung ergibt sich aus der wertfreien Logik der Untersuchung, denn nur was politisch legitimiert ist, kann Anspruch auf Legalität erheben. Dies wirft jedoch auch die Frage auf, ob es damit nicht zu einer Unterordnung der Legalität unter die politische Legitimität kommt, was vom politisch-normativen Gesichtspunkt aus bedenklich wäre. Die Vertiefung solcherart Fragen gehört allerdings in die Rechts- und Herrschaftssoziologie, auf die Weber verweist, und wird im Paragraph 13 der »Soziologischen Grundbegriffen« nur kurz angesprochen.

In den Bemerkungen zu den »Geltungsgründen legitimer Ordnung« erläutert Weber ihre Eigenschaften ausgehend von der Tradition bis hin zur modernen Legalität. Die ursprünglichste Geltungsform von Ordnungen ergibt sich aus der Heilighaltung der Tradition und bedeutet eine Verewigung des Alltags. Die bewusste Neuschöpfung von Ordnungen ist indessen ursprünglich fast immer religiös bestimmt, und zwar durch »prophetische Offenbarung«. Die Legitimation des Propheten ist in Zeiten des strengsten Traditionalismus das einzige Mittel zur Erneuerung von normativen Orientierungsmustern gewesen, wie Weber in den Studien zur Religionssoziologie zeigt. Den reinsten Typus der wertrationalen Geltung von Ordnungen stellt das Naturrecht dar, wobei die moderne Legitimationsform von Ordnungen, der *Legalitätsglaube* ist. Diesen definiert Weber als »die Fügsamkeit gegenüber *formal* korrekt und in der üblichen Form zustandegekommenen Satzungen«. [WuG 19] Zwei Voraussetzungen müssen also erfüllt werden, um einen *Legalitätsglauben* möglich zu machen. Es sind dies einerseits die »formale Rationalität« der Normen und andererseits das Einhalten eines als korrekt geltenden Entstehungsverfahren, wie z.B. das der parlamentarischen Demokratie. Der Gegensatz zwischen vereinbarter und oktroyierter Ordnung ist dabei nur relativ, da jede Entscheidung, die nicht *einstimmig* getroffen wird, auf dem Majoritätsprinzip gründet und damit auf einer »Überstimmung der Minderheit«.

Die Zurückführung aller modernen Gesetzgebung auf Oktroyierungsprozesse ist bei Weber ein Dauerthema und kann dazu verleiten, ihm eine Zurückhaltung gegenüber der parlamentarischen Demokratie zu unterstellen. Webers Sozialwissenschaft geht es jedoch darum, darauf aufmerksam zu machen, aufgrund welcher Verfahren die normativen Ordnungen des modernen Staates entstehen. Die »Fügsamkeit« gegenüber den so entstandenen Ordnungen setzt in jedem Fall den Glauben an eine in irgendeinem Sinn legitime Herrschaft voraus. Damit verweist die Untersuchung der Geltungsgründe legitimer Ordnungen direkt auf die Herrschaftstheorie. Darauf wird Weber jedoch erst später eingehen, da er für die Untersuchung der Herrschaftsverbände seinen Kategorienaufbau zuvor noch um einige weitere Mosaiksteine ergänzen muss. Unter die noch zu definierenden Begriffe fallen vor allem die »Typen der sozialen Beziehung«.

4.3.4 Typen der sozialen Beziehung

Man kann danach fragen, warum sich Weber so ausführlich mit der Untersuchung der Beziehungstypen befasst, die eigentlich nicht so grundlegend für den weiteren Aufbau seiner Kategorien zu sein scheinen. Es handelt sich dabei wohl nicht nur um intellektuelle Akribie, die alle Abschattungen eines Phänomens erfassen will, vielmehr stellen die Typen der sozialen Beziehung systematische Bausteine dar, die Weber dazu benutzt, die Theorie des sozialen Verbandes aufzubauen.

In der Untersuchung des Verbandsbegriffs geht es um Kampf und Zwang, um Zugehörigkeitsgefühle und um Vertretung, um rationale Vereinbarung und um Oktroyierung sowie um Offenheit und Schließung von Zuschreibungsverfahren. Aus diesem Grund arbeitet Weber zuerst die Merkmale der sozialen Beziehungen in der horizontalen Dimension heraus, um später die vertikalen Beziehungen, die Verband und Herrschaft auszeichnen, zu untersuchen. Unter die »Typen der sozialen Beziehung« lassen sich jene Begriffsdefinitionen einordnen, die unterschiedliche Möglichkeiten des »sinnhaften Bezugs der Handelnden aufeinander« beschreiben. Weber untersucht sie in der folgenden Reihenfolge: Kampf, Vergemeinschaftung und Vergesellschaftung, offene und geschlossene Beziehung, Zurechnung und Vertretung.

Der Kampfbegriff ist bezeichnend für Webers Konzeption der sozialen Welt und weist auf theoretische Optionen seiner Kategorienbildung hin, die sich im Grenzbereich des methodologischen Ansatzes der Wertfreiheit befinden. »*Kampf* soll eine soziale Beziehung insoweit heißen, als das Handeln an der Absicht der Durchsetzung des eignen Willens gegen Widerstand des oder der Partner orientiert ist«. [WuG 20] Kampf bedeutet somit vor allem Willensdurchsetzung gegen den Widerstand anderer. Damit verkörpert er eine soziale Beziehung, d.h. eine sinnhaft gegenseitige Bezugnahme der Handelnden, die darauf beruht, dass einige Handelnde *Macht* (nach der Definition, die Weber im § 16 einführt) auf die anderen auszuüben versuchen. Beziehungen dieser Art sind für Weber so grundlegend für das Bestehen der sozialen Welt, dass die Sozialwissenschaft sie nicht ausblenden kann, anders als dies im Ansatz von Tönnies' Soziologie der Fall war. In der Gesellschaft gibt es eine bedeutende Anzahl von Beziehungen, die auf den Typus des Kampfes zurückzuführen sind, etwa im politischen Bereich, in dem die Individuen ebenso »sinnhaft aufeinander bezogen handeln«, jedoch in der Absicht, den anderen ihren Willen aufzuzwingen.

Dabei ist es wichtig zu verstehen, in welch tiefem Sinne der Kampf für Weber ein »beziehungsstiftendes Moment« ist, das die Menschen »im Gegeneinander« verbindet, und keine Ablehnung und keinen Bruch von Beziehungen darstellt. Im Kampf ist keine vernichtende Absicht der Handelnden zu sehen, sondern bloß der Versuch, den eigenen Willen durchzusetzen. Dabei kann der Kampf sich friedlicher Mittel bedienen, die nicht aus »aktueller physischer Gewaltsamkeit« bestehen. Diese friedliche Form des Kampfes bezeichnet Weber mit dem Begriff der »Konkurrenz«, da sie als »formal friedliche Bewerbung um eigne Verfügungsgewalt über Chancen geführt wird, die auch andre begehren«. [Ebd.] Eine noch stärkere Befriedung der Kampfmittel ergibt sich dadurch, dass Mittel und Ziele der Konkurrenz durch Ordnungen geregelt werden. Ein idealtypisches Beispiel dafür ist der Kampf der politischen Parteien »als Streben nach Machtanteil oder nach Beeinflussung der Machtverteilung« in der modernen Staatsanstalt. [Vgl. GPS 506]

Vom Begriff des Kampfes ist schließlich der latente »Existenzkampf menschlicher Individuen oder Typen um Lebens- oder Ueberlebenschancen«, [WuG 20] den Weber mit dem Begriff der »Auslese« bezeichnet, genau zu unterscheiden. Diesen biologistischen Begriff, der wohl auf die Anfänge der Soziologie im Denken Herbert Spencers[80] (1820–1903) zurückzuführen ist, verwendet Weber in seiner Kategorienbildung, um den Kampfbegriff als Form der sozialen Beziehung davon abzugrenzen.

Als soziale Beziehung zeichnet sich der Kampf dadurch aus, dass die Kämpfenden einen »sinnhaften Bezug« aufeinander nehmen. In dem Sinne ist der Kampf Teil des sinnhaften Handelns und unterscheidet sich vom Begriff einer »biologischen oder sozialen Auslese« von Individuen oder sozialen Beziehungen. Zwischen den unterschiedlichen Formen des Kampfes gibt es für Weber selbstverständlich fließende Übergänge. In der Begriffsdefinition geht es ihm jedoch vor allem um die Unterscheidung zwischen dem »gewaltsamen Kampf« und der »friedlichen Konkurrenz«. Dieser Unterschied ist nämlich entscheidend, um die Entwicklung bestimmter Handlungsformen zu erklären, die für die Entstehung des Marktes als soziale Erscheinung bestimmend sind. Die Frage der »Auslese« derjenigen, die sich im Kampf um

---

80 Vgl. Spencer, Herbert (1862). *First Principles.* London. Jetzt in: Zeller Reprint. Osnabrück 1966.

bestimmte Ressourcen oder Einflusschancen durchzusetzen wissen, ist ein Thema, das in Webers Untersuchung der Eigenschaften von politischen Führern erneut auftauchen wird. Über die persönlichen Qualitäten, die dabei ausschlaggebend sind, entscheiden die Kampf- und Konkurrenzbedingungen, zu denen auch die sozialen Ordnungen gehören, an denen der Kampf sich zu orientieren hat. Sie sind damit nicht pauschal und generalisierend auf bestimmte biologische, persönliche oder soziale Eigenschaften zurückzuführen.

Analog dazu ist auch Vorsicht geboten, wenn es um die Diskussion der »sozialen Auslese« geht, z.B. der Auslese von sozialen Beziehungen oder von »Menschentypen«. Diesen Begriff im übertragenem Sinne zu verwenden ist schwierig, da die Ursachen für die Durchsetzung bestimmter Beziehungsformen oder eines Menschentypus wie des *homo oeconomicus* zu mannigfaltig sind, um von Auslese zu sprechen. Aussagen, die auf eine »Auslese sozialer Erscheinungen« rekurrieren, sollten möglichst vermieden werden, da dadurch sehr schnell »unkontrollierte Wertungen« in die Forschung eingehen. Jedoch lässt sich die Idee der Auslese für Weber nicht vollständig tilgen, da der Kampf zwischen den Menschen im Sinne von »biologischer Auslese« nicht prinzipiell auszuschalten ist. Er kann zwar zum geordneten Kampf werden, der sich schrittweise befrieden und in Konkurrenz umwandeln lässt. Der Prozess der Befriedung ist jedoch dadurch begrenzt, dass der Kampf sich nicht vollständig beilegen lässt, sondern zu einem Kampf mit anderen Mitteln wird. Dies bildet eine Schranke gegenüber jeder Vorstellung einer vollständig befriedeten Gesellschaft, die auf Gewalt und Kampf und damit auf die regulierende Funktion eines Monopols ihrer Anwendung und Androhung (mit einem Wort: auf Herrschaft) verzichten kann.

An dieser »Grundposition« Webers hinsichtlich der Bedeutung von Kampf und Herrschaft für das Bestehen der Gesellschaft haben viele seiner Kritiker Anstoß genommen, vor allem jene, die darin den Ausdruck einer nicht explizierten »wertenden« Option seines politischen Denkens gesehen haben. Einige von ihnen sind so weit gegangen, dass sie darin ein Bekenntnis zum Weltbild eines »metaphysischen Kampfes unversöhnlicher Instanzen« festzustellen glaubten.[81]

Nach dem Kampfbegriff befasst sich Weber im § 9 mit dem Begriffspaar von »Vergemeinschaftung und Vergesellschaftung« als Formen der sozialen Beziehung. Hier kommt es zur Vervollständigung der Reflexion, die mit dem Kategorienaufsatz angesetzt hatte, da beide Formen der sozialen Verbindung nicht mehr als Zustände (Gemeinschaft und Gesellschaft), sondern als Prozesse dargestellt werden. Die Begriffsunterscheidung wird in den »Soziologischen Grundbegriffen« nicht mehr auf den Gegensatz der Handlungsformen zurückgeführt (vergesellschaftetes Handeln versus Einverständnishandeln), sondern auf die Bestimmungsgründe sozialen Handelns.

Vergemeinschaftung nennt Weber eine soziale Beziehung, bei der die Einstellung des sozialen Handelns »auf subjektiv *gefühlter* (affektueller oder traditionaler) *Zusammengehörigkeit* der Beteiligten beruht«. [WuG 21] Vergesellschaftung bezeichnet indessen eine soziale Beziehung, »wenn und soweit die Einstellung des sozialen Handelns auf rational (wert- oder zweckrational) motiviertem Interessen*ausgleich* oder auf ebenso motivierter Interessen*verbindung* beruht«. [Ebd.] Weber übernimmt damit die klassische Unterscheidung zwischen den Beziehungen, die auf warmen, urwüchsigen und irrationalen Bindungen gründen, und den Beziehungen, die auf rational motiviertem Interessenausgleich beruhen. In seiner neueren Terminologie führt er sie jedoch auf die unterschiedlichen rationalen bzw. nicht-rationalen Bestimmungsgründe sozialen Handelns zurück. Die Vergesellschaftung beruht im typischen Fall auf rationaler Vereinbarung, wobei sich »vergesellschaftetes Handeln« entweder »wertrational an dem Glauben an die *eigene* Verbindlichkeit« orientiert oder »zweckrational an der Erwartung der Loyalität des *Partners*«. [WuG 21 f.]

In den Bemerkungen zur Begriffsdefinition erinnert Weber an Tönnies' Terminologie, die jedoch »inhaltlich« relativ unter-

---

81   Vgl. dazu Kap. 1.

schiedlich ist, da sie ein anderes Erkenntnisinteresse verfolgt. Der »streng zweckrationale Tausch« auf dem Markt, der »frei paktierte Zweckverein« und der »wertrationale Gesinnungsverein« zum Dienst an einer »Sache« machen die reinsten Typen der Vergesellschaftung aus. Der zuletzt genannte Begriff taucht im Kategorienaufsatz nicht auf und ist wohl auf Webers Beschäftigung mit den religiösen Vereinsformen zurückzuführen. Vergemeinschaftung kann indessen auf jeder Art von affektueller, emotionaler oder traditioneller Grundlage beruhen, wobei die Familiengemeinschaft ihren Idealtypus am besten wiedergibt. Die Vergemeinschaftung bildet normalerweise den radikalsten Gegensatz zum Kampf; dies darf jedoch nicht darüber hinwegtäuschen, dass auch innerhalb dieser Beziehungsform Zwang und Unterdrückung durchaus möglich sind. Vergesellschaftungen sind wiederum oft nur Kompromisse zwischen widerstreitenden Interessen, die den Kampf abmildern und regeln können, ohne ihn vollständig beizulegen. Vergemeinschaftung bedeutet schließlich nicht die »faktische Gemeinsamkeit« bestimmter Merkmale und ist deshalb nicht auf biologische und somatische Eigenschaften der vergemeinschafteten Menschen zurückzuführen. Erst dort, wo aufgrund bestimmter Umstände oder Gefühle eine »sinnhaft gemeinsame Orientierung der Handelnden aufeinander« stattfindet, kommt die »gefühlte Zusammengehörigkeit« im soziologischen Sinne zum Vorschein, die eine soziale Beziehung als »Gemeinschaft« qualifiziert.

In § 10 setzt Weber die Untersuchung der sozialen Beziehungen mit der Unterscheidung zwischen offener und geschlossener Beziehung fort. Gleichviel ob Vergemeinschaftung oder Vergesellschaftung, eine soziale Beziehung ist als »offen« zu bezeichnen, wenn die Teilnahme an dem durch ihre Ordnungen geregelten Handeln niemandem verwehrt wird. Dagegen ist eine Beziehung nach außen »geschlossen«, insoweit ihr Sinngehalt oder ihre Ordnungen diese Teilnahmemöglichkeit für alle ausschließen oder beschränken. Offenheit und Geschlossenheit können durch alle vier Bestimmungsgründe sozialen Handelns bedingt sein.

Die rationale Schließung der Beziehung ergibt sich aus der Tatsache, dass sie den Beteiligten die Befriedigung bestimmter Interessen unter der Bedingung begrenzter Ressourcen ermöglicht. Eine geschlossene soziale Beziehung kann somit den Beteiligten »monopolisierte Chancen« auf bestimmte Ressourcen, Güter oder Erwerbsmöglichkeiten garantieren. Diese Chancen lassen sich wiederum in dem Sinne »appropriieren«, dass der Zugang nur für die Teilnehmer an bestimmten Gemeinschaften oder Gesellschaften reserviert ist. Eine Fülle solcher geschlossenen Beziehungen charakterisiert die Geschichte des Zunftwesens und ist auch heute überall wiederzufinden, wo die Verfügung über Güter oder Erwerbschancen bestimmten Menschengruppen vorbehalten ist. Man denke etwa an die Berufe, deren Ausübung eine Lehre, ein abgeschlossenes Studium oder ein Staatsexamen voraussetzt. Im Fall solcherart garantierter Zugangschancen spricht Weber auch von »Rechten«, die juristisch sanktioniert werden.

Die Untersuchung der offenen und geschlossenen Beziehungen geht noch ziemlich tief in Details hinein, die nicht unbedingt wiederzugeben sind. Zu erwähnen ist jedoch Webers Klassifikation der geschlossenen Beziehungen nach den Bestimmungsgründen sozialen Handelns. Traditional geschlossen sind Gemeinschaften, deren Zugehörigkeit sich auf Familienbeziehungen gründet, während persönliche Gefühlsbeziehungen affektuell geschlossen sind. Wertrational geschlossen pflegen strikte Glaubensgemeinschaften wie die religiösen Sekten zu sein. Zweckrational geschlossen sind schließlich ökonomische Verbände mit monopolistischem oder plutokratischem Charakter.

Beispiele dieser Beziehungen finden sich in jedem Bereich der sozialen Welt. So können Sprach- und Marktgemeinschaften unterschiedlich offen oder geschlossen sein. Zünfte und religiöse Sekten tendieren in der Regel zuerst dazu, neue Mitglieder zu gewinnen, und führen später Maßnahmen zur Begrenzung der Mitgliedschaft ein, so dass der Übergang von der Offenheit über die Regulierung bis zur Geschlossenheit dieser sozialen Beziehungen flüssig ist. Motive der Schließung können einerseits die

»Hochhaltung« der ethischen Qualifikation, des Prestiges, der Ehre oder der Gewinnchancen sein, die mit bestimmten sozialen Beziehungen verbunden sind. Andererseits kann das Knappwerden von Konsumgütern oder Erwerbschancen der Grund zur Schließung sein. Wichtig ist schließlich Webers Definition vom »Höchstmaß dauernder Appropriation« bestimmter Erwerbchancen sowie Verwaltungs- und Regierungsgewalten, da dieser Begriff eine zentrale Rolle für die Untersuchung der »ständischen Herrschaft« in der Herrschaftssoziologie spielt. »Dauernde Appropriation« besteht darin, dass der Zugang zu bestimmten Ressourcen zum Monopol von bestimmten Individuen oder Verbänden wird und in dem Sinne garantiert ist, dass das Recht darauf vererbt und an Dritte weitergegeben werden kann.

Im Übergang von den horizontalen zu den vertikalen sozialen Beziehungen untersucht Weber abschließend im § 11 die Problematik der »Zurechnung des Handelns«. Damit spricht er zwei soziale Phänomene gleichzeitig an: einerseits das Bestehen einer »aktiven oder passiven Solidarität« zwischen den an einer Beziehung beteiligten Individuen und andererseits die »Vertretung der sozialen Beziehung« durch Individuen, deren Handeln für die anderen verbindlich ist. Das Bestehen einer sozialen Beziehung kann für die Beteiligten bedeuten, dass das Handeln *aller* Beteiligten (Solidaritätsgenossen) oder nur *bestimmter* Beteiligter (Vertreter) ihnen laut Tradition oder gesatzter Ordnung »zugerechnet« wird. [Vgl. WuG 25] Sowohl Vorteile als auch Konsequenzen, die durch das Handeln von anderen Teilnehmern der sozialen Beziehung oder von ihren Vertretern entstehen, wirken sich somit auf alle einzelnen Beteiligten aus. Diese Besonderheit von sozialen Beziehungen ließe sich durch unterschiedliche Beispiele illustrieren, die von der Rechtsordnung der Sippe vermittelst Blutrache bis zur modernen politischen Vertretung reichen. Es handelt sich dabei um eine spezifische Form der sozialen Beziehung, die das Handeln Einzelner für alle Beteiligten verbindlich werden lässt und damit ausschlaggebend für die Bildung der konsistenten Handlungseinheiten ist, die Weber mit dem Begriff des Verbands beschreiben wird.

Zur Definition des Zurechnungs- und Vertretungsprinzips gibt Weber einen Kommentar, aus welchem einige politisch-theoretische Aspekte zu erwähnen sind. Die Vertretungsgewalt einer sozialen Beziehung kann entweder nach geltenden Ordnungen »appropriiert« oder nach bestimmten Merkmalen zugewiesen oder aber von den Beteiligten an bestimmte Personen übertragen werden. Die Möglichkeit, dass das Handeln eines Vertreters den anderen Teilnehmern der sozialen Beziehung tatsächlich zugerechnet wird, setzt jedenfalls voraus, dass diese laut Tradition oder gesatzter Ordnung die Verfügungsmacht des Vertreters als *legal* gelten lassen. Solidarität und Vertretung sind den Beziehungstypen schließlich unterschiedlich zuzuordnen. Der Tatbestand der »Solidarität unter Beziehungsgenossen« besteht normalerweise bei natürlichen Lebensgemeinschaften, bei geschlossenen Beziehungen wie den politischen Verbänden, die monopolisierte Chancen durch Gewaltsamkeit behaupten, und auch bei Handels- und Arbeitsgesellschaften. Der Tatbestand der Vertretung besteht indessen typischerweise beim Zweckverein und bei gesatzten Verbänden.

4.3.5 Typen des Verbandes und Herrschaft

Nachdem Weber die unterschiedlichen Bausteine gesammelt hat, um die Untersuchung der vertikalen Dimension sozialer Beziehungen in Angriff zu nehmen, gelangt er in § 12 zur Definition des Verbandsbegriffs, der zu den bedeutendsten Kategorien gehört, auf denen er seine Herrschaftstheorie aufbaut. Der letzte Abschnitt der »Soziologischen Grundbegriffe« zielt darauf, die Frage zu klären, welche Voraussetzungen notwendig sind, damit komplexe soziale Gebilde als solche handlungsfähig werden. Aus dieser Absicht ergibt sich die Bemühung, den Verbandsbegriff zu definieren. Verband soll eine »nach außen regulierend beschränkte oder geschlossene soziale Beziehung« heißen, bei der bestimmte Individuen mit ihrem Handeln dafür sorgen, dass die Verbandsordnungen umgesetzt werden. Diese Individuen sind einerseits der »Leiter« des Verbands und andererseits der eventuell noch hinzukommende »Verwaltungsstab« mit Vertretungsgewalt. Beide Funktionen sind als »Regierungsgewalten« zu sehen, die entweder appropriiert werden können oder durch die Verbandsordnungen geregelt sind oder schließlich bestimmten Personen nach bestimmten Merkmalen oder Verfahren zugewiesen werden. Mit *Verbandshandeln* soll dabei einerseits das auf die Umsetzung der Ordnung bezogene legitime Handeln des Verwaltungsstabes und andererseits das durch seine Anordnungen geleitete Handeln der Verbandsbeteiligten bezeichnet werden. [Vgl. WuG 26]

Unter Verband versteht Weber demzufolge eine beschränkte oder geschlossene soziale Beziehung, die die Rechtsgeltung ihrer Ordnungen mittels eines dafür zuständigen Leiters und eventuell eines Verwaltungsstabes durchsetzt. Im Unterschied zu den anderen sozialen Beziehungen hat sie damit eine vertikale Dimension, die zu ihrer Handlungsfähigkeit als Ganzes entscheidend beiträgt und deren Funktion noch näher zu erläutern ist.

Auf die neuen Aspekte, die den Verband im Unterschied zu den vorausgegangenen sozialen Beziehungen charakterisieren, kommt Weber in den Bemerkungen zur Begriffsdefinition zurück. Das Vorhandensein eines *Leiters* charakterisiert den Verband, da seine Handlungsart sich nicht nur an der Ordnung orientiert, sondern auch auf deren *Erzwingung* abgestellt ist. Ob der Verband eine Vergemeinschaftung oder eine Vergesellschaftung verkörpert, ist in diesem Zusammenhang nicht entscheidend, weil nur die Existenz des Leiters und eventuell des Verwaltungsstabes die Begriffsdefinition bestimmt. Für das Fortbestehen des Verbands ist die Durchsetzung der Ordnung ausschlaggebend, und zwar unabhängig von der Frage nach dem Bestimmungsgrund, der seine Mitglieder dazu verleitet. Die Tatsache, dass die Durchsetzung der Ordnung als soziale Funktion ihre Träger findet, auch wenn die dafür zuständigen Individuen sich abwechseln können, macht den Verband aus, da ansonsten nur eine einfache soziale Beziehung besteht.

Wie schon im Kategorienaufsatz fügt Weber der Verbandsdefinition eine Reihe von verwandten Handlungsbegriffen hinzu.

So ist ein Handeln als »verbandsbezogen« zu benennen, wenn dieses sich an den Ordnungen des Verbandes orientiert, oder aber als »verbandsgeregelt« zu definieren, wenn das Handeln der Verbandsbeteiligten sich auch in nicht verbandsbezogenen Bereichen an seinen Ordnungen orientiert. Nur das Handeln des Verwaltungsstabes ist dagegen »Verbandshandeln« im eigentlichen Sinne. Daraufhin führt Weber noch einige weitere Begriffe ein, die dem Leser des Kategorienaufsatzes schon vertraut sind. Ein Verband kann »autonom« oder »heteronom« sein, je nachdem, ob er sich selbst seine Ordnung gibt oder auch nicht. Schließlich kann ein Verband »autokephal« oder »heterokephal« sein, was davon abhängt, ob sein Leiter durch die Verbandsbeteiligten bestimmt ist oder durch Außenstehende bestellt wird. [Vgl. WuG 26-27]

Mit den darauffolgenden Bemerkungen zur Struktur der Verbände beginnt auch in den »Soziologischen Grundbegriffen« die Untersuchung der politischen Problematik im engeren Sinne, wo es darum geht, zu erklären, aufgrund welcher Verfahren die Verbandsordnungen entstehen. Die gesatzten Ordnungen einer Vergesellschaftung entstehen für Weber entweder, wie beim Zweckverein, durch freie Vereinbarung aller Mitbeteiligten oder aber durch Oktroyierung und Fügsamkeit. [Vgl. § 13] Die Regierungsgewalt eines Verbandes kann die legitime Macht zur Oktroyierung neuer Ordnungen in Anspruch nehmen. Wo dies tatsächlich der Fall ist, bezeichnet Weber die Bereitschaft, Fügsamkeit gegenüber der Oktroyierungsmacht der Regierungsgewalt zu leisten, als »Verfassung« des Verbandes. Voraussetzung dafür ist die nach geltender Ordnung erzielte Zustimmung bestimmter Gruppen von Verbandsmitgliedern, wie z.B. im modernen Staat die der Mehrheit der Parlamentsabgeordneten.

Die Fügsamkeit gegenüber der Regierungsgewalt betrifft eine unterschiedliche Anzahl von Menschen, die abhängig vom Prinzip ist, durch das diese dem Verband »zugerechnet werden«. So ist dieses ein stärkeres Zurechnungsprinzip als jenes, das wir bei der sozialen Beziehung vorfinden, da die Teilnahme am Verband in der Regel unfreiwillig ist und nach bestimmten Merkmalen erfolgt. Der Terminus »Zurechnung« taucht zwar in diesem Abschnitt der »Soziologischen Grundbegriffen« nicht auf, wird jedoch von Weber für die Definition desselben Zusammenhangs im Kategorienaufsatz verwendet. [Vgl. KA 466] Dabei geht es allerdings darum, dass die Ordnungen eines Verbandes allen Individuen auferlegt werden, bei denen bestimmte *Tatbestände* vorliegen, die in der Regel die »Gebietsbeziehung« des Verbands betreffen. Dazu zählen beispielsweise die Geburt, die Abstammung oder der Aufenthalt auf dem Verbandsgebiet. Einen Verband, der erfolgreich einen solchen Geltungsanspruch seiner Ordnungen auf einem bestimmten Gebiet durchsetzen kann, bezeichnet Weber als »Gebietsverband«.

In seinen Bemerkungen präzisiert Weber die Bedeutung einiger weiterer Aspekte des Verbandsbegriffs. Vorerst gibt er eine Erklärung des Oktroyierungsbegriffs, die nochmals seine Sichtweise zu den Entstehungsverfahren legitimer Ordnungen bestätigt. Jede nicht durch »persönlich freie Vereinbarung aller Beteiligten« zustande gekommene Ordnung ist als oktroyiert zu definieren, so auch die durch Mehrheitsbeschluss entstandenen Ordnungen der modernen Parlamentsdemokratien, denen sich die Minderheit zu fügen hat.

In § 14 erfolgt dann die Definition der Verwaltungs- und Regulierungsordnung. Eine Ordnung, die das Verbandshandeln regelt, heißt Verwaltungsordnung. Ordnungen, die anderes soziales Handeln außerhalb des letzteren regeln, sind indessen Regulierungsordnungen zu nennen. Die entsprechenden Formen des Verbands heißen dann Verwaltungs- und Regulierungsverband, wobei die Mehrzahl der empirisch existierenden Verbände immer Mischformen beider Typen bilden.

Danach befasst sich Weber mit der Form sozialer Verbände unter dem zeitlichen Gesichtspunkt und definiert eine Anzahl von Begriffen, die ihr Bestehen in dieser Dimension auszeichnen. [Vgl. § 15] Ein kontinuierliches Zweckhandeln ist als »Betrieb« zu definieren, daher bezeichnet der Begriff des »Betriebsverbands« eine Vergesellschaftung mit kontinuierlich zweckhandelndem Verwaltungsstab. Als »Verein« zählt ein vereinbarter

Verband, dessen Ordnungen für den Einzelnen nur kraft Zutritt gelten können. Die »Anstalt« ist im Gegensatz dazu ein Verband, dessen gesatzte Ordnungen jedem Handeln innerhalb eines klar umgrenzten Wirkungsbereichs erfolgreich oktroyiert werden. Verein und Anstalt sind beide Verbände mit *rational* gesatzten Ordnungen. Der moderne Staat und die Kirche, soweit diese rationalisiert ist, entsprechen somit dem Idealtypus der Anstalt. Die Ordnungen der Anstalt beanspruchen, für alle zu gelten, auf die bestimmte Merkmale zutreffen (wie eben Geburt, Abstammung, Aufenthalt auf einem Gebiet), unabhängig davon, ob der Beteiligte der Anstalt beigetreten ist oder bei den Satzungen mitgewirkt hat.

Im Anschluss an die Definition der Eigenschaften des Verbands widmet sich Weber in § 16 der Untersuchung von Macht und Herrschaft. »Macht« ist als die Möglichkeit zu verstehen, innerhalb einer sozialen Beziehung den eigenen Willen auch gegen Widerstreben durchzusetzen. Damit liegt im Machtbegriff und im Begriff des Kampfes eine Gemeinsamkeit, obgleich der Kampf als eine soziale Beziehung zu sehen ist und der Machtbegriff die einseitige Einstellung des Handelnden widerspiegelt. Im Unterschied zur Macht heißt für Weber »Herrschaft« die Möglichkeit, für einen Befehl bestimmten Inhalts bei angebbaren Personen Gehorsam zu finden. Herrschaft ist damit eine vertikale und asymmetrische soziale Beziehung, in der die eine Seite aktiv (Befehlen) und die andere Seite rezeptiv (Gehorchen) ist. Gemäß der Terminologie des Kategorienaufsatzes könnte man sagen, dass im Fall der Herrschaft die eine Seite »handelt« und die andere Seite dieses Handeln »duldet und gelten lässt«. Wo die Herrschaft die Charakteristik einer sozialen Regelmäßigkeit annimmt, d.h., wo sie sich wie eine »eingelebte Angewohnheit« in der zeitlichen Reihe wiederholt, spricht Weber von »Disziplin«. Disziplin ist die Möglichkeit, kraft eingeübter Einstellung für einen Befehl bei einer Vielzahl von Menschen prompten, automatischen Gehorsam zu finden.

Im seinen Bemerkungen weist Weber darauf hin, dass der Begriff der Macht soziologisch »amorph« ist, denn alle »möglichen

Eigenschaften« können dazu beitragen, dass bestimmte Menschen ihren Willen auch gegen Widerstand durchsetzen, mithin Macht ausüben. Deshalb führt Weber den Begriff der Herrschaft im Sinne einer »sozialen Beziehung« ein, die aus dem Zusammentreffen von Befehl und Gehorsam entsteht. Der Begriff der Disziplin fügt dieser Beziehungsart noch die Eigenschaft der Eingeübtheit hinzu.

Herrschaft als soziale Funktion *strictu sensu* bedeutet lediglich das Vorhandensein von »Befehlendem« und »Gehorchendem« und setzt weder den Verwaltungsstab noch den Verband voraus. Im empirischen Fall ist Herrschaft jedoch meistens mit einem von beiden verbunden. Ein Verband, dessen Mitglieder bestimmten Herrschaftsbeziehungen unterworfen sind, soll Herrschaftsverband heißen, so dass aufgrund der Existenz eines Verwaltungsstabes jeder Verband stets in irgendeinem Grade ein Herrschaftsverband ist. Mit dieser Aussage thematisiert Weber die Herrschaft als eine soziale Funktion, die zum Fortbestehen des Verbands notwendig ist, weil sie den korrekten Ablauf des Verwaltungsbetriebes garantiert. Die Eigenart des Verbands ist somit durch die Tragweite der Herrschaftsgeltung seiner Ordnungen mitbestimmt, die wiederum auf der Art der Legitimitätsgrundlage der Herrschaft basiert. Damit leitet die Fragestellung der Ordnungsgeltung und des Verwaltungsbetriebs sozialer Verbände zur Untersuchung der Herrschaftstypologie über. Darauf verweist Weber in den »Soziologischen Grundbegriffen«, wobei er erst im dritten Kapitel von *Wirtschaft und Gesellschaft* dieser Untersuchung unter Verwendung seiner neueren Terminologie nachkommt.

Was die Klassifikation der unterschiedlichen Herrschaftsformen anbelangt, so beschränkt sich Weber in den »Soziologischen Grundbegriffen« auf die begriffliche Unterscheidung der Mittel, die eingesetzt werden können, um Herrschaft auszuüben. Jeder Verband braucht einen Verwaltungsstab, um seine Ordnungen *effizient* umzusetzen, dieser kann sich jedoch zu diesem Zweck unterschiedlicher Mittel bedienen. Im Zuge der Unterscheidung zwischen den eingesetzten Herrschaftsmitteln gewinnt Weber im

§ 17 die Definition der gegensätzlichen Begriffe des »politischen und hierokratischen Verbands«.

Zunächst zum politischen Verband: Ein solcher ist ein Herrschaftsverband, der innerhalb eines geographischen Gebietes (sei es eine Stadt, ein Land oder eine Nation) den Bestand seiner Ordnungen vermittelst Anwendung und Androhung physischen Zwangs durch den Verwaltungsstab garantiert. Dies ist nicht nur der Fall im modernen Staat, sondern gilt für jeden politischen Verband, beispielsweise auch für die Herrscherfamilie einer Renaissancestadt. Demgegenüber zeichnet sich Webers Staatsbegriff dadurch aus, dass dieser als »politischer Anstaltsbetrieb« verstanden wird, der durch seinen Verwaltungsstab für ein geographisches Gebiet *das Monopol* legitimen physischen Zwangs erfolgreich durchsetzen kann. Diese Unterscheidung findet sich im weiteren Aufbau von *Wirtschaft und Gesellschaft* wieder, so dass Weber in der Herrschaftssoziologie die Untersuchung des politischen Verbands, der politischen Gemeinschaft und der modernen Staatsanstalt auseinander halten kann. Entscheidend dabei ist einerseits die Antwort auf die Frage, ob ein Monopol der Gewaltanwendung besteht, und andererseits, ob dieses die Form einer rationalen Anstalt annimmt.

»Politisch orientiert« heißt schließlich in den »Soziologischen Grundbegriffen« ein soziales Handeln, das eine »Appropriation oder Verteilung« von Regierungsgewalten bezweckt, wie dies z.B. im Wettbewerb der modernen politischen Parteien der Fall ist. Im Gegensatz zum politischen Verband nennt Weber »hierokratischen Herrschaftsverband« den Verband, der zur Garantie seiner Ordnungen vorzugsweise psychischen Zwang durch »Spendung und Versagung von Heilsgütern« ausübt. So bezeichnet Weber die Kirche als einen »hierokratischen Anstaltsbetrieb«, dessen Verwaltungsstab das Monopol legitim hierokratischen Zwanges erfolgreich in Anspruch nimmt.

»Gewaltsamkeit« ist weder das einzige noch das übliche Verwaltungsmittel politischer Verbände, die Gewaltanwendung und deren Androhung ist jedoch ihr spezifisches Mittel und ihre *ultima ratio*. Darüber hinaus ist der politische Verband, wie bereits erwähnt, dadurch charakterisiert, dass er die Herrschaft für ein bestimmtes geographisches Gebiet in Anspruch nimmt. Politische Verbände, so auch der Staat, können nach Weber nicht anhand ihrer »spezifischen Zwecksetzung« definiert werden, so dass es im Rahmen der wertfreien Sozialwissenschaft keine normative Diskussion über die Zwecke des Staats gibt. Politische Verbände haben in der Geschichte fast jedem Zweck gedient; die einzige Gemeinsamkeit, die ihre Kategorie vom wertfreien Gesichtspunkt aus auszeichnen kann, ist damit lediglich die Tatsache, dass sie sich immer der Gewaltanwendung und deren Androhung als Mittel bedient haben.

Zur Definition des Staatsbegriffs empfiehlt es sich schließlich, diesen hinsichtlich seiner »modernen Eigenschaften« zu betrachten, da er eine Erscheinung der modernen Welt ist. Für diesen Typus sind folgende Merkmale als charakteristisch zu betrachten: »eine Verwaltungs- und Rechtsordnung, welche durch Satzungen abänderbar ist, an der der Betrieb des Verbandshandelns des (gleichfalls durch Satzung geordneten) Verwaltungsstabes sich orientiert und welche Geltung beansprucht nicht nur für die – im wesentlichen durch Geburt in den Verband hineingelangenden – Verbandsgenossen, sondern in weitem Umfang für alles auf dem beherrschten Gebiet stattfindende Handeln (also: gebietsanstaltsmäßig)«. [WuG 30] Die hier nur teilweise ausgeführte Definition des sozialwissenschaftlichen Staatsbegriffs bildet dann den Schwerpunkt des von Winckelmann hinzugefügten letzten Abschnitts von *Wirtschaft und Gesellschaft*, [WuG 815-868] worauf in Kapitel 8 noch genauer eingegangen wird.

4.4 Webers Grundbegriffe und die Theorie der Herrschaft

Der Vergleich zwischen den beiden Abfassungen von Webers Grundkategorien bringt wichtige terminologische Unterschiede zum Vorschein, zeigt jedoch auch, dass ihnen eine gemeinsame theoretische Struktur zugrunde liegt. Die unterschiedliche Terminologie kann dazu beitragen, innerhalb der verschiedenen Teile von *Wirtschaft und Gesellschaft* eine chronologische Orientierung zu finden, da die Verwendung jener Begriffe, die Weber bereits im Kategorienaufsatz benutzte, auf ein früheres Verfassen der Texte hindeutet. Inhaltliche Unterschiede hängen indessen mit der verschiedenen Zielsetzung der Terminologie in den beiden Ausarbeitungen der Grundbegriffe zusammen. Die ältere Terminologie geht stärker auf die politisch-theoretische Diskussion um die Opposition zwischen Gemeinschaft und Gesellschaft ein, wohingegen die neuere eher didaktisch und klassifizierend vorgeht, um den Kriterien des *Grundrisses der Sozialökonomik* zu genügen.

Zusammenfassend lassen sich die wichtigsten Unterschiede der beiden Terminologien folgendermaßen rekapitulieren. Der Kategorienaufsatz beruht auf einer formalen Unterscheidung der Handlungsformen nach politisch-theoretischen Kriterien, so dass Weber das »vergesellschaftete Handeln« auf die freiwillige Vereinbarung zurückführt und das »Einverständnishandeln« auf das Dulden oder Geltenlassen von oktroyierten Ordnungen. In den »Soziologischen Grundbegriffen« stellt er die Klassifikation der Bestimmungsgründe sozialen Handelns ins Zentrum der Betrachtung. Auf die Bestimmungsgründe werden dann *mutatis mutandis* die Typen der sozialen Beziehung, die Typen der Ordnung und später auch die Typen der Herrschaft zurückgeführt. Nebenbei sei bemerkt, dass die beiden Abfassungen der Herrschaftssoziologie (auch die terminologisch ältere) nach derselben Typologie aufgebaut sind, so dass sich die Frage stellt, inwieweit die Klassifikation der Bestimmungsgründe sozialen Handelns auf Webers Auseinandersetzung mit der politischen Legitimationsproblematik zurückzuführen ist.

Die Begriffe der Legalität und Legitimität bekommen in beiden Varianten der Weberschen Grundkategorien eine zentrale Stellung eingeräumt, wobei allerdings eine leichte Abweichung in der Systematisierung festzustellen ist. Im Kategorienaufsatz werden diese Begriffe als Formen des Einverständnishandelns definiert, wohingegen sie in den »Soziologischen Grundbegriffen« als »Glaubenstypen« aufgefasst werden, die auf die Typologie der Bestimmungsgründe sozialen Handelns zurückzuführen sind.

Gemeinsam ist dem Aufbau beider Terminologien das systematische Moment, das in der Beteuerung der Notwendigkeit von Herrschaft als Regulierungsfunktion sozialen Lebens mündet. Im Kategorienaufsatz geht Weber von der Problematik der Handlungserwartungen aus und zeigt, wie sich aus der Notwendigkeit, diese Erwartungen zu verfestigen, wichtige Orientierungsmomente für das Handeln entwickeln. So rekonstruiert er die gesamte Bandbreite der möglichen Verfestigungen der Handlungserwartungen von der einfachen Vereinbarung bis zur geltenden Rechtsordnung, die durch einen Zwangsapparat garantiert wird. Dabei zeigt sich, dass ein funktionierender Zwangsapparat vertikale Strukturen benötigt, die sich auf Befehl und Gehorsam und damit auf Herrschaft stützen.

Die Rekonstruktion der Verfahren, die zur Entstehung der Ordnungen führen, bestätigt wiederum die soziale Notwendigkeit der Herrschaftsstrukturen, da die »Vereinbarung der Ordnung durch alle Mitbeteiligten« nur den Grenzfall der Ordnungsstatuierung darstellt. In der Regel werden die Ordnungen eines Verbands durch eine Regierungsgewalt erlassen, die sich dabei auf bestimmte Herrschaftsbeziehungen stützt. Dieser Oktroyierungsprozess ist charakteristisch für die Entstehung der Mehrzahl der Ordnungen, so auch in dem Fall, wo die Regierungsgewalt auf dem demokratischen Majoritätsprinzip beruht, da sich die Minderheit den Entscheidungen der Mehrheit fügen muss. Hinzu kommt schließlich die Tatsache, dass die Menschen unfreiwillig nach bestimmten Merkmalen (wie z.B. Geburt, Abstammung oder Aufenthalt auf dem Herrschaftsgebiet) zu den politischen Gemeinschaften hinzugerechnet werden. Alle diese Phänomene machen die Notwendigkeit, Ordnungen zur Regulierung der sozialen Welt zu erlassen, zu einem politischen Zwang, so dass die Erklärung der sozialen Prozesse, die dies ermöglichen, zu einer zentralen Aufgabe der Sozialwissenschaft wird.

Die unterschiedlichen Stränge von Webers Argumentation zur Funktion und Notwendigkeit der Herrschaft finden sich auch in den »Soziologischen Grundbegriffen« wieder. Sie nehmen somit in beiden Varianten von Webers Kategorienbildung eine zentrale Stellung ein. An dieser politisch-theoretischen Denkart Max Webers scheiden sich oft die Geister, sowohl in der Soziologie als auch in der politischen Theorie. Wie man dazu auch stehen mag, gewiss ist, dass der besondere Stellenwert der Herrschaftsproblematik zu den theoretischen Optionen von Webers wertfreier Sozialwissenschaft gehört.

Nachdem Weber die Bedeutung der Herrschaft herausgestellt hat, geht er jedoch einen Schritt weiter als die klassische Theorie der politischen Souveränität, indem er die Frage der Legitimation politischer Strukturen ins Zentrum seiner Herrschaftstheorie stellt. In diesem Sinne berücksichtigt er sowohl die »soziale Notwendigkeit« der Herrschaft als Souveränität als auch die ihrer Legitimation durch die Beherrschten, womit er die liberale Kritik des Souveränitätsbegriffs in seine Reflexion mit einbezieht. Vom politisch-theoretischen Gesichtspunkt aus gesehen, zeichnet sich seine Position jedoch dadurch aus, dass er die Legitimation der Herrschaftsstrukturen ausschließlich »wertfrei« nach den Typen ihrer Begründung rekonstruiert und keine normative Untersuchung durchführt. Weber stellt also die Frage nach den Formen des Legitimitätsglaubens, die Herrschaft erst möglich machen, und fragt nicht nach den Eigenschaften der Herrschaftsformen, die sie nach bestimmten Wertkriterien wie Rechtstaatlichkeit oder Gerechtigkeit legitimieren.

Die Analyse beider Grundterminologien gibt schließlich einen Hinweis auf den »theoretischen Charakter« von Webers Begriffsbildung. Denn es handelt sich dabei nicht um die bloße Ansammlung von induktiv gewonnenen Idealtypen, sondern um eine strukturierte Terminologie, in der die Begriffe in einer theoretischen Wechselwirkung stehen. Somit hat Webers Begriffsbildung einerseits eine »vertikale Dimension«, indem die Kategorien durch die idealtypische Methode (also abstrahierend) gewonnen werden. Andererseits hat sie aber auch eine »horizontale

Dimension«, die theoriebildend wirkt, da die idealtypischen Begriffe sich miteinander verschränken und ein konsequentes theoretisches Gebilde hervorbringen. Die horizontale Dimension der Weberschen Terminologie zeugt davon, dass er sich in seiner Begriffsbildung an politisch-theoretischen Relevanzkriterien orientiert, die zwar nicht expliziert sind, aber trotzdem seine Auseinandersetzung mit den Klassikern des modernen politischen Denkens aufzeigen. Dies bestätigt sich auch dadurch, dass einige politische Optionen, wie z.B. die Gewichtung der Herrschaft, in Webers Kategorienbildung eine zentrale Stellung einnehmen.

Das Fazit der Untersuchung beider Grundterminologien ist in der Feststellung zu sehen, dass deren Aufbau in die Frage der »Herrschaft als gesellschaftliche Funktion« mündet. Diese entsteht aus der Notwendigkeit, Entscheidungsprozesse sowie Ordnungen und deren Umsetzung zu sichern. Im Folgenden geht es darum zu zeigen, wie Weber zum einen die Organisation und zum anderen die Legitimationsverfahren der politischen Herrschaft ausgehend von seinen Grundbegriffen rekonstruiert.

5. Die Typologie der Herrschaft als soziale Funktion

Wird Herrschaft als soziale Funktion definiert, wie dies Weber in seinen sozialpolitischen Grundkategorien tut, so stellt sich vom Standpunkt der wertfreien Sozialwissenschaft aus die Frage, wie die Individuen zu den Trägern ihrer faktischen Geltung werden. Damit ist die doppelte Problematik der Organisations- und Legitimationsform von Herrschaft impliziert, deren Untersuchung im Zentrum von Webers Herrschaftssoziologie steht. Es gilt nämlich zu erklären, aufgrund welcher sozialen Strukturen und Verfahren (also durch welchen »Verwaltungsstab«) Herrschaft ausgeübt wird und aufgrund welcher Legitimationsgründe die Menschen bereit sind, die Herrschaft anderer zu dulden und gelten zu lassen.

Legitimation und Organisation sind damit die beiden wesentlichen Aspekte von Webers Untersuchung der Herrschaft, die er wohlgemerkt dahingehend organisiert, dass er die Herrschaftstypen nach ihren *Legitimationsgründen* darstellt. Dies hängt damit zusammen, dass die Legitimationsform für Weber das einzige Merkmal ist, nach dem sich die Herrschaftstypen klar voneinander unterscheiden lassen. Die Klassifikation der entsprechenden Organisationsformen ordnet sich deshalb derjenigen der Legitimationstypen der Herrschaft unter. So schließt die Unterscheidung der Legitimationsgründe (Legalität, Tradition und Charisma) diejenige der Organisationsformen der Herrschaft (Bürokratie, Patriarchalismus bzw. Patrimonialismus, Jüngerschaft bzw. Gefolgschaft) mit ein.

Bevor nun auf Webers Untersuchung der Herrschaftstypen nach ihren Legitimations- und Organisationsformen eingegangen wird, ist jedoch noch wichtig zu klären, welchen politisch-theoretischen Umfang er dem Herrschaftsbegriff in diesem Zusammenhang einräumt. Schon in den »Soziologischen Grundbegriffen« definiert Weber Herrschaft im Unterschied zur Macht als eine soziale Beziehung zwischen Befehlenden und Gehorchenden. Dadurch wird Herrschaft zunächst unabhängig von ihrem bestimmten Geltungsbereich verstanden. Spricht Weber in diesem allgemeinen Sinne von Herrschaft, so meint er die Strukturen der Über- und Unterordnung, die in jeder komplexen sozialen Beziehung wiederzufinden sind, sowohl im politischen Verband als auch innerhalb einer Kirche, einer Partei, eines Unternehmens usw.

Webers Betrachtung der Herrschaft als soziale Funktion gilt auch in Bezug auf die Klassifikation der Herrschaftsformen nach Legitimationstypen. In diesem Kontext versteht er Herrschaft als Beziehung zwischen dem Herrschenden und dem Verwaltungsstab also als »Befehlen und Gehorchen«, womit sich seine Typologie zunächst darauf beschränkt, diese Handlungsform zu untersuchen. Dem klassischen politischen Herrschaftsbegriff, den wir heute oft mit der Idee des Staates verbinden, sowie dem der politischen Beziehung zwischen Regierungsgewalt, Verwaltungsapparat und souveränem Volk wendet sich Weber erst am Ende der Herrschaftssoziologie zu. Dies hat seinen Grund darin, dass er auch im Fall der Herrschaftstheorie seine Terminologie Stufe für Stufe entwickelt. Zuerst rekonstruiert er die »Herrschaftsfunktion« als vertikale Beziehung zwischen Herrschenden und Verwaltungsstab und zeigt dabei, welche Legitimationsbezüge »von unten nach oben« und welche Organisationsstrukturen »von oben nach unten« bestehen. Dann führt er den Begriff der »politischen Gemeinschaft« ein, der die dreifache Beziehung zwischen Herrschenden, Verwaltungsstab und »hinzugerechneten Individuen« untersucht. Entscheidend für die Definition dieses Begriffs ist die Idee, dass ein politischer Verband auf einem bestimmten Territorium seinen Anspruch auf das Monopol der legitimen Gewaltanwendung durchgesetzt hat. Ansonsten ist die soziale Wirklichkeit als eine Vielfalt gegeneinander kämpfender Verbände zu betrachten, wie Weber im Kapitel über die »Typologie der Städte« darstellt. Schließlich wendet er sich der Untersuchung der »modernen Staatsanstalt« zu, die er zum Teil in *Wirtschaft und Gesellschaft* und zum Teil in anderen Schriften entwickelt.

Es ist beabsichtigt, Webers Untersuchung des Herrschaftsphänomens von den Kerntypen bis zu den voll entfalteten Formen zu begleiten und die Terminologie zu beschreiben, die er zu diesem Zweck nach und nach entwickelt. Dabei ist zu bemerken, dass der Stufenbau von Webers Herrschaftssoziologie als systematisch und nicht als historisch zu verstehen ist. Die unterschiedlichen historischen Herrschaftsformen werden von Anfang an typologisch mitberücksichtigt und sind in den drei reinen Typen legitimer Herrschaft wiederzufinden. Die Herrschaftsbeziehung zwischen Herrscher, Verwaltungsstab und Beherrschten wird indessen erst in einem zweiten Moment eingeführt, nachdem Weber die »reinen Typen der Herrschaft als soziale Funktion« ausgearbeitet hat. Am Anfang der Herrschaftssoziologie, also innerhalb ihrer dreigeteilten Typologie [sowohl in der neueren Abfassung: WuG Teil 1 Kap. III 1-6 (S. 122-155); als auch in der älteren: WuG Teil 2 Kap. IX 1-5 (S. 541-687)], geht es nur um die Organisations- und Legitimationstypen der Herrschaftsbeziehung zwischen Herrschenden und Verwaltungsstab. Diese bilden den Gegenstand des ersten Teils der Herrschaftssoziologie, wobei die idealtypischen Begriffe der »politischen Gemeinschaft« und der »modernen Staatsanstalt« erst später definiert werden.

Um seine Herrschaftstypologie zu etablieren, wählt Weber eine »Darstellungsstrategie«, die sich in drei Schritten rekonstruieren lässt. Zunächst untersucht er die Legitimationsgrundlagen von Herrschaft, in denen er das einzige maßgebliche Kriterium für eine Klassifikation der Herrschaftstypen sieht. Die Darstellung der Typen legitimer Herrschaft erfolgt nach dem methodologischen Prinzip des Übergangs vom rationalen zum traditionellen und dann zum affektuellen Typus durch die Abschwächung einiger Eigenschaften des idealtypischen Rationalfalls. So wendet Weber hier in vorbildlicher Weise die Methodologie der idealtypischen Begriffsbildung nach den Prinzipien an, die er eingangs in den »Soziologischen Grundbegriffen« darlegt. [WuG 2-3] Was die Organisationsform der Herrschaft betrifft, so rekonstruiert er diese vom modernen Fall der vollständigen Enteignung der Stände durch die bürokratische Verwaltung bis hin zum maximalen

Niveau ihrer »Appropriation« in der traditionalen Herrschaft. Die charismatische Herrschaft wird indessen als eine Herrschaftsform betrachtet, die keine etablierte Organisationsform hervorbringt, da sie idealtypisch im Ausnahmezustand besteht.

Damit sind nun schon einige Merkmale von Webers Darstellungsstrategie in der Herrschaftssoziologie angesprochen worden. Diese liegt bekanntermaßen in zwei Fassungen, einer älteren [S. 541-687] und einer neueren [S. 122-155], in *Wirtschaft und Gesellschaft* vor.[82] Sie unterscheiden sich durch ihre (ältere bzw. neuere) Terminologie und durch die Tatsache, dass die neuere Version kürzer gehalten ist als die ältere, da diese in der Beschreibung der Herrschaftsformen stärker auf einige historische Umstände eingeht. Inhaltlich gibt es eine weitgehende Entsprechung, so dass sich die unterschiedlichen Teile (Legalität, Tradition, Charisma) gemeinsam darstellen lassen und eine getrennte Betrachtung nur dort notwendig wird, wo inhaltliche oder terminologische Abweichungen zwischen beiden Abfassungen auftreten.

Bei der ersten Auseinandersetzung mit Webers Herrschaftssoziologie ist es ratsam, sich ausschließlich auf die neuere Abfassung [S. 122-155] zu konzentrieren, in der die Typologie kurz und verständlich dargestellt wird. Die vergleichende Untersuchung des älteren Textes [S. 541-687] kann dann bei vertieftem Interesse angeschlossen werden. In den nachfolgenden Paragraphen wird deshalb zuerst die neuere Abfassung der Herrschaftssoziologie dargestellt, und dann erst werden die Besonderheiten oder Abweichungen der älteren Variante hinzugezogen, so dass beide Versionen auseinander zu halten sind.

Zuvor sei aber noch auf einige zusätzliche Unterscheidungskriterien aufmerksam gemacht, die Weber für seine Klassifikation

---

82 Es gibt noch zwei weitere Texte, in denen Weber seine dreigeteilte Herrschaftstypologie vorlegt. Einerseits befasst sich Weber damit auf den letzten Seiten der Einleitung zur *Wirtschaftsethik der Weltreligionen*, vgl. dazu RS I 267-273. Andererseits geht er darauf ein in dem posthum veröffentlichten Aufsatz »Die drei reinen Typen der legitimen Herrschaft«, vgl. dazu Weber WL 475-488.

der Herrschaftsformen benutzt und die es im Gedächtnis zu behalten lohnt, um seine Untersuchungen besser zu verfolgen. Im Rahmen der Unterscheidung zwischen den drei Herrschaftstypen nach ihren Legitimitätsgründen (Legalität, Tradition und Charisma) stützt sich Weber auf drei weitere Unterscheidungskriterien. 1. Er unterscheidet zwischen Person und Sache bzw. zwischen dem Bezug zur Person oder zur gesatzten Ordnung als Legitimationsgrundlage der Herrschaft. So ist die Tatsache, dass die Verwaltung Gehorsam leistet, weil sie es zugunsten einer bestimmten Person tut, oder aber einfach laut Vorschrift handelt, ein Merkmal, dass die Herrschaftsformen voneinander unterscheidet. 2. Weber unterscheidet darüber hinaus zwischen der alltäglichen und der außeralltäglichen Ausprägung der Herrschaftsform und untersucht damit die Problematik der zeitlichen Beständigkeit und des Formwandels von Herrschaft. Danach beurteilt, ob die Herrschaft den alltäglichen Ablauf des Lebens verwaltet oder ob sie aufgrund eines Notstands entsteht, wird sie einem bestimmten Herrschaftstypus zugeordnet. 3. Schließlich thematisiert Weber die Beziehung der Herrschaft zur Wirtschaft, um die Herrschaftsformen voneinander zu unterscheiden. Ob eine Herrschaftsform der Wirtschaft positiv gegenübersteht oder wirtschaftsfremd ist, entscheidet sowohl über ihre Dauer als auch über die Art und die Handlungsmöglichkeiten ihres Verwaltungsstabes.

Nach diesen einführenden Bemerkungen ist es nun an der Zeit, sich Webers Untersuchung der Herrschaftstypen zuzuwenden, in der jene Merkmale und Unterscheidungen wiederzufinden sind, die bereits erwähnt wurden und die am Ende dieses Kapitels in einer Tabelle schematisch zusammengefasst werden.

5.1 Legitimitätsgeltung und Typen der Herrschaft

Die Betrachtung der Herrschaftstypen setzt in Webers Herrschaftssoziologie mit dem Problem der Legitimitätsgeltung von Herrschaft ein.[83] Es gibt die unterschiedlichsten Motive, aus denen sich die Menschen einer Herrschaftsbeziehung beugen, und so geht es nun darum zu klären, welche dieser Motive grundlegend für ihr Bestehen sind. Am Anfang der Untersuchung wiederholt Weber zunächst die Definition von Herrschaft. Herrschaft ist als die »Chance« zu sehen, bei bestimmten Menschen Gehorsam zu finden. In diesem Sinne unterscheidet sie sich von aller Macht und allem Einfluss und ist »Autorität« zu nennen, wenn das Zusammengehen von Befehl und Gehorsam zu einer Angewohnheit geworden ist. [Vgl. WuG 122] Jede »Herrschaft« über eine Vielzahl von Menschen bedarf darüber hinaus im Normalfall eines Verwaltungsstabes, um ihre Anordnungen und Befehle umzusetzen. Die zentrale Herausforderung der Untersuchung liegt also darin zu klären, wie der Verwaltungsstab zum Gehorsam gegenüber den Herrschenden gebracht werden kann.

Der Gehorsam des Verwaltungsstabs gegenüber den Herrschenden kann auch nur durch Sitte oder Interessenlage begründet sein. Reine Gewohnheit oder zweckrationale Motive bedeuten jedoch einen relativ labilen Zustand der Herrschaftsbeziehung, so dass in der Regel andere, affektuelle oder wertrationale Motive hinzukommen. Damit baut Weber das Argument wieder ein, das er in der Untersuchung der sozialen Regelmäßigkeiten bereits vorgelegt hatte, wobei er ihm folgende Schlussfolgerung hinzufügt. Sitte oder Interessenlage können so wenig wie rein affektuelle oder rein wertrationale Motive der Verbundenheit verlässliche Grundlagen einer Herrschaft darstellen, so dass normalerweise ein weiteres Moment hinzutritt: »der *Legitimitäts*glau-

---

83 Dies entspricht dem, was Weber sowohl im Kategorienaufsatz als auch in den »Soziologischen Grundbegriffen« zur Untersuchung der Herrschaft schreibt. Dazu vgl. Kap. 4.

be«. [Ebd.] Es gibt also über die übliche Motivation des Handelns innerhalb der sozialen Beziehung hinaus eine weitere Motivationsschicht, die für die Legitimation der Herrschaftsbeziehung zuständig ist. Diese bildet den Gegenstand von Webers Klassifikation der Herrschaftstypen unter dem Gesichtspunkt ihrer Legitimitätsgeltung. Keine Herrschaft begnügt sich mit den nur materiellen, affektuellen oder wertrationalen Motiven ihres Fortbestehens, jede versucht zusätzlich, den »Glauben an ihre Legitimität« zu erwecken. Je nach Art der beanspruchten Legitimität sind deshalb auch der Typus und die Wirkung der Herrschaft anders. Es ist darum für Weber zweckmäßig, die Formen der Herrschaft nach ihrem »typischen Legitimitätsanspruch« zu unterscheiden.

»Es gibt drei *reine* Typen legitimer Herrschaft. Ihre Legitimitätsgeltung kann nämlich primär sein: 1. *rationalen* Charakters: auf dem Glauben an die Legalität gesatzter Ordnungen und des Anweisungsrechts der durch sie zur Ausübung der Herrschaft Berufenen ruhen (legale Herrschaft), – oder 2. *traditionalen* Charakters: auf dem Alltagsglauben an die Heiligkeit von jeher geltender Traditionen und die Legitimität der durch sie zur Autorität Berufenen ruhen (traditionale Herrschaft), – oder endlich 3. *charismatischen* Charakters: auf der außeralltäglichen Hingabe an die Heiligkeit oder die Heldenkraft oder die Vorbildlichkeit einer Person und der durch sie offenbarten oder geschaffenen Ordnungen [ruhen] (charismatische Herrschaft)«. [WuG 124]

Der Ausgangstypus der Klassifikation ist nach den methodologischen Prinzipien der verstehenden Soziologie die moderne, rationale Herrschaft. Sie gründet auf fest gesatzten Ordnungen, die jeder nachvollziehen kann und die für jeden gelten, so dass auch die Herrschenden den Ordnungen unterworfen sind. In der traditionalen Herrschaft entstehen die Ordnungen aus der Heiligung der altüberkommenen Gewohnheit. Der Tradition ist auch der Herrscher unterworfen, der ansonsten jedoch nach persönlichem Belieben herrscht. Die charismatische Herrschaft entsteht im Gegensatz dazu aus dem Notstand und bedeutet einen Bruch mit der Tradition. Ihre Ordnungen werden vom charismatischen Führer diktiert, so dass seine Person die Grundlage der Ordnung darstellt.[84]

Zu bemerken ist, dass Weber hier das Unterscheidungskriterium zwischen Person und Sache verwendet und die drei Herrschaftstypen daraufhin befragt, wem gehorcht wird. Im Fall der rationalen Herrschaft gehorcht der Verwaltungsstab der »legal gesatzten, sachlichen und unpersönlichen Ordnung« und dem durch sie bestimmten »Vorgesetzten kraft formaler Legalität«. Im Fall der traditionalen Herrschaft gehorcht der Verwaltungsstab indessen der »Person des durch Tradition berufenen« und »an die Tradition gebundenen Herrn kraft Pietät« im Umkreis des Gewohnten. Im Fall der charismatischen Herrschaft gehorcht schließlich die Jüngerschaft oder Gefolgschaft dem »charismatisch qualifizierten *Führer* als solchem kraft persönlichen Vertrauens in Offenbarung, Heldentum oder Vorbildlichkeit«. [Ebd.]

Im Unterschied zur eben zitierten Darstellungsform der Herrschaftstypen geht Weber in der älteren Abfassung der Herrschaftssoziologie stärker auf die Verschränkung zwischen der Herrschaft und den organisatorischen Strukturen ein, die eine effiziente Verwaltung voraussetzt. Webers Argumentation geht von der Beobachtung der »Tatsache« der Herrschaft aus. Ausnahmslos alle Gebiete des »Gemeinschaftshandelns« sind durch Herrschaftsgebilde bestimmt. Damit der Begriff von Herrschaft zu einer wissenschaftlich brauchbaren Kategorie werden kann, muss er jedoch zuerst von der weiten Kasuistik der Machterscheinungen abgesondert werden.

Zu diesem Zweck ist zuerst klarzustellen, dass es zwei polar entgegengesetzte Typen von Herrschaft gibt: einerseits die Herr-

---

84 Wie Umberto Eco schreibt (vgl. Eco, Umberto (2003). *Wie man eine wissenschaftliche Abschlussarbeit schreibt.* Heidelberg: Müller), zahlt ein guter Wissenschaftler seine Schulden in Form von Hinweisen auf die Autoren zurück, die etwas zu seinem Werk beigetragen haben, wobei die Buchhaltung dieser Rückerstattung in Fußnoten geführt wird. So weist Weber hier, was den Begriff des Charisma (Gnadengabe) anbelangt, auf Rudolph Sohms *Kirchenrecht* hin. Vgl. Sohm, Rudolph (1892). *Kirchenrecht.* Bd. 1 *Die geschichtlichen Grundlagen.* Leipzig: Duncker und Humblot, S. 26 f.

schaft kraft Interessenkonstellation und andererseits die Herrschaft kraft »Autorität«,[85] d.h. kraft Befehlsgewalt und Gehorsamspflicht, die ein Recht auf Gehorsam unabhängig von allem Interesse voraussetzt. Für die Zwecke der Sozialwissenschaft bietet sich damit an, den Herrschaftsbegriff in einem engeren Sinne zu gebrauchen. Unter Herrschaft soll der Tatbestand verstanden werden, dass »ein bekundeter Wille (›Befehl‹) des oder der ›Herrschenden‹ das Handeln anderer (des oder der ›Beherrschten‹) beeinflussen will und tatsächlich in der Art beeinflußt, daß dies Handeln, in einem sozial relevanten Grade, so abläuft, als ob die Beherrschten den Inhalt des Befehls, um seiner selbst willen, zur Maxime ihres Handelns gemacht hätten (›Gehorsam‹)«. [WuG 544]

Im Anschluss an diese Definition des Herrschaftsbegriffs fährt Weber mit der Reflexion hinsichtlich der Herrschaft über größere Menschengruppen fort und kommt zu dem Schluss, dass sie ohne geeigneten Verwaltungsstab schwer bestehen kann. Damit stellt sich die Organisations- und Finanzierungsfrage der Herrschaft, deren Untersuchung eine der Säulen von Webers Herrschaftssoziologie ausmacht. In der älteren Abfassung widmet sich Weber diesem Thema anhand einer Untersuchung der unterschiedlichen Verwaltungsarten, die später in der Partei- und Staatssoziologie wiederzufinden ist.

So rekonstruiert er die Typen der Verwaltung ausgehend vom minimalen Fall der »demokratischen Selbstverwaltung« bis hin zum Fall der modernen Bürokratie. Lokale und sozial undifferenzierte Verbände können auf Formen der Selbstverwaltung zurückgreifen, in denen alle Beteiligten zur Führung der gemeinsamen Geschäfte gleich qualifiziert sind und der Umfang der Befehlsgewalt minimal ist. Bei steigender sozialer Differenzierung tendiert die demokratische Verwaltung jedoch dazu, in eine Herrschaft der »Honoratioren« überzugehen. Dabei überneh-

---

85   Die Bedeutung des Autoritätsbegriffs weicht hier leicht von dem in der neuen Variante der Herrschaftssoziologie ab. Autorität bedeutet hier einfach »Befehlsgewalt«, während sie in der neueren Terminologie »eingeübte Befehlsgewalt« meint.

men diejenigen Mitglieder des Verbandes ehrenamtlich die Verwaltungsfunktionen, die abkömmlich sind und an dem damit verbundenen Prestige interessiert sind. Die Forderungen der Verwaltung von komplexen Gesellschaften sind jedoch bei weitem gravierender als die von lokal und sozial undifferenzierten Verbänden, so dass organisierte Gebilde zu ihrer Verwaltung entstehen müssen, die auf Herrschaftsstrukturen angewiesen sind. [Vgl. WuG 548]

Der Vorteil von derartigen »Herrschaftsgebilden« gegenüber der Selbstverwaltung einer breiten Bevölkerungsmasse liegt für Weber darin, dass sie bei weitem entscheidungs- und handlungsfähiger sind. Der Nachteil ist indessen, dass sie das technische Wissen bezüglich der Verwaltungsverfahren durch Geheimhaltung monopolisieren können. Ein Herrschaftsgebilde entsteht dadurch, dass eine Organisation von Personen ins Leben gerufen wird, die einerseits den Gehorsam und andererseits die Vorteile der Herrschaft gewohnt sind. Damit sind die Mitglieder der Herrschaftsorganisation durch Interessenlage auf das Fortbestehen der Herrschaft angewiesen, dies ist jedoch nicht genug, um die Herrschaft dauerhaft zu legitimieren. Die zusätzliche Motivation der Legitimationsbeziehung zur Herrschaft seitens der Verwaltung bildet somit den Kern der Untersuchung, die sich auf die Frage der letzten Prinzipien konzentriert, die den Anspruch auf Gehorsam der Beamten gegenüber dem Herrn stützen. Jede privilegierte Gruppe tendiert dazu, ihre Herrschaft notfalls durch die Legende zu rechtfertigen, dass sie nicht nur *de facto* besteht, sondern aus welchem Grund auch immer *de jure* zu bestehen hat. Jedenfalls ist die Herrschaft darauf angewiesen, sich durch den Appell an Prinzipien ihrer Legitimation zu rechtfertigen. Weber beschreibt solche letzten Legitimationsprinzipien von Herrschaft in der älteren Abfassung der Herrschaftssoziologie folgendermaßen:

»Die ›Geltung‹ einer Befehlsgewalt kann ausgedrückt sein entweder in einem System gesatzter (paktierter oder oktroyierter) *rationaler Regeln*, welche als allgemein verbindliche Normen Fügsamkeit finden, wenn der nach der Regel dazu ›Berufene‹ sie beansprucht. Der einzelne Träger der Befehlsgewalt ist dann durch jenes System von rationalen Regeln legitimiert und seine Gewalt soweit legitim, als sie jenen Regeln entsprechend ausgeübt wird. Der Gehorsam wird den Regeln, nicht der Person geleistet. Oder sie ruht auf *persönlicher Autorität*. Diese kann ihre Grundlage in der Heiligkeit der *Tradition*, also des Gewohnten, immer so Gewesenen finden, welche gegen bestimmte Personen Gehorsam vorschreibt. Oder, gerade umgekehrt, in der Hingabe an das Außerordentliche: im Glauben an *Charisma*, das heißt an aktuelle Offenbarung oder Gnadengabe einer Person, an Heilande, Propheten und Heldentum jeglicher Art«. [WuG 549-550]

Nach der ersten Unterscheidung der Herrschaftstypen in den beiden Abfassungen der Herrschaftssoziologie kommt es zu deren einzelnen Untersuchung nach den methodologischen Prinzipien der verstehenden Soziologie: zuerst den zweckrationalen Typus, dann den traditionalen und schließlich den emotionalen Typus (Charisma).

5.2 Legale Herrschaft

Die legale Herrschaft ist für Weber der Idealtypus der modernen, »rationalen« Herrschaft. Dieser bildet den *methodologischen* Ausgangspunkt, mit dem er die durch Tradition oder Emotion (vom rationalen Gesichtspunkt aus gesehen) abgeschwächten Herrschaftstypen kontrastiert. Obwohl die bürokratische Verwaltung effizienter ist als alle anderen, bedeutet dies keineswegs, dass die »nicht rationalen Typen« der Herrschaft schwächer wären als der rationale Typus. Weber geht es darum, die Herrschaftstypen methodologisch vom Fall »maximaler Rationalisierung« aus darzustellen, damit ihre unterschiedlichen Eigenschaften am besten hervorgehoben werden.

Was die legale Herrschaft betrifft, so ist bereits bekannt, dass der rationale Charakter ihrer Legitimität »auf dem Glauben an die Legalität gesatzter Ordnungen und des Anweisungsrechts der durch sie zur Ausübung der Herrschaft Berufenen« [WuG 124] beruht. Nun vertieft Weber die Definition der legalen Herrschaft in Hinblick auf die zwei Grundrichtungen seiner Herrschaftsuntersuchung: einerseits die ihrer Legitimitätsgeltung und andererseits die ihrer Organisationsform. Dabei kommt Webers Klassifikationseifer zum Tragen, so dass man mit langen Merkmalslisten konfrontiert ist, die etwas pedantisch erscheinen können. Davon sollte man sich jedoch nicht irritieren lassen und sich auf die Eigenschaften und Entwicklungstendenzen konzentrieren, die dadurch zum Ausdruck kommen. Denn Weber geht es letztendlich darum, zu zeigen, durch welche fortschreitende Stärkung bestimmter Merkmale es tendenziell zur Entfaltung des idealtypischen Gebildes (in diesem Fall der rationalen Herrschaft) kommt.

Zuerst nimmt Weber die *Geltungsproblematik* der legalen Herrschaft in Betracht. Die legale Herrschaft beruht auf der Geltung einer Reihe von zusammenhängenden »Vorstellungen«, die sich wie folgt zusammenfassen lassen: 1. die Vorstellung, dass beliebiges Recht innerhalb dieser Herrschaftsform paktiert oder oktroyiert werden kann mit Anspruch auf Achtung mindestens durch die Verbandsteilnehmer (wenn nicht durch andere, die dem hinzugerechnet werden). 2. Die Vorstellung, dass jedes Recht einen Kosmos abstrakter Regeln darstellt, die sich nach Verbandsordnungen und nach allgemein bekannten Prinzipien umsetzten lassen, die wiederum durch die Verbandsordnungen gebilligt werden. 3. Die Vorstellung, dass selbst der legale Herr in seiner Funktion als »Vorgesetzter«, der anordnet und befiehlt, der legalen unpersönlichen Ordnung untergeordnet ist. 4. Die Vorstellung, dass der »Gehorchende« (als Verbandsgenosse, Kirchenmitglied, Staatsbürger) nur dem Recht untergeordnet ist, so dass er 5. der formalen unpersönlichen Ordnung gehorcht und nicht der Person des Herrschers.

Die genannten Merkmale weisen darauf hin, dass die Legitimität der legalen Herrschaft durch das Bestehen der rationalen Rechtsordnung des Verbands begründet ist. Alles Handeln kann und muss nach diesem Recht ausgeführt werden, da es als sicher gilt und sich nach bekannten Regeln und Prinzipien umsetzen lässt. Sämtliche Verbandsmitglieder, auch die Herrschenden, sind diesem Recht unterworfen, und zwar *nur* dem Recht und nicht der Person des Vorgesetzten. Dehnt man die Definition der legalen Herrschaft von der Betrachtung der Herrschaft als soziale Funktion auf den Begriff der Staatsanstalt aus, so lässt sich daraus Webers Begriff der Rechtsstaatlichkeit gewinnen.

Nach der Definition der Geltungsmerkmale legaler Herrschaft thematisiert Weber ihre Organisationsproblematik und führt die »Grundkategorien« der modernen rationalen Herrschaft ein, die in diesem Fall ihren *Verwaltungstypus* auszeichnen. Die beiden ersten dieser Kategorien sind: »1. ein kontinuierlicher regelgebundener Betrieb von Amtsgeschäften, innerhalb 2. einer *Kompetenz* (Zuständigkeit), welche bedeutet: a) einen kraft Leistungsverteilung sachlich abgegrenzten Bereich von Leistungspflichten, - b) mit Zuordnung der *etwa* dafür erforderlichen Befehlsgewalten und c) mit fester Abgrenzung der eventuell zulässigen Zwangsmittel und der Voraussetzungen ihrer Anwendung«. [WuG 125] Einen derart geordneten Betrieb nennt Weber »Behörde«, womit er eine erste Definition dessen gibt, was die »bürokratische Behörde« ist, welche die Organisationsform der legalen Herrschaft ausmacht.

Den beiden ersten Merkmalen des Verwaltungstypus rationaler Herrschaft fügt Weber noch folgende hinzu: 3. Das Prinzip der »Amtshierarchie«, dem zufolge Kontrollinstanzen ins Leben gerufen werden, die dafür zuständig sind, dass die Aufgaben der Behörde korrekt umgesetzt werden. 4. Das Bestehen von technischen und rechtlichen Verfahrensregeln, was u.a. die Rekrutierung von fachlich geschulten Kräften notwendig macht, die Weber Beamte nennt. Für die historische Entwicklung der Bürokratie ist dann noch eine letzte Reihe von Merkmalen ausschlaggebend, nämlich 5. die Trennung des Verwaltungsstabs von den Verwaltungsmitteln, damit die Beamten nicht in den Besitz des Amtes gelangen, wie dies in der traditionalen Herrschaft der Fall ist. Die Beamten erhalten eine Vergütung oder ein Gehalt, darüber hinaus herrscht eine strenge Trennung zwischen Arbeits- und

Wohnstätte. Es gibt demnach in der legalen Herrschaft 6. kein Recht auf das Amt und keine »Appropriation« des Amtes. Schließlich gilt 7. das Prinzip der »Aktenmäßigkeit« der Verwaltung, d.h. die schriftliche Fixierung ihrer Akten.

Die legale Herrschaft mag empirisch sehr unterschiedliche Formen annehmen, Weber konzentriert sich hier jedoch auf ihren *Idealtypus*, den die moderne Bürokratie verkörpert, um diesen dann als Kontrastfigur für die Definition der anderen Organisationstypen der Herrschaft heranzuziehen. Der »reinste Typus legaler Herrschaft« ist derjenige mit bürokratischem Verwaltungsstab. Hier ist alles nach dem Prinzip der Kompetenz, also der fest definierten Zuständigkeit, geregelt. Selbst der Leiter des Verbandes, der seine Vormachtstellung kraft Appropriation, Wahl oder Nachfolgedesignation besitzt, untersteht der Definition seiner Herrschaftsbefugnisse als Kompetenzen.

Die Gesamtheit des Verwaltungsstabes besteht im reinsten Typus aus Einzelbeamten, denen ein Kompetenzbereich zugewiesen ist, in dem sie »monokratisch« arbeiten. Damit ist gemeint, dass sie Entscheidungen im Rahmen ihres Kompetenzbereichs autonom treffen und keinem »kollegialen Entscheidungsrecht« (wie in der demokratischen Selbstverwaltung) unterworfen sind, sondern nur den Vorschriften und der Amtshierarchie. Als »Beamte« sind sie 1. persönlich frei und nur sachlichen Amtspflichten unterworfen. Sie arbeiteten 2. in fester Amtshierarchie und 3. mit festen Amtskompetenzen. Sie sind 4. kraft Kontrakts, also prinzipiell aufgrund freier Auslese und 5. nach Fachqualifikation angestellt. Sie werden außerdem 6. nach festen Gehältern in Geld bezahlt, so dass sie 7. ihr Amt als Hauptberuf behandeln, 8. eine Laufbahn in Aussicht haben, 9. in völliger Trennung von den Verwaltungsmitteln arbeiten und schließlich 10. einer strengen Arbeitsdisziplin unterliegen. [Vgl. WuG 126-127] Mit dieser Auflistung von Merkmalen definiert Weber den Idealtypus bürokratischer Verwaltung, dem sich die empirischen Formen annähern oder auch entfernen können, indem sie Züge der traditionalen oder charismatischen Organisationsform von Herrschaft annehmen.

Die »rein bürokratische, monokratische und aktenmäßige Verwaltungsart« ist allen anderen Formen an »Präzision, Stetigkeit, Disziplin, Straffheit und Verläßlichkeit, also: Berechenbarkeit« [WuG 128] bei weitem überlegen. Dies macht sie zur »formal *rationalsten*« Form der Herrschaftsausübung, die jede Entwicklung moderner Verbandsformen auf allen Gebieten (Staat, Kirche, Heer, Partei, Unternehmen) auszeichnet. Gleichzeitig ist die Bildung einer bürokratischen Verwaltung als die Keimzelle für die Entstehung des »modernen okzidentalen Staates« zu betrachten. Die bürokratische Verwaltung ist vor allem dort notwendig, wo es um »Massenverwaltung« geht, und bedeutet die Anwendung von Fachwissen zum Zweck der Verwaltung. Dies ist unter den Umständen der modernen Marktwirtschaft kaum zu vermeiden, da der Kapitalismus nach einer kalkulierbaren Verwaltung verlangt, die er in seine Kosten- und Gewinnrechnung miteinbeziehen kann. Die bürokratische Herrschaft übt also insofern eine positive Wirkung auf die Wirtschaft aus, als sie einerseits die Kalkulierbarkeit von Verwaltungsverfahren ermöglicht und andererseits die Innovation der Wirtschaftsformen über die Grenzen der Tradition fördert.[86] Umgekehrt stellt die Entwicklung der Marktwirtschaft die finanziellen Mittel für die Entwicklung der Bürokratie zur Verfügung, so dass die Ämter nicht mehr verkauft oder verpachtet werden und die Trennung zwischen Beamten und Verwaltungsmitteln vollzogen wird.

Durch die Anwendung von Fachwissen bedeutet Bürokratie jedoch auch »Herrschaft kraft Wissen«, was ihren spezifischen Grundcharakter ausmacht. Dies stellt eines der Risiken moderner Massendemokratien dar, da das bürokratische Fach- und Dienstwissen durch Geheimhaltung zu einem bedeutenden Machtmittel wird. Auf dieses Thema wird Weber in seiner Studie zu »Parlament und Regierung« noch zurückkommen. Was indessen die soziale Schichtung anbelangt, so unterstützt die bürokratische Herrschaft ihre Nivellierung, indem sie das Prinzip der

---

86 Zur Bedeutung der politischen Verbände für die Wirtschaft vgl. auch WuG 114-121.

»universellen Rekrutierbarkeit« der besten Fachkräfte zu Ungunsten der privilegierten Stände durchsetzt, die sich ansonsten die Verwaltungsfunktionen aneignen würden. Damit ist allerdings tendenziell auch eine Plutokratisierung der Verwaltung verbunden, da sich nur Wohlhabende eine ausreichende Fachausbildung leisten können. Diese Feststellung war jedoch eher zu Webers Lebzeiten zutreffend und gilt weniger für die heutige Zeit und ihr Bildungswesen. Schließlich steht Bürokratie für »Unpersönlichkeit«, also dafür, dass alle nach Vorschrift und ohne Ansehen der Person gleich behandelt werden, also nach Webers Formel: *sine ira et studio*, »ohne Zorn und Eingenommenheit«. Der Geist der Bürokratie ist damit einerseits »Formalismus« als Willkürvermeidung und Anwendung des kleinsten Kraftmaßes, andererseits gibt es aber auch »die Neigung der Beamten zu *material*-utilitarisch gerichteter Behandlung ihrer Verwaltungsaufgaben im Dienst der zu beglückenden Beherrschten«. [WuG 130]

In der älteren Fassung der Herrschaftssoziologie geht Weber stärker auf die historischen Umstände ein, in denen sich die besonderen Merkmale der Bürokratie gegenüber den traditionalen Herrschaftsformen gebildet haben. [WuG 551-579] Gegenüber der neueren Abfassung lässt sich dieser Text als eine ausführlichere und stärker historisch unterfütterte Variante betrachten. Auch hier steht das Prinzip der festen Kompetenz im Zentrum der Betrachtung der bürokratischen Herrschaft. Nach der Beschreibung ihrer Merkmale, die keine besondere Abweichung von der neueren Abfassung aufweist, geht Weber auf die Problematik der sozialen und ökonomischen Voraussetzungen modernen Beamtentums ein. [WuG 556 f.]

Die Entwicklung der Geldwirtschaft und die Durchsetzung eines zentralisierten Steuersystems ermöglichten die moderne Stellung des Beamten als einen durch Geld entlohnten Angestellten ohne Pachtverhältnis oder Kauf des Amts. Jede Überweisung von Nutzungen, Abgaben und Diensten an den Beamten zur eigenen Ausbeutung bedeutet indessen die Preisgabe des reinen Typus bürokratischer Verwaltung. Denn der Beamte, der in diese Lage kommt, hat ein eigenes Besitzrecht auf das Amt. Die Zuspitzung dieser Entwicklung ist dann gegeben, wenn der Beamte die Einkünfte nicht mehr abliefert, sondern privat über sie verfügt und dem Herrn dafür persönliche, militärische oder politische Dienste erweist. Wo dies dann auf der Basis lebenslänglicher Zuweisung erfolgt, spricht Weber von »Pfründen« und »präbendaler Amtsorganisation«. Sind schließlich nicht nur wirtschaftliche, sondern auch politische Herrschaftsrechte verliehen, so kommt es zur feudalen Organisation der Herrschaft.

Zu den Voraussetzungen moderner bürokratischer Herrschaft zählen: 1. Die Geldwirtschaft, die das Vorhandensein stetiger Einnahmen zur Erhaltung der Bürokratie zusichert. 2. Die Möglichkeit einer quantitativen Entfaltung der Bürokratie durch die Entstehung von Massenverbänden. 3. Die qualitative Erweiterung der Bürokratie auf alle gesellschaftlichen Gebiete, u.a. auch auf das Militär und die Polizei. Vor allem jedoch bedeutet die bürokratische Struktur der Herrschaft, dass die sachlichen Betriebsmittel der Verwaltung in der Hand des Herrschers konzentriert sind, so dass er darauf ein Monopol hat. [Vgl. WuG 566 f.]

Diese Entwicklung verläuft für Weber parallel zu der des modernen Kapitalismus und erfolgt durch die Expropriation der Stände von ihren politischen Vorrechten und den damit verbundenen Verwaltungsmitteln. Am Ende des Prozesses steht die Trennung des Beamten von den Verwaltungsmitteln sowie die Trennung der Produzenten von den Produktionsmitteln. Beide Entwicklungen sind als Ergebnis des modernen Rationalisierungsprozesses und der daraus folgenden Arbeitsteilung zu sehen. Weber stellt das Ergebnis des Prozesses durch den Idealtypus der rationalen Organisationsform von Herrschaft dar. Bürokratie heißt maximale Arbeitsteilung und Rationalisierung der Verwaltungsaufgaben sowie maximale Expropriation der Stände und dadurch Trennung der Verwaltungsmittel von den Beamten.

Nach der Definition des Idealtypus moderner bürokratischer Verwaltung verwendet Weber diesen, um die anderen Organisationstypen der Herrschaft damit zu kontrastieren. Sie stellen Formen geringer Arbeitsteilung und geringer Rationalisierung der Verwaltungsaufgaben dar und zeichnen sich durch eine stärkere

Appropriation der Verwaltungsmittel durch die Stände aus und damit auch durch eine »ständische Ordnung« der Gesellschaft. Der Feudalismus bildet dabei die Form der maximalen Appropriation von Verwaltungs- und Herrschaftsmitteln und wird deshalb erst am Ende dieser Reihe von Idealtypen eingeführt. Am Anfang der Reihe steht der Idealtypus der Bürokratie. Sie ist für Weber eine ausgesprochen moderne Erscheinung und entsteht durch die Nivellierung der sozialen und ökonomischen Unterschiede traditionaler Gesellschaften. Einmal voll entwickelt, zählt sie zu den »unzerbrechlichsten Formen von Herrschaftsbeziehungen«. Da die Bürokratie ihre Herrschaftsposition durch Geheimhaltung ihres Fachwissens stärken kann, [vgl. WuG 572 f.] bedeutet ihr Bestehen einen qualitativen Unterschied der modernen gegenüber den traditionellen Machtverhältnissen. Hier liegt für Weber eines der Probleme der modernen Demokratie.

5.3 Traditionale Herrschaft

Vom methodologischen Gesichtspunkt aus gesehen, führt Weber die traditionale Herrschaft als »Abweichung« vom Idealtypus der rationalen Herrschaft ein, so dass einige ihrer Merkmale mit der Formel »Nicht-Sondern« versehen werden. Ausgangspunkt der Betrachtung ist auch in diesem Fall die *Geltungsproblematik*, die es am besten ermöglicht, die traditionale Herrschaftsform von den anderen Herrschaftsformen zu unterscheiden. Eine Herrschaft soll für Weber »traditional« heißen, »wenn ihre Legitimität sich stützt und geglaubt wird auf Grund der Heiligkeit altüberkommener (›von jeher bestehender‹) Ordnungen und Herrengewalten«. [WuG 130] Dabei ist der Herrscher kraft »traditionaler Regel« bestimmt, so dass er aufgrund der »durch Tradition ihm zugewiesenen Eigenwürde« herrscht. Der Herrschaftsverband gestaltet sich primär als »Pietätsverband«, da Ehrfurcht und Achtung die Beziehung zum Herrn bestimmen. Im Unterschied zur rationalen Herrschaft ist der traditionale Herrscher nicht »Vorgesetzter«, sondern persönlicher Herr, dessen Verwaltungsstab (wenn er vorhanden ist) primär nicht aus Beamten, sondern aus »persönlichen Dienern« besteht. Die Beherrschten sind nicht als »Mitglieder« des Verbandes anzusehen, sondern entweder als »traditionale Genossen«, die durch »Pietätsbande« mit dem Herrn verbunden sind, oder als einfache »Untertanen«.

Die Beziehung des Verwaltungsstabes zum Herrn ist schließlich statt durch »sachliche Amtspflicht« durch »persönliche Dienertreue« bestimmt. Diese »Personalisierung« des Herrschaftsverhältnisses setzt voraus, dass der Herrschaftsverband nicht etwa Satzungen, d.h. schriftlich fixierte Gesetze befolgt, sondern der »durch die Tradition zur Würde des Herrschers berufenen Person« gehorcht. Dabei sind ihre Befehle in zweierlei Art legitimiert. Einerseits kraft der Tradition, die den Inhalt der Anordnungen eindeutig bestimmt, so dass auch der traditionale Herrscher ihre Schranken nicht überschreiten darf. Andererseits kraft der »Willkür des Herrn«, der die Tradition einen spezifischen Spielraum zuweist. Das Handeln des Herrn ist damit gleichzeitig »material traditionsgebunden« und »material traditionsfrei«, da es durch keinen formalen Maßstab bestimmt ist, sondern durch »inhaltlich nicht rationale« Bestimmungen, die von der Tradition abhängen und »wertende Postulate« voraussetzen.[87]

Sollte der traditionale Herrscher außerhalb des Rahmens der ihm zugeschriebenen Willkür handeln, dann muss er mit Widerstand rechnen. Dieser richtet sich jedoch nicht gegen die traditionale Herrschaft als System, er gilt vielmehr der *Person* des Herrschers, der die traditional bestimmten Schranken seiner Herrschaftsgewalt überschreitet. Die Zuspitzung des Widerstandes führt schließlich zu einer »traditionalistischen Revolution«. Es ist deshalb beim reinen Typus der traditionalen Herrschaft unmöglich, gezielt neues Recht und neue Verwaltungsprinzipien durch Satzung einzuführen.

Nach der Beschreibung der Geltungsmerkmale traditionaler

---

87 Vgl. auch Webers Unterscheidung von »formaler und materialer Rationalität« in der Wirtschaft: WuG 44-45.

Herrschaft beschäftigt sich Weber mit ihrer Organisationsproblematik und führt den *Verwaltungstypus* der traditionalen Herrschaft ein, wobei er auch darauf hinweist, dass diese sowohl mit als auch ohne Verwaltungsstab bestehen kann. [Vgl. WuG 131] Weber befasst sich zuerst mit dem Fall der traditionalen Herrschaft mit Verwaltungsstab, da sich dieser besser mit dem rationalen Herrschaftstypus kontrastieren lässt. Auch hier tauchen Auflistungen von Merkmalen auf, die auf die Eigenschaften des Idealtypus traditionaler Herrschaft verweisen. Der typische Verwaltungsstab dieser Herrschaftsform ist in dem Sinne »traditional«, dass er durch »Pietätsbande« mit dem Herrn verbunden und patrimonial rekrutiert ist. Typischerweise besteht er aus Sippenangehörigen, Sklaven, haushörigen Hausbeamten, Klienten, Kolonen und Freigelassenen. Der traditionale Verwaltungsstab lässt sich aber auch »extrapatrimonial rekrutieren«. In diesem Fall besteht er aus Personen, die 1. in einer persönlichen Vertrauensbeziehung zum Herrn stehen (Günstlinge), oder 2. durch einen Treuebund mit dem Herrn legitimiert werden (Vasallen) oder schließlich 3. freie Beamte sind, die aber in ein Pietätsverhältnis zum Herrn treten.

Im Unterschied zum bürokratischen Verwaltungstypus fehlen dem Verwaltungsstab traditionaler Herrschaft im reinen Typus folgende Merkmale: »a) die feste ›Kompetenz‹ nach sachlicher Regel, b) die feste rationale Hierarchie, c) die geregelte Anstellung durch freien Kontrakt und das geregelte Aufrücken, d) die Fachgeschultheit (als Norm), e) (oft) das feste und (noch öfter) das in Geld gezahlte Gehalt«. [Ebd.]

Den genannten Eigenschaften, die eine traditionale Verwaltungsform von der Bürokratie unterscheiden, fügt Weber in den Bemerkungen noch die folgenden hinzu. 1. In der traditionalen Herrschaft tritt oft an die Stelle der sachlichen Kompetenz die Konkurrenz unter den mit den Verwaltungsaufgaben Beauftragten um die »Sportelchancen«[88] des Amts. 2. Die Frage, welcher

---

88 Damit sind die Einkommenschancen gemeint, die sich dadurch ergeben, dass die Amtshandlungen durch eine Gebühr belohnt werden. Ursprünglich eine *sportula* (Körbchen, kleines Geschenk) als Naturalienzahlung.

Beauftragte für welche Sachverhalte zuständig ist, wird entweder nach Tradition, d.h. nach Präzedenzfällen, oder nach dem Belieben des Herrn entschieden. 3. Hausbeamte und Günstlinge werden oft rein »patrimonial rekrutiert«, d.h. sie sind Sklaven oder Hörige des Herrn und werden damit zu seinem »Besitz« gezählt. Ansonsten sind sie »extrapatrimonial rekrutiert« und leben als Pfründner, kassieren also Gebühren und Sportel für die Ausübung der Amtshandlungen bei den Verbandsunterworfenen und werden für besondere Leistungen vom Herrn mit Naturalien beschenkt. 4. Bei Hausbeamten und Günstlingen fehlt primär jede Fachgeschultheit 5. Sie werden gewöhnlich am Tisch des Herrn und aus seiner Kammer verpflegt und equipiert, wobei es ansonsten zur Einrichtung von Pfründen kommt.

So viel zu den Eigenschaften der »traditionalen Herrschaftsform mit Verwaltungsstab« im Kontrast zum Idealtypus der Bürokratie. Anschließend untersucht Weber die »primären Typen traditionaler Herrschaft«, ausgehend von denen, die keinen persönlichen Verwaltungsstab des Herrn vorsehen. In diesem Zusammenhang verwendet er erneut die Argumentationsfigur, die einen Idealtypus vom minimalen zum maximalen Organisationsfall rekonstruiert, und bietet damit eine Klassifikation der traditionalen Herrschaftsformen. Zu den primären Typen traditionaler Herrschaft ohne Verwaltungsstab gehören: »Gerontokratie und primärer Patriarchalismus«. Gerontokratie heißt für Weber der Zustand, dass, »soweit *überhaupt* Herrschaft im Verband geübt wird, die (ursprünglich im wörtlichen Sinn: an Jahren) Aeltesten, als beste Kenner der heiligen Tradition, sie ausüben«. [WuG 133] In erster Linie ökonomische oder familiäre Verbände organisierten sich hingegen in der Regel nach dem patriarchalischen Prinzip. »Patriarchalismus« heißt der Zustand, in dem ein nach fester Erbregel bestimmter Einzelner die Herrschaft ausübt.

Gerontokratie und Patriarchalismus stehen für Weber oft nebeneinander und hängen vom selben Prinzip ab. In beiden Fällen ist die Herrschaftsgewalt an der Vorstellung der Beherrschten orientiert, dass die Macht zwar zum traditionellen Eigenrecht des Herrn gehört, aber im Interesse der Verbandsgenossen auszuüben ist. Da der Herr über keinen Verwaltungsstab verfügt, ist er dabei auf das »Gehorchenwollen« der Verbandsgenossen angewiesen. Damit sind sie keine bloßen Untertanen, aber auch keine Mitglieder eines Verbands kraft Satzung, sondern eben »Genossen kraft Tradition«, die dem Herrn und nicht der gesatzten Ordnung zu gehorchen haben, dies jedoch nur »in den Schranken der Tradition« tun.

Im Gegensatz dazu führt die Entstehung eines »rein persönlichen Verwaltungs- und Militärstabes des Herrn« zur nächsten Stufe von Webers Klassifikation der traditionalen Herrschaft, nämlich zum »Patrimonialismus« und im Höchstmaß seiner Herrengewalt zum »Sultanismus«. In der Entwicklung zum Patrimonialismus werden die Genossen dadurch zu Untertanen, dass sich der Herr sein zuvor genossenschaftlich bedingtes Recht auf Herrschaft aneignet und zum Eigenrecht macht. In der Regel stützt er sich dabei auf ein patrimoniales Heer aus Sklaven, Kolonen oder Söldnern und übt eine »traditional orientierte patrimoniale Herrschaft kraft vollen Eigenrechts« aus. Damit ist gemeint, dass er die ihm traditional zustehende Herrschaftsgewalt als Eigenrecht betrachtet und in eigener Regie ausübt, ihre traditionalen Grenzen jedoch bewahrt. Wo sich indessen die »Eigenart der Verwaltung« dieser Herrschaftsform primär in der Sphäre »freier traditionsgebundener Willkür« entwickelt, wird aus dem Patrimonialismus »Sultanismus«.

Den darauffolgenden Typus der traditionalen Herrschaft stellt für Weber die »ständische Herrschaft« dar. Sie zeichnet sich dadurch aus, dass »bestimmte Herrengewalten« und die damit verbundenen »ökonomischen Chancen« an den Verwaltungsstab abgetreten werden. [Vgl. WuG 134] Der Aneignungsprozess betrifft damit nicht die zentrale Herrschaftsgewalt, sondern eine Reihe von einzelnen Verwaltungsfunktionen, über die der Herrscher jetzt die direkte Kontrolle verliert. Dieses Abtreten von Herrengewalten kann entweder zugunsten eines Verbands oder einer durch bestimmte Merkmale ausgezeichneten Kategorie von Personen oder schließlich zugunsten einer individuellen Person erfolgen. Im letzteren Fall kann das Amt einem Individuum entweder lebenslänglich, oder mit Recht auf Vererbung oder sogar als »freies Eigentum« zugewiesen sein. Damit sind verschiedene Stufen einer steigenden Verfügungsmacht über das Amt als wirtschaftliches Gut bezeichnet.

Im Gegensatz zur strengen Trennung zwischen Beamten und Verwaltungsmitteln in der modernen Bürokratie verfügt der »ständische Beamte« über die Renditen seines Amts. Dies kann an seine Person gebunden sein, ein Vererbungsrecht für seine Nachkommen einschließen oder gar die freie Verfügung über das Amt als Wirtschaftsgut bedeuten, das er vermieten und verkaufen kann. Wo diese Verfügungsmacht nicht auf bestimmte Personen (Günstlinge) begrenzt ist, sondern sich auf eine soziale Schicht (wie z.B. den Adel) ausdehnt, bildet sich eine »ständische Herrschaft«. Hier erfolgt dann eine Begrenzung der freien Auslese des Verwaltungsstabes durch den Herrn, da er bestimmte Herrengewalten an einen Verband oder an eine ständisch qualifizierte Schicht abtritt. Außerdem führt dies dazu, dass sich die einzelnen Mitglieder des Verwaltungsstabes Stellen mit Zugang zu den sachlichen Verwaltungsmitteln und die damit verbundenen Befehlsgewalten aneignen. Im letzteren Fall muss der Inhaber der »appropriierten Herrengewalt« selbst, d.h. entweder aus eigenen Mitteln oder aus den appropriierten Verwaltungsmitteln, für die Verwaltungskosten aufkommen. Er verfügt jedoch auch über einen eigenen Machtanteil. Der Herrscher hat dabei geringere Verwaltungskosten, muss aber Teile seiner Verfügungsmacht abgeben.

Die »Appropriation« der Ämter durch die Einzelnen kann mittels unterschiedlicher Verfahren erfolgen. [Vgl. WuG 135] In der Regel ergibt sie sich durch die Verpachtung, die Verpfändung und den Verkauf des Amtes. Darüber hinaus kann sie entweder das Ergebnis eines Kompromisses zwischen dem Herrn und dem Verwaltungsstab zugunsten eines Verbands oder einer Schicht sein oder aber die Anerkennung der Usurpation von Herrengewalten, die als Privileg abgetreten werden. Schließlich kann die »Appropriation« der Ämter das Ergebnis der Institution von Lehen sein, was zur Entstehung des Feudalismus führt, den Weber getrennt untersucht. [Vgl. WuG 148-153] Von »ständischer Gewaltenteilung« spricht Weber, wenn »Verbände von ständisch Privilegierten« durch Kompromiss mit dem Herrn politische Satzungen oder Verwaltungsordnungen durchsetzen und gelegentlich durch den eigenen Verwaltungsstab Befehlsgewalten ausüben. [Vgl. WuG 137]

Schließlich wendet sich Weber der *Beziehung der traditionalen Herrschaft zur Wirtschaft* zu. Typischerweise wirkt sich die traditionale Herrschaft auf die Wirtschaft so aus, dass sie die traditionale Gesinnung stärkt und die »Wahrung des Altüberkommenen« gegenüber jeder Innovation fördert. [Vgl. Ebd.] Im Übrigen beeinflusst sie die Wirtschaft in unterschiedlichem Maße, in Abhängigkeit davon, welche typische Finanzierungsart des Verbands besteht. Weber unterscheidet diesbezüglich die drei folgenden Fälle. 1. Der »Oikos«, also die Hausgemeinschaft des Herrn, die für sich autark wirtschaftet und einen »autoritär geleiteten Haushalt« zur organisierten naturalen Deckung des Bedarfs des Herrn darstellt.[89] Hier sind die Wirtschaftsbeziehungen streng traditionsgebunden, so dass die Marktentwicklung durch die geschlossene Struktur des Wirtschaftsverbands gehemmt wird, der Geldgebrauch konsumorientiert und die Entstehung von Kapitalismus unmöglich ist. 2. Was die Wirkung auf die Wirtschaft anbelangt, so steht dem »Oikos« die verwandte Form der »ständisch privilegierten Bedarfsdeckung« nahe. Auch hier ist die Marktentwicklung dadurch eingeschränkt, dass der Güterbesitz und die Leistungsfähigkeit der Einzelnen für Zwecke des Herrschaftsverbands stark in Anspruch genommen werden und damit die Kaufkraft wesentlich beeinträchtigt ist. 3. Schließlich betrachtet Weber die monopolistische Form des Patrimonialismus. Je nach der Art des Monopols ist die Marktentwicklung stärker oder schwächer irrational eingeschränkt. Denn die großen Erwerbschancen befinden sich in der Hand des Herrn und der Verwaltung, so dass der Kapitalismus entweder stark gehemmt ist oder sich ausschließlich an politischen Aufträgen zu orientieren hat. [Vgl. WuG 138]

---

89 Zum Begriff des »Oikos« vgl. WuG 230 f.

Die spezifische Finanzwirtschaft des Patrimonialismus ist insofern »irrational«, als sie in der Gestaltung der Monopole Traditionsgebundenheit und Herrenwillkür vermengt. Damit fehlt es an jeder Möglichkeit, die Belastung und das Maß privater Erwerbsfreiheit zu berechnen, so dass eine Rationalisierung der Wirtschaft nicht erfolgen kann. Die »ständische Gewaltenteilung« führt indessen eine durch Kompromiss fixierte Kalkulierbarkeit der Lasten und der Willkürschranken ein, die eine Entwicklung der Marktwirtschaft erleichtert. Wesentliche Hemmungen der Wirtschaft durch den Patrimonialismus ergeben sich schließlich durch seine Verwaltungsform, denn ihr Traditionalismus schränkt sowohl die Einführung von formal rationalen, d.h. kalkulierbaren Satzungen ein als auch die Entstehung eines fachlich geschulten Beamtenapparats. Die formal rationale Kalkulierbarkeit der Erwerbskosten ist des Weiteren sowohl durch die »materiale Willkür« des Herrn als auch durch die Tendenz zur »material orientierten Regulierung der Wirtschaft« gehemmt, da die Legitimität traditionaler Herrschaft größtenteils auf der »Zufriedenheit der Beherrschten« beruht. Damit wird jede »formale, an Juristenrecht orientierte Rationalität« durchbrochen und es kann sich nur ein »an politischen Kommissionen orientierter Abenteuer- und Staatskapitalismus« entwickeln, kein »moderner, an Marktlagen von Privatkonsumenten orientierter Erwerbkapitalismus«. [Vgl. WuG 139]

In der älteren Studie über die traditionale Herrschaft befasst sich Weber mit denselben Themen wie in der neueren Abfassung, geht jedoch ausführlicher auf die historische Einbettung der traditionalen Organisationsformen der Herrschaft ein. [Vgl. WuG 580-624] So lässt sich der jüngere Text als eine straffe und idealtypische Darstellung des Stoffes der älteren Fassung ansehen, die sich wiederum stärker auf die historische Untersuchung der Erscheinungsformen traditionaler Herrschaft einlässt. Als Ausgangstypus der Untersuchung wählt Weber im älteren Text die »patriarchale Herrschaft der Hausgemeinschaft«, die für ihn das »wichtigste vorbürokratische Strukturprinzip der Herrschaft« darstellt und im Wesentlichen Alltagscharakter hat. Zu ihren Eigenschaften zählt einerseits die Tatsache, dass die »perennierende Gemeinschaft« von Wohnstätte, Speise, Trank und alltäglichen Gebrauchsgütern die objektive Grundlage für die Zusammengehörigkeit der ihr unterworfenen Menschen ausmacht. Andererseits zeichnet sich die patriarchale Herrschaft dadurch aus, dass hier die Herrengewalt in der Hand des nach traditioneller Regel designierten Hausoberhauptes liegt, die bei seinem Tod auf den traditionell designierten Nachfolger übergeht.

Wo sich indessen die patriarchale Herrschaftsstruktur über die Grenzen des Hauses (z.B. durch Ausgabe von Land an Haussöhne) hinaus entwickelt, kommt es zur Bildung der »patrimonialen Herrschaft«. Dabei bleibt jedoch die Kontrolle über die Verfügungsgewalt, auch wenn sich das Herrschaftsgebilde territorial ausdehnt, beim traditional designierten Herrscher, so dass die politisch-wirtschaftliche Form des Oikos beibehalten wird. Schließlich spricht Weber von »patrimonial-staatlichen Gebilden«, wenn sich die »patrimoniale Herrschaft« auf extrapatrimoniale Gebiete und Menschen ausdehnt, der »Fürst« die politischen Untertanen aber weiterhin so organisiert wie im Fall der Hausgewalt. [Vgl. WuG 585]

Der »politische Patrimonialherr« stützt sich in der Regel auf eine selbstständige patrimoniale Militärgewalt. Dennoch bildet er mit den Beherrschten eine »Einverständnisgemeinschaft«, die auf der Überzeugung beruht, dass die traditionelle Herrengewalt zwar sein legitimes Recht sei, aber im Interesse der Beherrschten auszuüben ist. [Vgl. WuG 590] Wegen der Sicherung der patrimonialen Herrschaft und ihres finanziellen Bedarfs kommt es zu einer »leiturgischen Deckung« der politischen und ökonomischen Bedürfnisse des Herrn durch Leistung der Untertanen. Dies bedeutet die Schaffung von verbindlichen Vergesellschaftungen, die dafür zuständig sind, die dem Herrn geschuldeten Dienste zu sichern. So entstehen Verbände, in denen alle Mitglieder dafür verantwortlich sind, dass jeder seinen Pflichten gegenüber dem Herrn nachkommt. Sie stellen für Weber ein relativ effizientes vorbürokratisches Machtmittel dar, weil sie es dem Herrn ermöglichen, die Kontrolle über das patrimonial-staatliche Gebilde zu behalten, ohne einen bedeutenden Zwangsapparat zu entwickeln. [Vgl. WuG 592]

Jede Dezentralisierung der patrimonialen Verwaltung durch die Entstehung von Pfründen bewirkt schließlich keine Rationalisierung, sondern eine »Stereotypierung« der Amtshandlungen. Denn die Stellungen, die durch die Einrichtung von Pfründen entstehen und dann von bestimmten Schichten angeeignet werden, entwickeln sich zu einem System von Rechtsgarantien, die zu einer ständischen Ordnung der Gesellschaft führen. Dadurch ergibt sich für Weber eine »traditionalistische Stereotypierung« der politischen Gewaltenteilung. [Vgl. WuG 602]

Im letzten Teil der älteren Studie über die traditionale Herrschaft führt Weber eine Reihe von historischen Beispielen zur Erläuterung des Idealtypus der Patrimonialverwaltung an, u.a. das antike Ägypten, das chinesische Reich und das zaristische Russland. [Vgl. WuG 607 f.]

5.3.1 Feudalismus

In der neuen Variante der Herrschaftssoziologie untersucht Weber den Feudalismus erst im Anschluss an die Definition des Idealtypus der charismatischen Herrschaft, [vgl. WuG 148 f.] wohingegen er diesen in der älteren Abfassung unmittelbar nach der Beschäftigung mit der patriarchalen und patrimonialen Herrschaft einführt. [Vgl. WuG 625-637] Es liegt nahe, diese Herrschaftsform nach derjenigen der traditionalen Herrschaft zu untersuchen, da sie in Bezug auf einige Eigenschaften eine Zuspitzung der Letzteren darstellt. Der Idealtypenreihe traditionaler Herrschaft, die vom minimalen Fall der Gerontokratie über Patriarchalismus, Patrimonialismus und ständische Herrschaft führt, lässt sich so der Feudalismus hinzufügen, bei dem ein noch stärkerer Aneignungsprozess der Verfügungsmacht stattfindet. In der Untersuchung der traditionalen Herrschaft hatte Weber schon auf den Fall hingewiesen, in dem die Appropriation von Herrengewalten durch Einzelne die Form von »Lehen« annimmt. [Vgl. WuG 135] Dieser Fall ist gesondert zu untersuchen, da sich diese besondere Struktur des Herrschaftsverbands von allen anderen unterscheidet und eine »gewaltige geschichtliche Bedeutung« innehat.

Innerhalb des Feudalismus sind die zwei Formen des Lehens- und Pfründenfeudalismus zu unterscheiden, wobei Weber den Idealtypus dieser Herrschaftsform vor allem im Lehensfeudalismus sieht. [Vgl. WuG 148] Unter Lehen ist das »gegen Verpflichtung zur Treue und Kriegsdienst verliehene Nutzungsrecht« an einem Landgut zu verstehen, bei dem in der Regel zusätzlich eine Appropriation von Herrengewalten und -rechten stattfindet.

Die Appropriation kennt auch hier verschiedene Stufen, die »eigenhaushaltsmäßige Gewalten«, ökonomische und fiskalische »verbandsmäßige Rechte« oder »verbandsmäßige Befehlsgewalten« betreffen. Die Verleihung von Lehen erfolgt gegen primär militärische, aber auch verwaltungsmäßige Leistungen, und zwar entweder rein personal »auf das Leben des Herrn und des Vasallen« oder kraft Kontrakts mit einem freien Mann, der eine spezifische ständisch-ritterliche Lebensführung vorweisen kann. Dabei ist der »Lehenskontrakt« kein gewöhnliches Geschäft, sondern eine »Verbrüderung zu ungleichem Recht«, die beidseitige Treupflichten zur Folge hat, auf ständischer Ehre begründet und fest begrenzt ist. Der Übergang von der Verfügung über eigenhaushaltsmäßige Gewalten zu jener über verbandsmäßige oder fiskalische Rechte vollzieht sich dadurch, dass die Lehen anhand erneuter Treuegelöbnisse erblich werden und der lehensmäßige Verwaltungsstab den Leihezwang gegenüber dem Herrn durchsetzt.

Bei voller Durchführung bedeutet für Weber »lehensmäßige Verwaltung«, dass sich alle Herrengewalt auf die kraft der Treuegelöbnisse der Vasallen bestehenden Leistungschancen reduziert. [Vgl. WuG 149] Ein System rein persönlicher Treuebeziehungen des Herrn mit seinen Vasallen und der Vasallen mit den Untervasallen ersetzt somit den politischen Verband, so dass der Herr den »Treueanspruch« nur an seine Vasallen hat und diese wiederum nur an die Untervasallen. In diesem Zusammenhang kann der Herr dem Vasallen das Lehen nur entziehen, wenn dieser einen offenen Treuebruch begeht (Felonie), und ist dabei auf die Hilfe der anderen Vasallen sowie auf die Passivität der Untervasallen angewiesen.

Die Reduktion der Gehorsamspflicht der »lehensmäßigen Verwaltung« auf die Treuebeziehung zum Herrn und die damit verbundene Verfügung der Vasallen über die Herrengewalten und Renditen des Lehens macht für Weber die Herrschaftsstruktur des Feudalismus besonders brüchig. Es besteht zwar eine ständische Hierarchie nach der Reihenfolge der »Subinfeudation«, sie funktioniert jedoch nicht wie ein Zwangsapparat. Diese Schwäche kennzeichnet die feudale Herrschaftsstruktur in ihrem Inneren. Den Beherrschten gegenüber weist sie indessen eine gewisse Stärke auf, da im Feudalismus jeder, der nicht in der Lehenshierarchie steht und nicht über patrimoniale Herrengewalten verfügt, als einfacher Hintersasse und damit als patrimonial Unterworfener gilt.

Angesichts der bei reinem Lehensfeudalismus äußerst prekären Herrengewalt lieferten sich die Fürsten mit den Vasallen einen permanenten Kampf um die Herrengewalten. Die typischen Maßregeln, die dabei von den Fürsten ergriffen wurden, wendeten sich gegen das rein persönliche Treueprinzip. Dazu gehören für Weber das Verbot der Subinfeudation, die Aufhebung der Treuepflicht der Untervasallen gegenüber den Vasallen bei einem Krieg gegen den Herrn und die Einführung einer unmittelbaren Treuepflicht der Untervasallen gegenüber dem Herrn. [Vgl. WuG 150] Darüber hinaus haben die Fürsten versucht, sich ein eigenes Recht zur Kontrolle der Verwaltung zu verschaffen. Dies erfolgte meist durch die Einführung eines Beschwerderechts der Hintersassen beim Herrn, die Einsetzung von Aufsichtsbeamten an den Höfen der Vasallen und die direkte Ernennung bestimmter Beamten der Vasallen. Dafür musste der Fürst jedoch zuerst einen eigenen Verwaltungsstab entwickeln, entweder patrimonial oder aber extrapatrimonial durch die Rekrutierung von Literaten, Klerikern oder fachlich geschulten Juristen und Heeresunternehmern.

Dieses Ringen des Herrn mit dem »lehensmäßigen Verwaltungsstab« (und gleichzeitig mit der Macht der Ständekorporationen) hat in der modernen Zeit und ausgehend vom Abendland zum Sieg des Fürsten und damit des bürokratischen Verwaltungsstabes geführt. »Dafür waren neben rein historisch gegebenen Machtkonstellationen im Okzident ökonomische Bedingungen, vor allem: die Entstehung des *Bürgertums* auf der Grundlage der (*nur* dort im okzidentalen Sinne entwickelten) *Städte* und dann die Konkurrenz der Einzelstaaten um Macht *durch rationale* (das hieß: bureaukratische) *Verwaltung* und fiskalisch bedingtes Bündnis mit den kapitalistischen Interessenten entscheidend«. [WuG 151]

Weber schließt seine Betrachtung des Feudalismus mit einer kurzen Kontrastierung des Lehensfeudalismus mit dem Pfründenfeudalismus. Der fiskalisch bedingte Pfründenfeudalismus ist eine typisch orientalische und asiatische Erscheinung und entsteht durch die Aneignung von Pfründen, also von Renten, die nach dem Ertrag geschätzt und verliehen werden. Die Aneignung ist dabei personal, eventuell mit der Möglichkeit verbunden, je nach Leistung aufzurücken, und hängt nicht von einer persönlichen Treuebeziehung oder einem Verbrüderungskontrakt ab, da das Amt vornehmlich fiskalischen Zwecken dient. Die Entstehung des Pfründenfeudalismus ist meist mit der Rückwendung von geldwirtschaftlicher zur Naturalleistungsfinanzierung verbunden. [Vgl. WuG 152] Diese erfolgt mit der Absicht, das Risiko schwankender Steuereinnahmen auf Unternehmer abzuwälzen, die bestimmte Verwaltungskosten übernehmen, eine Steuerpauschale an die fürstliche Kasse übertragen und den Restgewinn für sich in Anspruch nehmen.

In einem Unterkapitel lehnt Weber die zusätzliche Einführung des Begriffs des Polisfeudalismus ab. Dieser setzt fälschlicherweise den Zustand des »Synoikismus« der Grundherren unter gleichem Recht mit dem Feudalismus gleich und ist daher zu vermeiden. Insbesondere gilt dies auch für die Bezeichnung aller ständisch privilegierten Schichten, Institutionen und Konventionen als »feudal«.

In der älteren Abfassung der Feudalismusstudie geht Weber stärker auf die historische Entwicklungstendenz zur Stereotypierung der feudalen Gewaltenteilung, zur Entwicklung des Ständestaats und im Gegensatz dazu zum erneuten Aufblühen des Patrimonialismus ein. [Vgl. WuG 625-653] Die feudale Herrschaftsstruktur tendiert dazu, eine Art von Gewaltenteilung einzuführen, die nicht arbeitsteilig-qualitativ, sondern quantitativ ist. Dies leitet eine »Stereotypierung« der Herrschaftsstrukturen ein, die jede Innovation unmöglich macht und in der schließlich die appropriierten Herrengewalten der Vasallen zu erblichen Rechten werden. [Vgl. WuG 633 f.]

Das Paktieren von Fall zu Fall zwischen den verschiedenen Gewaltenträgern führt zur Entstehung des Ständestaates, in dem die Privilegienträger sich jeweils zu einer konkreten Aktion vergesellschaften. Die Notwendigkeit, diesem Prozess eine gewisse Beständigkeit zu geben, führt schließlich zur Vergesellschaftung der einzelnen Gewaltenträger in Form eines geordneten korporativen Zusammenschlusses. »Eben diese Vergesellschaftung ist es, welche mit dem Fürsten sich vergesellschaftet oder Privilegierte zu ›Ständen‹ macht und damit aus dem bloßen Einverständnishandeln der verschiedenen Gewaltenträger und den Vergesellschaftungen von Fall zu Fall ein perennierendes politisches Gebilde entstehen läßt«. [WuG 637]

Innerhalb dieses Gebildes würden dann die sich neu aufzwingenden Verwaltungsaufgaben die Entstehung einer fürstlichen Bürokratie fördern, die ihrerseits darauf hinausläuft, den Verband des Ständestaats zu sprengen. Dies bedeutet wiederum eine Steigerung der Macht des Herrn, die zunächst eine Renaissance des Patrimonialismus bewirkt, sich aber dann dem reinen Bürokratismus annähert.

Typischerweise zeichnet sich die europäische Geschichte der Neuzeit bis zur Französischen Revolution durch diese Entwicklung aus. So untersucht Weber in der älteren Variante der Feudalismusstudie u.a. die politisch-institutionelle Entstehungslinie des modernen abendländischen Staates. Dies bringt ihn dazu, sich mit dieser besonderen Form des postfeudalen Patrimonialismus zu befassen und seine Beziehung zur Wirtschaft im Unterschied zu der des Feudalismus zu beleuchten. [Vgl. WuG 640 f.]

Am Ende dieses Kapitels beschäftigt sich Weber dann noch mit den unterschiedlichen Gesinnungen und Lebensführungen, die den Feudalismus und den patriarchalen Patrimonialismus auszeichnen. [Vgl. WuG 650 f.]

5.4 Die charismatische Herrschaft und ihre Umbildung

Als letzten Idealtypus der Herrschaft führt Weber das »Charisma« ein und kontrastiert es mit den Eigenschaften der beiden anderen Herrschaftsformen. In diesem Zusammenhang kommen die eingangs erwähnten Kriterien der Unterscheidung zwischen den Herrschaftstypen deutlich zur Anwendung. Die charismatische Herrschaft zeichnet sich dadurch aus, dass sie stark personenorientiert, außeralltäglich und wirtschaftsfremd ist. Dies unterscheidet sie von dem rationalen und dem traditionalen Herrschaftstypus und weist auf die Notwendigkeit hin, die charismatische Autorität umzubilden, damit ihre Herrschaftsbeziehungen *zeitlich* ausdauern.

Der Kern von Webers Definition des dritten Idealtypus der Herrschaft ist der Begriff des »Charisma«. Unter Charisma ist eine als »außeralltäglich geltende Qualität einer Persönlichkeit« zu verstehen, »um derentwillen sie als mit übernatürlichen oder übermenschlichen oder mindestens spezifisch außeralltäglichen, nicht jedem andern zugänglichen Kräften oder Eigenschaften [begabt] oder als gottgesandt oder als vorbildlich und deshalb als ›Führer‹ gewertet wird«. [WuG 140] Die oft magisch bedingte Zuschreibung außergewöhnlicher Qualitäten ist historisch sowohl bei Propheten, d.h. Religionsgründern, als auch bei Kriegsführern, Rechtsweisen und Jagdführern zu konstatieren. Nun geht es Weber darum, die qualifizierenden Eigenschaften der charismatischen Herrschaftsform idealtypisch zu skizzieren.

Weber hebt vor allem zwei strukturelle Aspekte der charismatischen Herrschaft hervor, deren Zusammenhang er so definiert, dass die Besonderheit des Charisma im reinen Typus klar zum Ausdruck kommt. Für das Bestehen der charismatischen Autorität ist einerseits die Art ausschlaggebend, wie die Anhänger die charismatische Gabe ihres Herrschers bewerten. Dies verleiht dem Charisma seine *spezifische Geltungsproblematik*, denn hierfür ist die Bewährung der Gnadengabe des Herrschers in den Augen der Anhänger entscheidend. So muss der »Charismaträger« die Anerkennung der Beherrschten ständig erwirken, damit sein Anspruch, die charismatische Gabe zu besitzen, glaubwürdig erscheint und akzeptiert wird. Dies erfolgt ursprünglich durch »freie Anerkennung«, die sich auf Wunder, Hingabe an Offenbarung, Heldenverehrung oder Vertrauen zum Kriegsführer gründet. Die Notwendigkeit, die Geltung des Charisma durch Bewährung aufrecht zu erhalten, soll jedoch andererseits nicht dazu verleiten, die charismatische Herrschaft auf eine »auf Zustimmung angewiesene« und damit abgeschwächte Herrschaftsform zu reduzieren. Denn beim »genuinen Charisma« wird die Anerkennung durch die Anhänger nicht als »Legitimitätsgrund«, sondern als eine »*Pflicht* der kraft Berufung und Bewährung zur Anerkennung dieser Qualität Aufgerufenen« [ebd.] betrachtet.

Damit thematisiert Weber die Art, wie charismatische Führer auftreten, die er dann auch in die Definition des reinen Typus charismatischer Herrschaft aufnimmt. Im typischen Fall wirbt der »Charismaträger« nicht um Zustimmung, sondern versucht, die Menschen von der aus dem gesellschaftlichen, historischen oder religiösen Notstand entstandenen Unbedingtheit seiner Mission zu überzeugen. Man hat sich schließlich seiner Führung zu unterwerfen, um dem Notstand zu entkommen. Psychologisch ist dabei die Anerkennung der Anhänger eine ganz persönliche Hingabe an den Charismaträger, die aus Begeisterung oder Not und Hoffnung entsteht, weil dieser sich dem gesellschaftlichen Ausnahmezustand stellt. Im Gegensatz dazu ist für Weber die Tatsache, dass die Anerkennung der charismatischen Autorität nicht als Folge ihrer Legitimität, sondern als deren Legitimitätsgrund betrachtet wird, erst das Ergebnis einer »herrschaftsfremden Umdeutung« des Charisma. Dieser widmet er sich in einer getrennten Untersuchung, auf die später noch näher eingegangen wird. [WuG 155 f.] Im *Idealtypus* beruht die Geltung charismatischer Autorität jedoch »gänzlich auf der durch ›Bewährung‹ bedingten *Anerkennung* durch die Beherrschten, die freilich dem charismatisch Qualifizierten *und deshalb* Legitimen gegenüber *pflichtmäßig* ist«. [WuG 156]

Nachdem diese spezifische Art der charismatischen Autorität geklärt ist, kommt Weber zu den Konsequenzen mangelnder Bestätigung der Gnadengabe. Sollte die Bewährung auf Dauer ausbleiben, zeigt sich der charismatisch Begnadete als »von seinem Gott verlassen«. Seine Führung bringt den Beherrschten das ersehnte Wohlergehen nicht mehr, und damit schwindet auch die charismatische Autorität, die *auf Dauer* viel stärker auf die Bedürfnisse der Beherrschten angewiesen ist als die traditionale Herrschaft. [Vgl. WuG 140]

Was den *Organisationstypus* der charismatischen Herrschaft betrifft, so kontrastiert Weber diesen mit den Eigenschaften der Idealtypen der bürokratischen und der traditionalen Verwaltung. Der charismatische Herrschaftsverband ist in der Regel eine Gemeinde und damit eine »emotionale Vergemeinschaftung« ohne Beamtentum, so dass sein Verwaltungsstab am wenigsten fachlich geschult ist. Die »Beamten« sind hier weder ständisch noch patrimonial aus Hausabhängigen oder Günstlingen rekrutiert, sondern selbst nach »charismatischen Qualitäten« ausgewählt: »dem ›Propheten‹ entsprechen die ›Jünger‹, dem ›Kriegsfürsten‹ die ›Gefolgschaft‹, dem ›Führer‹ überhaupt: ›Vertrauensmänner‹«. [WuG 141]

Im Gegensatz zur Bürokratie gibt es keine Anstellung oder Absetzung, keine Laufbahn und kein Aufrücken, vielmehr nur Berufung nach Eingebung des Führers und kraft der charismatischen Qualifikation des Berufenen. Es besteht keine Hierarchie, sondern nur ein Eingreifen des Führers bei Unzulänglichkeit des Verwaltungsstabes. Die Zuständigkeiten sind weder nach »Kompetenzen« oder nach »Amtssprengeln« geregelt, noch durch Aneignung von Amtsgewalten als Privileg bestimmt. Es gibt kein Gehalt und keine Pfründe. Jünger und Gefolge leben mit dem

Herrn in »Liebes- oder Kameradschaftskommunismus« und finanzieren sich aus »mäzenatisch beschaffenen Mitteln«. Es gibt weder eine Behörde noch eine an Rechtssätzen orientierte rationale Rechtsfindung oder eine an traditionalen Präzedenzfällen orientierte Rechtsprechung. Die Urteile werden von Fall zu Fall gefällt, und zwar nach dem typischen Grundsatz jeder »genuin charismatischen« Herrschaft: »es steht geschrieben – ich aber sage euch«. [Ebd.] Der charismatische »Führer« schafft also im typischen Fall neue Gebote kraft Offenbarung, Orakel, Eingebung oder einfach kraft persönlichen Gestaltungswillens, der von der Gemeinschaft »um seiner Herkunft willen« pflichtmäßig anerkannt wird.

Des Weiteren unterscheidet Weber die charismatische Herrschaft von den anderen Herrschaftstypen anhand folgender Merkmale, die ihre idealtypische Besonderheit präzisieren. 1. Die charismatische Herrschaft ist sowohl der traditionalen als auch der rationalen Herrschaft durch ihre *Außeralltäglichkeit* schroff entgegengesetzt. Sowohl die traditionale als auch die rationale Herrschaft stellen spezifische Alltagsformen der Herrschaft dar, wohingegen nur die genuin charismatische Herrschaft das Gegenteil alles Alltäglichen verkörpert. 2. Die bürokratische Herrschaft ist spezifisch rational im Sinne der Bindung an diskursiv analysierbare Regeln, die charismatische Herrschaft ist indessen spezifisch *irrational* durch ihre konstitutive Regelfremdheit. 3. Die traditionale Herrschaft ist an die Präzedenzfälle der Vergangenheit gebunden und damit an Regeln orientiert, während die charismatische Autorität die Vergangenheit umstürzt, so dass sie die *spezifisch revolutionäre Kraft* vormoderner Zeiten ist. 4. Im Unterschied zur traditionalen Herrschaft und zum Feudalismus kennt schließlich die charismatische Herrschaft *keine Aneignung von Herrengewalten*, da sie nur solange legitim bleibt, wie das persönliche Charisma des Propheten oder Kriegsführers sich bewährt und Anerkennung findet.

Die Beziehung des Charisma zur Wirtschaft zeichnet sich dadurch aus, dass dieses in der reinen Form spezifisch wirtschaftsfremd ist. Denn wo die charismatische Herrschaft auftritt, stellt sie einen »Beruf« im emphatischen Sinne dar und versteht sich als Sendung oder innere Aufgabe. Folglich verwirft sie jede ökonomische Verwertung der Gnadengabe als Einkommensquelle. Das bedeutet freilich nicht, dass das Charisma grundsätzlich auf Erwerb verzichtet. Der Kriegsheld und seine Gefolgschaft suchen nach Beute, der charismatische Parteiführer nach den materiellen Mitteln und dem Prestige zur Sicherung seiner Macht. Was der »genuine Charismatiker« jedoch verschmäht, ist die rationale oder traditionale Alltagswirtschaft, das Erzielen regulärer Einnahmen aus einer kontinuierlichen wirtschaftlichen Tätigkeit. Die typischen Formen der charismatischen Bedarfsdeckung sind dementsprechend einerseits die »mäzenatische oder bettelmäßige Versorgung« und andererseits Beute sowie gewaltsame oder friedliche Erpressung von Zuwendungen. Damit lehnt die charismatische Bedarfsdeckung jede Verflechtung in den Alltag ab und ist vom rational wirtschaftlichen Gesichtspunkt aus völlig unwirtschaftlich. [WuG 142]

Weber betrachtet das Charisma als die große revolutionäre Kraft in traditionellen Epochen. Im Unterschied zur ebenfalls revolutionären Macht der vor allem wirtschaftlichen Rationalität, die von außen her wirkt, kann das Charisma eine Umformung von innen her bewirken, »die, aus Not oder Begeisterung geboren, eine Wandlung der zentralen Gesinnungs- und Tatenrichtung unter völliger Neuorientierung aller Einstellungen zu allen einzelnen Lebensformen und zur ›Welt‹ überhaupt bedeutet«. [Ebd.] In vorrationalistischen Epochen teilen nach Weber Tradition und Charisma alle Orientierungsrichtungen des Handelns unter sich auf, während die Moderne sich durch die Vorherrschaft der Rationalisierung auszeichnet.

Die charismatische Herrschaft bildet das Reich des Ausnahmezustands, so dass sie sich auf Dauer in ihrem reinen Typus nicht erhalten kann. Dies veranlasst Weber dazu, die zeitliche Problematik dieser Herrschaftsform zu untersuchen, was er unter dem Stichwort der *Veralltäglichung des Charisma* fasst. In der rein idealtypischen Form ist die charismatische Herrschaft spezifisch außeralltäglichen Charakters und stellt eine streng persönliche, d.h. an die charismatische Geltung persönlicher Qualitäten geknüpfte, soziale Beziehung dar. Soll sie keine ephemere Erscheinung bleiben und den Charakter einer Dauerbeziehung annehmen, so muss die charismatische Herrschaft ihren Charakter wesentlich ändern und sich entweder traditionalisieren oder rationalisieren (oder zum Teil auch beides) lassen. Dies kann 1. aus dem materiellen Interesse der Anhängerschaft an der Fortdauer der Gemeinschaft erfolgen oder 2. aus dem noch stärkeren ideellen und materiellen Interesse des Verwaltungsstabes daran, die Existenz der Beziehung fortzusetzen, und zwar so, dass ihre materielle und ideelle Existenz auf eine dauerhafte Alltagsgrundlage gestellt wird. Beide Interessen werden besonders aktuell beim Tod oder anders bedingten Ausfall des Charismaträgers und bei der daraus entstehenden Nachfolgerfrage. [Vgl. WuG 143]

Weber konzentriert sich besonders auf die unterschiedlichen Lösungen der Nachfolgerfrage, da diese bestimmend für die Natur der sozialen Beziehung sind, die aus dem ursprünglich rein charismatischen Herrschaftsverband entsteht. Er ordnet sie nach einer Reihenfolge, die dem Verlauf der progressiven Versachlichung und der Entpersonalisierung des Charisma folgt. Unter den typischen Fällen der Veralltäglichung des Charisma angesichts der Nachfolgerfrage sind folgende zu unterscheiden: 1. Ein neuer »als zum Herrn qualifizierter Charismaträger« kann aufgrund bestimmter Merkmale aufgesucht werden, wie dies der Fall ist beim tibetischen Dalai Lama. Dadurch entstehen Regeln, die zu einer Traditionalisierung der Nachfolgerauslese führen. 2. Der Nachfolger kann aber auch durch Offenbarung, also durch eine Technik der Auslese wie etwa Orakel, Los oder Gottesurteil, ausgewählt werden. Dies führt dazu, dass die Legitimität des neuen Charismaträgers aus der Legitimität der Technik abgeleitet wird, was bereits einen Schritt in Richtung legaler Herrschaft bedeutet. 3. Der bisherige Charismaträger kann den Nachfolger designieren und durch die Gemeinde anerkennen lassen, so dass in diesem Fall von »Designationslegitimität« zu sprechen ist. 4. Die Nachfolgerdesignation kann des Weiteren durch den charismatisch qualifizierten Verwaltungsstab erfolgen und wiederum durch die Gemeinde anerkannt werden. Dieses Verfahren sollte jedoch nicht mit einer »Wahl« verwechselt werden, da es hier um eine pflichtmäßig gebundene Auslese mit Anspruch auf richtige Bezeichnung geht. Der Nachfolger wird deshalb nicht kraft des Mehrheitsprinzips, sondern einstimmig ermittelt und durch magische Weihe designiert. 5. Im Gegensatz dazu entwickelt sich schließlich durch die Vorstellung, dass das Charisma eine Qualität des Blutes sei, das an der Sippe des Charismaträgers haftende »Erbcharisma«. Der Nachfolger wird zuerst im Rahmen der Sippe gesucht, bis sich später das Prinzip der Primogenitur durchsetzt. Dies führt zu einer Stabilisierung des politischen Verbands, indem etliche »Prätendentenkämpfe« vermieden werden. Nach dieser Umwandlung gilt der Legitimitätsglaube nicht mehr der charismatischen Qualifikation der Person, sondern dem »kraft Erbordnung legitimen Erwerb« der Herrschaft, [vgl. WuG 144] der schließlich zu ihrer Traditionalisierung und Legalisierung führt. 6. Als höchste Stufe der Versachlichung des Charisma gilt für Weber das »Amtscharisma«. Diese Form der Nachfolgedesignation gründet auf der Vorstellung, dass das Charisma eine Qualität sei, die sich durch »hierurgische Mittel« vom einen auf den anderen Träger übertragen lässt. Unter hierurgischen Mittel sind dabei Verfahren wie die Salbung, die Handauflegung oder andere sakramentale Akte zu verstehen, die eine magische Qualität übertragen oder erzeugen sollen. Demzufolge hängt hier der Legitimitätsglaube nicht mehr von der Person des Charismaträgers ab, er verbindet sich vielmehr mit der Wirksamkeit des betreffenden sakramentalen Aktes. [Vgl. WL 487][90] Dies leitet die Versachlichung des Charisma zum Amtscharisma ein, bis dieses schließlich den *character indelebilis* (also die Untilgbarkeit) erlangt, so dass sich die charismatische Qualifikation von der Person gänzlich löst und vollständig dem Amt zufällt.

Parallel zur Veralltäglichung des Charisma durch die Nachfolgeproblematik verläuft nach Weber das *Veralltäglichungsinteresse*

---

90 Die »dritte kurz gefasste Variante« der Herrschaftstypologie, die in Webers Wissenschaftslehre abgedruckt ist, ermöglicht es, einige Aspekte dieser Frage zu vertiefen. Vgl. dazu Weber WL 475-488.

des Verwaltungsstabes. Nur in der Begeisterung und im Glauben an den Ausnahmezustand kann sich der »charismatische Verwaltungsstab« rein aus mäzenatischen Mitteln sowie aus Beute und Gelegenheitserträgen finanzieren. Die Mehrheit der Jünger und Gefolgschaft ist jedoch in der Regel nicht bereit, diesen Zustand auf Dauer mitzutragen, da sie ihr Leben auch materiell »aus dem Beruf« bestreiten will und muss. Daher vollzieht sich die Veralltäglichung des Charisma auch durch die Aneignung von Herrengewalten und Erwerbschancen seitens der Gefolgschaft und Jüngerschaft. Der charismatische Verwaltungsstab erzielt dieses Ergebnis vor allem, indem er eine Regelung zu seiner eigenen Rekrutierung durchsetzt. Diese nimmt typischerweise die Form von Erziehungs- und Erprobungsnormen an und kann entweder zu einer Traditionalisierung oder zu einer Rationalisierung der Rekrutierung führen. Da das Charisma nur »erweckt und erprobt« und nicht »erlernt oder eingeprägt« werden kann, sind magische Askese und Noviziat äußerst wirksame Maßnahmen zur Schließung des Verwaltungsverbands. Denn schließlich wird nur dem »erprobten Novizen« die Verfügung über die angeeigneten Herrengewalten zugestanden. [Vgl. WuG 145]

Die charismatischen Rekrutierungsregeln können außerdem schnell in traditional-ständische sowie erbcharismatische Normen umschlagen. Neben dem Erbcharisma des Führers entsteht somit das Charisma des Verwaltungsstabes, was zur Appropriation von Herrengewalten, Lehen und Pfründen oder zur Entstehung eines Geschlechterstaates führt, in dem alle Gewalten und Erwerbschancen traditionalisiert sind. Der charismatische Verwaltungsstab kann dann die Schaffung und Aneignung von individuellen Stellungen und Erwerbschancen für seine Mitglieder fordern und durchsetzen. So entstehen je nach Traditionalisierung oder Legalisierung Pfründen, Lehen oder Ämter, wodurch sich der Verwaltungsstab die früher unregelmäßigen Einnahmequellen aneignet.

Diese »Veramtung der charismatischen Sendung« kann der Ausrichtung nach eher eine Patrimonialisierung oder eine Bürokratisierung bedeuten. Historisch gesehen ist der erstgenannte

Fall für Weber die Regel, während der zweitgenannte eher eine Ausnahme darstellt, die jedoch typisch für die Antike und für das neuzeitliche Abendland ist.

Die Veralltäglichungstendenz des Charisma steht schließlich in einem besonderen Spannungsverhältnis zur charismatischen Wirtschaftsfremdheit. Denn Voraussetzung für die Veralltäglichung des Charisma ist gerade die Beseitigung dieser Eigenschaft, d.h. die Anpassung an fiskalische Formen der Bedarfsdeckung und damit an steuerfähige Wirtschaftsbeziehungen. Wenn dies erfolgt, so mündet der charismatische Herrschaftsverband in eine Form der Alltagsherrschaft, obgleich sich seine Veralltäglichung in der Regel nicht kampflos vollzieht. Vom ursprünglichen Sondercharakter des persönlichen Charisma bleibt dann nur noch eine »erbcharismatische« oder eine »amtscharismatische Form« der ständischen Ehre übrig. [Vgl. WuG 146]

In der älteren Fassung der Studie zur charismatischen Herrschaft geht Weber auf die bereits behandelten Themen ein, wenn auch auf etwas ausführlichere Art und Weise. [WuG 654-687] Er untersucht die Problematik der Entstehung des Charisma aus der Not und dem sozialen Ausnahmezustand und weist auf die strukturelle Schwäche dieser Herrschaftsform in ihrer zeitlichen Dimension hin. [Vgl. WuG 661 f.] Die Existenzform des Charisma ist den Bedingungen des Alltags und den ihn beherrschenden (vor allem ökonomischen) Mächten ausgeliefert. Dies führt zur Umbildung des Charisma in eine alltägliche Herrschaftsform, so dass die »charismatische Lehre« zur Tradition wird und das Charisma zuletzt nur als Rechtsgrund erworbener Rechte fortbesteht.

Geschichtlich hat für Weber in vormodernen Zeiten alles, was über die einfache Bedarfsdeckung hinausging, einen charismatischen Charakter angenommen. Es entstanden neue Königtümer, indem sich die Umwandlung des charismatischen Kriegsfürstentums in ein Dauergebilde mit einem Herrschaftsapparat »zur Domestikation der Unterworfenen« vollzog. [WuG 671] Ähnliche Prozesse verursachten mit der Zeit eine »Versachlichung des Charisma«, so dass dieses am Ende der Entwicklung als »Amtscharisma« mit dem Inhaber eines Amts identifiziert wurde und den Glauben an die spezifische Gnadengabe einer sozialen Institution förderte. [Vgl. WuG 675] Damit waren die politischen Institutionen von den »Zufälligkeiten der individuellen Persönlichkeit« befreit, was mit der Zeit zur Bürokratisierung nicht nur des Staats, sondern auch der Kirche führte. Trotzdem blieb die religiöse Einstellung zum Amtscharisma von Konfession zu Konfession sehr unterschiedlich. Während es im Luthertum und im Katholizismus zugelassen wurde, wurde es vom Kalvinismus und den religiösen Sektenbewegungen aufs Schärfste abgelehnt.

Ein zweites Phänomen, mit dem sich Weber in der älteren Studie beschäftigt, sind die erzieherischen Maßnahmen, mit denen das Charisma erweckt werden kann. [Vgl. WuG 677 f.] Diese Form der Erziehung kontrastiert er dann mit den modernen Formen der Massendisziplinierung, die auf rational-bürokratische Mittel zurückgreifen. In diesem Zusammenhang wendet Weber ein Darstellungsschema an, das vom Problem der Veralltäglichung und Versachlichung des Charisma über die Problematik der Erziehung des Charismaträgers bis hin zu der Schwierigkeit der Disziplinierung jenseits von jedem Charisma führt. Dabei unterbreitet er eine Untersuchung der historischen Prozesse, die im Abendland zur Verdrängung des individuell-emotionalen Charisma zugunsten des mechanisierten Gehorsams, der Rationalisierung und der Versachlichung der sozialen Beziehungen führten. Wo sich die Idee einer Versachlichung des Charisma durchgesetzt hatte, versuchte man dieses entweder durch priesterliche oder durch ritterliche Erziehung zu erwecken. Historisch zeigt sich für Weber, dass sich die priesterliche Erziehung besser als die ritterliche rationalisieren lässt, so dass sie direkt zur modernen Entwicklung führt, in der die Ratio den Platz des Charisma einnimmt.

Am Ende des Prozesses bleibt nur noch ein Rest der charismatischen Legitimität erhalten als Bestandteil von nicht mehr charismatischen Gesellschaftsstrukturen. Sehr oft ist dann das Phänomen der »charismatischen Weihe« zu beobachten, bei der eine zweite charismatische Macht die nur noch »teilweise charismatisch legitimierte Herrschaftsform« in ihrer Legitimation zu stärken hat. Dies ist der Fall beim erbcharismatischen Königtum, in dem die politische durch die religiöse Macht eine charismatische Weihe erfährt. Infolgedessen gibt es einen ständigen Legitimationskampf zwischen der »politischen und der hierokratischen Herrschaft«, der hier später noch eingehender behandelt wird.

Für Weber teilen Charisma und Tradition alle sozialen Handlungen des vormodernen Zeitalters unter sich auf, wobei dies in der Moderne nicht mehr der Fall ist. Deshalb kommt er am Ende der Betrachtung der charismatischen Herrschaft auf jene besondere Kraft zurück, die im Zuge des Modernisierungsprozesses sowohl das Charisma als auch das individuelle Handeln im Allgemeinen zurückgedrängt hat. Diese Kraft nennt er die *Disziplinierung* der breiten Bevölkerungsmasse. [Vgl. WuG 681 f.] Damit unterbreitet Weber eine »Teiluntersuchung« zur Entstehung des modernen Rationalismus, die zur Untersuchung über die Entstehung des patrimonialen Staates (in der älteren Ausfertigung der Studie über den Feudalismus) hinzutritt. [Vgl. WuG 637] In der neueren Version der Herrschaftssoziologie sind diese historischen Aspekte indessen unterbelichtet, da diese eher typologisch als historisch aufgebaut ist.

»Von allen jenen Gewalten aber, welche das individuelle Handeln zurückdrängen, ist die unwiderstehlichste eine Macht, welche neben dem persönlichen Charisma auch die Gliederung nach ständischer Ehre entweder ausrottet oder doch in ihrer Wirkung rational umformt: die rationale *Disziplin*«. [WuG 681] Nur durch das Mittel einer straffen Disziplinierung schafft es eine kleine Herrschergruppe, über eine breite Bevölkerungsmasse zu herrschen, wie dies unterschiedliche historische Beispiele verdeutlichen. Der »blinde Gehorsam« der Beherrschten lässt sich wiederum nur dadurch erzielen, dass es eine »Erziehung zur Unterordnung« gibt und dass die notwendige Disziplin eingeübt wird. So kann selbst ein charismatischer Kriegsführer die Disziplinierung in seinen Dienst nehmen, wie dies Napoleon in Frankreich tat. »Die ›Disziplin‹ im allgemeinen, wie ihr rationalstes Kind: die Bürokratie im speziellen, ist etwas ›Sachliches‹ und stellt sich in unbeirrter ›Sachlichkeit‹ an sich jeder Macht zur

Verfügung, welche auf ihren Dienst reflektiert und sie zu beherrschen weiß«. [WuG 682] Sie setzt die Einübung mechanischer Fähigkeiten, den Appell an starke Motive ethischen Charakters sowie die Ausrichtung auf Pflicht und Gewissenhaftigkeit voraus, damit sie erfolgreich umgesetzt wird. Solcherart Disziplin ist ein Kennzeichen des neuzeitlichen Abendlandes. Sie fußt auf der Entwicklung einer besonderen ethischen Gesinnung und damit einer bestimmten Lebensführung sowie besonderer politischer und wirtschaftlicher Beziehungen. Weber geht es jedoch im Zusammenhang mit der Charismastudie nur darum, auf die Untersuchung bestimmter Aspekte dieses Disziplinierungsprozesses zurückzukommen.

Der wechselhafte Kampf zwischen Disziplin und Charisma hat für Weber seine klassische Stätte in der Kriegsführung. Die Disziplin des Heeres ist der »Mutterschoß aller Disziplin« überhaupt. Da alle möglichen Waffentypen sich sowohl im disziplinierten wie im individuellen Gefecht einsetzen lassen, bedurfte es zunächst der Disziplinierung der Fußkämpfer und des Verbots des Fechtens aus der Reihe, um eine entscheidende Wendung zu erzielen. Im Zuge dessen kam es zu einer Entemotionalisierung und Disziplinierung der Kampfhandlung, die keinen individuellen Heldenkampf mehr zuließ. Bezeichnend für diese Entwicklung sind für Weber die Siege von Cromwells Heer über die königliche Kavallerie, die der »nüchternen und rationalen puritanischen Disziplin« zu verdanken sind.

Der zweite große Erzieher zur Disziplin ist für Weber der ökonomische Großbetrieb. Beispiele hierfür sind die Plantagen, auf denen in der Antike die Sklaven arbeiteten, oder die Fronhöfe des Mittelalters und der Neuzeit. Letztere zeichnen sich laut Weber dadurch aus, dass hier die Disziplin wesentlich lockerer war, nämlich infolge der traditionell stereotypisierten und damit eingeschränkten Herrschaft.

Dagegen ist die militärische Disziplin »ganz ebenso wie für die antike Plantage auch das ideale Muster für den modernen kapitalistischen Werkstattbetrieb«. [WuG 686] Im Gegensatz zur Plantage beruht jedoch die kapitalistische Betriebsdisziplin auf einer völlig rationalen Basis, denn sie kalkuliert die Leistung des einzelnen Arbeiters nach demselben Rentabilitätsoptimum wie bei irgendeinem sachlichen Produktionsmittel. Dies beschreibt einen Prozess der Rationalisierung, der für Weber zugleich den kapitalistischen Betrieb und den staatlichen bürokratischen Apparat mit der Zentralisation der sachlichen Betriebsmittel in der Verfügungsgewalt des Herrschers betrifft. »So geht mit der Rationalisierung der politischen und ökonomischen Bedarfsdeckung das Umsichgreifen der Disziplinierung als eine universelle Erscheinung unaufhaltsam vor sich und schränkt die Bedeutung des Charisma und des individuell differenzierten Handelns zunehmend ein«. [WuG 687]

5.5 Übergang zum »zweiten Themenkomplex« von Webers Herrschaftstheorie

Zum Abschluss der Klassifikation der Typen legitimer Herrschaft geht Weber auf die Beziehung zwischen reinen Idealtypen und historisch-empirischen Herrschaftsgebilden ein, wobei im Verlauf deren Untersuchung die Typologie im abstrahierenden Sinne der »verstehenden Soziologie« entstand. Wendet man die Theorie auf das historisch-soziologische Material an, stößt man gewöhnlich auf Mischtypen. Denn historisch betrachtet sind Herrschaftsverbände, die nur dem einen oder dem anderen reinen Typus angehören, äußerst selten. [Vgl. WuG 153]

Die gemeinsame Grundlage aller Herrschaft ist für Weber ein »Prestigeglauben« zugunsten des oder der Herrschenden, wobei der Inhalt dieses Glaubens nur selten ganz eindeutig zu interpretieren ist. So ist die »legale Herrschaft« nie rein legal, da der Legitimitätsglaube mit der Zeit eingelebt wird und dadurch traditionsbedingt wird. Sollte diese Tradition völlig wegbrechen, droht auch das Ende der legalen Herrschaft, die plötzlich keine eingeübte Geltung mehr hat. Andererseits ist die legale Herrschaft zum Teil im negativen Sinne charismatisch geprägt, da der durchgehende Misserfolg einer Regierung ihr Prestige schwinden und die Zeit für eine »charismatische Revolution« reifen lässt. Rein traditionale Gemeinschaften mag es historisch gegeben haben, jedoch selten ohne eine persönliche »erb- oder amtscharismatische Spitze«. Absolut charismatische Herrschaften sind ebenfalls selten, da sie in der zeitlichen Dimension eine strukturelle Brüchigkeit aufweisen. Aus ihnen geht für Weber in der Regel eine bürokratische, eine präbendale oder eine feudale Organisation hervor. »Die Terminologie und Kasuistik hat also in gar *keiner* Art den Zweck und kann ihn nicht haben: erschöpfend zu sein und die historische Realität in Schemata zu spannen«. [WuG 154] Ihren Nutzen sieht Weber darin, einem empirisch zu untersuchenden Verband eine bestimmte Bezeichnung (rational-bürokratisch, traditional oder charismatisch) zuweisen zu können.

Was *alle* Herrschaftsverbände jedoch für Weber begründet, ist die Existenz eines Verwaltungsstabes und sein »kontinuierlich auf Durchführung und Erzwingung der Ordnung« gerichtetes Handeln. Dies bildet den Kern dessen, was die »Organisationsfrage« der Herrschaft ausmacht, die Weber aus seiner Untersuchung der Grundstrukturen des Handelns und der sozialen Funktion der Herrschaft herausarbeitete. So ist die Interessenssolidarität des Verwaltungsstabes mit dem Herrn ausschlaggebend für das Bestehen eines Herrschaftsverbands.

In diesem Zusammenhang beobachtet Weber, dass der Herrscher stärker als jedes einzelne Mitglied des Verwaltungsstabes ist, aber schwächer als die Gesamtheit der Mitglieder. Es bedarf jedoch einer planvollen Vergesellschaftung des Verwaltungsstabes, um die Leitung des Herrschers lahm zu legen. Ebenso gilt für denjenigen, der eine bestimmte Herrschaft brechen will, dass er einen eigenen Verwaltungsstab zu konstituieren hat, um die eigene Herrschaft auszuüben – es sei denn, er kann auf die Konnivenz und Kooperation des bestehenden Verwaltungsstabs zählen. Dieser solidarisiert sich umso stärker mit dem Herrscher, je mehr seine eigene Legitimität und Versorgungsgarantie von ihm abhängen. Dies verleitet Weber zu dem folgenden Schluss: Bei voller Trennung von den Verwaltungsmitteln (also bei rein patriarchaler, patrimonialer und bürokratischer Herrschaft) ist es für den einzelnen Beamten am schwierigsten, sich vom Herrn unabhängig zu machen. Umgekehrt ist dies dort am einfachsten, wo die ständische Aneignung der Herrengewalten durch Pfründe und Lehen fortschreitet.

In der Geschichte habe es stets einen latenten Kampf zwischen dem Herrn und dem Verwaltungsstab um die »Appropriation und Expropriation« von Ämtern und Herrengewalten gegeben. Entscheidend für die »gesamte Kulturentwicklung« ist dabei der Ausgang des Kampfes gewesen und die Art der vom Herrscher im Kampf gegen die feudalen oder anders angeeigneten Gewalten eingesetzten abhängigen Beamten (Kleriker, Juristen, Literaten). [Vgl. WuG 155] Mit dieser abschließenden Feststellung spricht Weber den Charakter der Herrschaft als Kampf um die Macht an, der im Zentrum seiner weiteren Untersuchung steht. Darin widmet er sich nämlich einerseits der Entwicklung von der Mannigfaltigkeit der sich bekämpfenden politischen Verbände zur »politischen Gemeinschaft« und zur »modernen Staatsanstalt« und andererseits ihrer Herrschaftsartikulation. Diese Begriffe bezeichnen Verbände, die ein »Herrschaftsmonopol« für ein bestimmtes geographisches Gebiet durchgesetzt haben und eine Ordnung für den »geregelten Zugang« zu den Machtanteilen vorsehen, die sie unter sich konzentrieren. So weitet Weber den logischen Fokus seiner Untersuchung von der »Herrschaft als sozialer Funktion«, deren Typologie bereits dargestellt wurde, zuerst auf das Problem des Kampfes zwischen konkurrierenden Herrschaftsverbänden aus. In diesem Zusammenhang stellt er eine Typologie der antiken und mittelalterlichen Städte als politische Verbände auf und definiert den Begriff der »nichtlegitimen Herrschaft«. [Vgl. dazu WuG 727-814]

Danach befasst er sich mit der Entwicklung, die zur Entstehung eines »Monopols der legitimen Gewaltanwendung sowie ihrer Androhung« führt. Diesen Prozess verfolgt Weber bis zu dem Punkt, an dem die Machtkonzentration über die geographischen Grenzen der politischen Gemeinschaft hinausgeht und untersucht die Phänomene der Bildung von Großmächten sowie des

Imperialismus und des Krieges. Schließlich kommt er aus einer entgegengesetzten Betrachtungsrichtung auf die Phänomene der Abschwächung des Machtmonopols, die einerseits die Struktur der modernen Staatsanstalt und andererseits die Beziehung zwischen politischer und hierokratischer Herrschaft kennzeichnen.

Dieser »zweite Themenkomplex« von Webers Theorie der Herrschaft bildet den Stoff der nachfolgenden Kapitel. Darin gilt es zu rekonstruieren, wie Weber die Frage der Beziehung zwischen dem bereits geläufigen Begriff des Herrschaftsverbands und den ihn umgebenden sozialpolitischen Zusammenhängen aufarbeitet. Ins Zentrum der Betrachtung rücken somit die Beziehungen des Herrschaftsverbands zu den Beherrschten, das Verhältnis zwischen konkurrierenden Verbänden oder national verfassten politischen Gemeinschaften sowie zwischen politisch und hierokratisch legitimierten Verbänden. Um Webers Gedankengang wiederzugeben, wird seine Theorie in einer Form rekonstruiert, die von der Reihenfolge der Texte in *Wirtschaft und Gesellschaft* abweicht und stattdessen eine »begrifflich-architektonische« Linie verfolgt.

Sie führt zuerst von der bereits untersuchten Typologie der Herrschaft als sozialer Funktion zum Begriff der »politischen Gemeinschaft«. Dabei lehnt sie sich erneut an Webers Argumentationsfigur an, die eine soziale Erscheinung von ihrer minimalen zu ihrer maximalen Ausprägung rekonstruiert. Im Zentrum der Betrachtung steht das Merkmal der Herrschaftskonzentration auf einem geographischen Gebiet. Dann folgt die Rekonstruktion der Prozesse, die zur Entstehung des Machtmonopols in der »politischen Gemeinschaft« führen und die Untersuchung der Phänomene, die zu einem Übergreifen dieser Macht über ihre Grenzen führen.

Daraufhin wird Webers Betrachtung der umgekehrten Reihenfolge untersucht, die ausgehend vom vollständigen Machtmonopol der politischen Gemeinschaft die Frage der Gewaltenteilung, des Zugangs zu ihren Machtanteilen und der Konkurrenz von politischer und hierokratischer Herrschaft analysiert. Dieser Abschnitt führt schließlich zu Webers Theorie der modernen Staatsanstalt, die zu den weiteren Texten überleitet, in denen er sich diesem Thema widmet und aus denen Winckelmann das letzte Kapitel von *Wirtschaft und Gesellschaft* zusammensetzte. [Vgl. dazu WuG 815-868]

Bevor jedoch dieser Themenkomplex in Angriff genommen wird, sei noch einmal zusammenfassend auf Webers Typologie der »Herrschaft als sozialer Funktion« in schematischer Darstellung hingewiesen. Bei der Klassifikation der Herrschaftstypen handelt es sich um eine »idealtypische Darstellung«. Sie beschreibt die Formen der Herrschaft als soziale Funktion und hebt Merkmale hervor, wodurch sich die historisch-empirischen Herrschaftsformen oder auch ihre Teilaspekte zu dem einen oder anderen Typus zuordnen lassen. Damit legt Weber eine »*Terminologie und Kasuistik*« zur Untersuchung der Herrschaftsgebilde nach den methodologischen Prinzipien der verstehenden Soziologie vor, die sich schematisch wie folgt in einer Tabelle rekapitulieren lässt.

5.6 Schematische Darstellung von Webers Herrschaftstypologie

Merkmale	Herrschaftsform		
	Rationale Herrschaft	Traditionale Herrschaft	Charismatische Herrschaft
Legitimationsform	Legalität	Tradition	Charisma
Organisationsform	Bürokratie	Gerontokratie, Patriarchalismus, Patrimonialismus, Ständische Herrschaft (Feudalismus)	Jüngerschaft, Gefolgschaft
Persönliche oder sachliche Herrschaftsbegründung	Sache/Ordnung	Person im Rahmen der traditionalen Ordnung	Person
Alltägliche oder außeralltägliche Ausrichtung der Herrschaft	Alltäglich dauerhaft	Alltäglich dauerhaft	Außeralltäglich, nicht dauerhaft. Veralltäglichungsproblematik
Wirtschaftsbezug	Positiv/Erneuernd	Positiv/Konservativ	Negativ
Verwaltungsmittel	Enteignung der Stände und Trennung des Verwaltungsstabs von den Verwaltungsmitteln	Aneignung von Verwaltungsmitteln bzw. von Herrengewalten durch den Verwaltungsstab	Keine Aneignung von Verwaltungsmitteln oder Herrengewalten. Unregelmäßige Einnahmen, Gelegenheitsfinanzierung
Normenbezug	Rational: d.h. Begründung auf diskursiv analysierbaren Regeln	Traditional: d.h. Orientierung an Präzedenzfällen und am Altüberkommenen	Irrational: d.h. Regelfremdheit und Urteil von Fall zu Fall. Grundsatz: »Es steht geschrieben. Ich aber sage euch ...«

6. Die »politische Gemeinschaft« als zentralisierte Herrschaftsform mit Gewaltmonopol

Der Begriff der »politischen Gemeinschaft« bildet den Endpunkt von Webers Reflexion, die von der Entwicklung der sozialen Funktion der Herrschaft ausgeht und bis hin zu ihrer monopolistischen Konzentration mit Geltung für ein ganzes geographisches Gebiet führt. Damit verlagert sich Webers Aufmerksamkeit von der Frage der Herrschaftsfunktion als solche, die in annähernd allen sozialen Verbänden zu finden ist, zur Frage der Entstehung und Struktur der Herrschaftsgebilde, die mit den klassischen politischen Begriffen bezeichnet werden. In diesem Zusammenhang legt er Untersuchungen von geographisch bzw. national verfassten politischen Gemeinschaften, der Kollegialität und Gewaltenteilung, der modernen Staatsanstalt und des Parteiwesens vor, die seine Position im Rahmen der politischen Theorie charakterisieren.

Logischer Ausgangspunkt der Darstellung ist der Kampf zwischen den in seiner Herrschaftstypologie bereits untersuchten politischen Verbänden, die nun vor dem Hintergrund ihrer Machtansprüche auf dieselben Ressourcen und Gebiete analysiert werden. Weber verfolgt diese Erscheinung ausgehend vom historischen Beispiel der antiken und mittelalterlichen Stadt, die als »verbandsverfasste politische Einheit« selbstständig wurde und als »bewusst illegale politische Einheit« innerhalb eines übergreifenden politischen Gebilde fortbestand. Diese kampfbehaftete Wirklichkeit kontrastiert er dann mit dem entgegensetzten Fall, in dem ein politischer Verband das Herrschaftsmonopol für ein bestimmtes geographisches Gebiet erlangt hat. So beginnt die nachfolgende Darstellung bei der »minimalen Ausprägung« der Machtkonzentration im Fall der Städte und verfolgt Webers Rekonstruktion des Machtkonzentrationsprozesses bis hin zur national verfassten politischen Gemeinschaft und schließlich auch über ihre Grenzen hinaus.

6.1 Der Begriff der »nicht legitimen Herrschaft«

Webers Kapitel über die »Typologie der Städte« gehört zum älteren Teil von *Wirtschaft und Gesellschaft* und ist stark historisch unterfüttert. [WuG 727-814] Es empfiehlt sich, diese Studie vollständig zu lesen, um Einblick in Webers beachtliches Wissen über das Leben der antiken und mittelalterlichen Städte zu erlangen. Der vorliegende Beitrag beschränkt sich jedoch auf einige Auszüge daraus und verfolgt die Absicht, vor allem Webers Begriff der »nicht legitimen Herrschaft« zu klären und seine Darstellung des Kampfes zwischen den »auf einem geographischen Gebiet konkurrierenden Herrschaftsverbänden« wiederzugeben. Das Interesse gilt damit stärker der Begriffssystematik, die in diesem Kapitel auftaucht und sich mit den Begriffen der legitimen Herrschaftsformen und der politischen Gemeinschaft verbinden lässt.

Dem Begriff der Stadt, der zunächst ein rein wirtschaftlicher ist, gebührt nach Weber eine herausragende Stellung innerhalb der politischen Kategorien. [Vgl. WuG 732] Denn Träger der wirtschaftlichen Stadtpolitik ist letztendlich »ein in irgendeinem Umfang autonomer Verband: eine ›Gemeinde‹ mit besonderen politischen und Verwaltungseinrichtungen«. [Ebd.] Für die Definition des Stadtbegriffs ist darüber hinaus einerseits die Reglung der Grundbesitzverhältnisse ausschlaggebend, die sich von der ländlichen Besitzverfassung unterscheidet, und andererseits die Tatsache, dass die Stadt ursprünglich oftmals eine besondere Art von Festung war. Die Verfügung über die Burg bedeutete die militärische Beherrschung des Umlandes, was die Festungs- und Garnisonsstadt zu einem politischen Sondergebilde machte. Die entscheidende Streitfrage der städtischen Verfassungsgeschichte war dabei für Weber die Beziehung zwischen der Garnison, d.h. der politischen Festungsbürgerschaft, und der ökonomischen, bürgerlich erwerbenden Bevölkerung.

Der Idealtypus der Stadt als politisches Gebilde ist jedoch nicht als ein allgemeiner und überhistorischer Begriff zu verstehen, sondern als eine historisch und geographisch begrenzte Kategorie. »Nicht jede ›Stadt‹ im ökonomischen und nicht jede, im politisch-administrativen Sinn einem Sonderrecht der Einwohner unterstellte, Festung war eine ›*Gemeinde*‹. Eine Stadtgemeinde im vollen Sinn des Wortes hat als Massenerscheinung vielmehr nur der Okzident gekannt«. [WuG 736] Die Besonderheit der abendländischen Stadt lag darin, dass sie nicht nur eine Siedlung mit gewerblich-händlerischem Charakter war, sondern auch eine Festung, einen Markt und ein eigenes Gericht hatte. Ausschlaggebend ist jedoch, dass sie außerdem Verbandscharakter besaß, so dass sie mindestens teilweise »autonom und autokephal« war. In dem Sinne war die Stadt ein politisches Gebilde mit Sonderrechten innerhalb des sonst feudal oder königlich patriarchal verfassten Umlands. »Solche Rechte pflegten sich in der Vergangenheit durchweg in die Form von *ständischen Privilegien* zu kleiden. Ein gesonderter Bürger*stand* als ihr Träger war daher das Charakteristikum der Stadt im politischen Sinn«. [Ebd.]

Durch ihre politisch-rechtliche Sonderstellung galt die Stadt der Antike und insbesondere jene des Mittelalters als ein Ort des Aufstiegs aus der Unfreiheit zu einer vor allem durch die Mittel des geldwirtschaftlichen Erwerbs ermöglichten Freiheit. Die Stadtbürgerschaft usurpierte damit die »Durchbrechung des Herrenrechts«, was für Weber eine durchaus revolutionäre Neuerung vorwiegend eben der mittelalterlich okzidentalen Stadt darstellte und zur Prägung des Sprichworts »Stadtluft macht frei« führte. So trat die entscheidende Qualität dieser Stadt als eines »anstaltsmäßig vergesellschafteten Verbands von Bürgern« zum Vorschein, die einem »nur ihnen zugänglichen gemeinsamen Recht« unterstanden, da sie ständische Rechtsgenossen waren. Angesichts dieser Rechtsverfassung erfolgte die Stadtgründung meist durch einen »Bürgereid« derjenigen, die um der Freiheit willen aus allen anderen Zugehörigkeiten zur Sippe und zum Landherrn austraten. Die voll entwickelte mittelalterliche Stadt konstituierte sich somit als ein »als Verbrüderung gedeuteter Verband« mit entsprechenden religiösen Symbolen.

Das politische Leben der abendländischen Stadt kennt dabei nach Weber eine idealtypische Entwicklung, die sich wie folgt darstellen lässt. Zuerst wüteten in der Stadt die Kämpfe zwischen den verschiedenen adligen Geschlechtern, die über eine städtische Festung verfügten. Dann fingen die Städte an, sich von der übrigen Feudalstruktur der mittelalterlichen Gesellschaft zu befreien, und konstituierten sich als Kommunen. Die Konstitution der Stadt bzw. der Zutritt neuer Bürger erfolgte in der Regel durch einen Eid, der die Zugehörigkeit zur Stadt garantierte und den Bruch des Bandes zur Sippe oder zur feudalen Ordnung besiegelte. Schließlich begannen die Kämpfe zwischen den unterschiedlichen Faktionen und Schichten der Stadtbevölkerung, die zur Entstehung neuer Institutionen der städtischen Herrschaft führten und schließlich die Stadttyrannei einleiteten.

Formalrechtlich stützten sich die Neugründungen bzw. der Erwerb von Autonomierechten der Städte auf Privilegien, die von den politischen oder grundherrlichen Gewalten im Nachhinein legitimiert wurden. In der Tat handelte es sich jedoch dabei meistens um »revolutionäre Usurpationen«. [Vgl. WuG 749] Denn bei originärer Entstehung war der Bürgerverband in der Regel das Ergebnis einer politischen Vergesellschaftung der Bürger gegen die »legitimen Gewalten« und oft von einer ganzen Reihe solcher Vorgänge. Am Ende mündete der Aneignungsprozess unterschiedlicher Herrschaftsgewalten in einer »Usurpierung« durch einen »akuten Vergesellschaftungsakt«: der Bürgerverschwörung (*conjuratio*). Die eigentliche Heimat solcher »*conjurationes*« war das mittelalterliche Italien, da dort die Mehrheit der Stadtverfassungen durch dieses Verfahren entstand. Ihre allgemeine Voraussetzung war die für den Okzident charakteristische, teils feudal, teils präbendal fortschreitende Aneignung von Herrschaftsgewalten. Der Zustand, in dem sich die Städte vor solchen Verschwörungen befanden, war dazu oft recht konfliktbehaftet, so dass die usurpativen Vergesellschaftungen aus dem Bedürfnis entstanden, politische Ordnung in die Stadtanarchie zu bringen. Dabei ist der »legitime Stadtherr« häufig ein kaiserlicher Lehensmann, zumeist aber ein Bischof gewesen, der vermöge der Kombination von weltlichen und geistlichen Machtmitteln ursprünglich die Möglichkeit hatte, eine wirksame Herrschaftsgewalt durchzusetzen. Die Fäden der Macht in den wirtschaftlich entwickelten Händlerstädten liefen jedoch bald in anderen Händen zusammen, die schließlich durch Verschwörung die Herrschaft an sich rissen.

An den Verschwörungen beteiligten sich in der Regel die Grundbesitzer und die Honoratioren der Stadt, [vgl. WuG 757] die dann die Bürgerversammlung als das höchste souveräne Organ der Kommune ins Leben riefen. Die Leitung der Geschäfte fiel jedoch denjenigen zu, die insofern die Stadtelite bildeten, als sie über die auf Besitz beruhende ökonomische Wehrhaftigkeit sowie militärische Macht verfügten. Damit stellten die städtischen Parlamente, also die Bürgerversammlungen, nicht viel mehr als ein Publikum dar, das durch Akklamation die Vorschläge der Honoratioren vor allem deshalb genehmigte, weil die Mehrheit der Stadtbürger wirtschaftlich von ihnen abhängig war. Die Stadt als politisches Gebilde entstand demnach als ein von einem verschieden weiten Kreis von Honoratioren geleiteter Verband.

Die faktische Honoratiorenherrschaft entwickelte sich dann entweder zu einer rechtlich geregelten Monopolisierung der Stadtherrschaft, oder aber ihre Herrschaft wurde durch eine Serie weiterer Revolutionen geschwächt und beseitigt. Wo die Honoratiorenherrschaft sich zur Geschlechterherrschaft entwickelte, führte sie zur Entstehung eines Stadtadels, wie das klassische Beispiel von Venedig zeigt. [Vgl. WuG 758] In Italien führten das Interesse an einer rationalen Rechtspflege und die Eifersucht der Adelsparteien untereinander besonders oft zur Einführung eines unbeteiligten Dritten, der als Richter und Geschäftsführer fungierte: der *Podestà*. Dieser war ein aus einer fremden Gemeinde berufener und kurzfristig mit der höchsten Gerichtsgewalt ausgestatteter Wahlbeamter, der die anfängliche Verwaltung durch die von wenigen Familien erwählten und umstrittenen Magistraten (*consules*) ersetzte. Auf Dauer wendete sich jedoch meistens das Blatt, so dass das außerhalb der Honoratioren stehende Volk (»*Popolo*«) an die Macht gelangte und die tumultuarischen Bürgerversammlungen durch eine geregelte Repräsentantenversammlung abgelöst wurde. [Vgl. WuG 775 f.] Webers Untersuchung dieser Entwicklung ist besonders wichtig für seine idealtypische Kategorienbildung, da er in diesem Zusammenhang den Begriff des »politisch illegitimen Verbands« einführt.

Im ökonomischen Sinne setzte sich der italienische »*Popolo*« ebenso wie die deutschen Zünfte aus sehr unterschiedlichen Elementen zusammen, vor allem aber aus Unternehmern und Handwerkern. Da der italienische *Popolo* sich als politischer Verband konstituierte, hatte er neben der ökonomischen eben auch eine politische Dimension. »Eine politische Sondergemeinde innerhalb der Kommune, mit eigenen Beamten, eigenen Finanzen und eigener Militärverfassung: im eigentlichsten Wortsinn ein Staat im Staate, der erste ganz *bewußt illegitime* und *revolutionäre* politische Verband«. [WuG 776] Der Grund für die Entstehung dieses besonderen politischen Gebildes liegt für Weber in der raschen wirtschaftlichen Entwicklung der Städte, deren Träger in Italien gegen einen Stadtadel ankämpften, der wiederum über sehr große ökonomische und politische Machtmittel verfügte. Der höchste Beamte der Sondergemeinde des Popolo hieß meist »*Capitano del Popolo*«, kam nach dem Vorbild des Podestà von außen, wurde jährlich gewählt und hatte seinen Beamtenstab mitzubringen. Er residierte oft wie der Podestà in einem besonderen Volkshaus mit Turm, einer Festung des Popolo, der ihm außerdem eine nach Stadtvierteln oder nach Zünften ausgehobene Miliz zur Verfügung stellte.

Die Macht des *Capitano del Popolo* war sehr unterschiedlich ausgeprägt. Zuweilen erreichte sie ihren Höhepunkt, indem dieser durchsetzte, dass Beschlüsse der Kommune nur Geltung hatten, sofern auch der *Popolo* ihnen zugestimmt hatte. Dies führte zu einer Hypertrophie der Eintragung von Sonderrechten, so dass sämtliche Rechte des *Popolo* in unterschiedlichen Statuten der Stadt, der Zünfte und des Volkshauses festgehalten wurden. Bei vollem Erfolg des *Popolo* kam es sogar dazu, dass der Adel völlig negativ privilegiert wurde und keinen Zugang mehr zu den Ämtern der Kommune hatte. »Die Erfolge des Popolo wurden nicht ohne heftige und oft blutige und dauernde Kämpfe erreicht. Der Adel wich aus der Stadt und befehdete sie von seinen Burgen aus. Die Bürgerheere brachen die Burgen, und die Gesetzgebung der Städte sprengte die traditionelle grundherrliche Verfassung des Landes zuweilen durch planmäßige Bauernbefreiung. Die nötigen Machtmittel zur Niederwerfung des Adels aber gewann der Popolo durch die anerkannten Organisationen der *Zünfte*«. [WuG 778]

Zusammenfassend lässt sich also der Zustand des abendländischen Stadtlebens als ein steter Kampf zwischen bewaffneten (mehr oder weniger illegitimen) politischen Verbänden vorstellen. Eine Situation, die ein beispielhaftes Bild vom Wettbewerb zwischen ungefähr gleich starken Verbänden um die Vorherrschaft innerhalb eines bestimmten geographischen Gebietes abgibt. Dieses Bild verwendet Weber als Kontrast zur Entwicklung des Begriffs der »politischen Gemeinschaft« als eines Verbands, der für ein geographisches Gebiet das Gewaltmonopol errungen hat und in Alleinherrschaft regiert. Damit lassen sich die Begriffe des »illegitimen Verbands« und der »politischen Gemeinschaft« als die beiden Extreme einer Reihe darstellen, in Abhängigkeit davon, wie stark die politische Macht innerhalb eines geographischen Gebiets monopolistisch konzentriert ist.

Als letzte Entwicklungsstufe der Verbandskämpfe um und innerhalb der antiken und mittelalterlichen Städte erwähnt Weber die Entstehung der »Stadttyrannei«. Auch diese Erscheinung ist typisch für das mittelalterliche Italien. Dort fiel die Herrschaft über die Stadt überwiegend in die Hände einer begüterten Familie, die (als erste politische Macht in Westeuropa) gegen die eigenen Standesgenossen eine rationale Verwaltung mit ernannten Beamten einführte. Zahlreiche solcher »*Signorie*« (Herrschaften) entstanden jedoch nach Weber ganz direkt als Produkt der Aufstände des *Popolo* und aus den neuen »*Popolanen*ämtern«, da die »*Capitani del Popolo*« auf immer längere Amtsfristen und sogar auf Lebenszeit gewählt wurden.

Unabhängig von der jeweiligen Vorherrschaft der städtischen Honoratioren, des *Popolo* oder der *Signorie* ist jedoch für Weber ausschlaggebend, dass die mittelalterlichen Städte eine beachtliche Anzahl politisch-rechtlicher Institute ins Leben riefen, die vollwertige politische Gebilde auszeichnen. [Vgl. WuG 788 f.] Als besonders wichtig für die Entwicklung der Städte vom illegitimen politischen Verband zum eigenständigen politischen Gebilde gelten folgende Merkmale: 1. Die politische Selbständigkeit und die teilweise um sich greifende Außenpolitik. 2. Die autonome Rechtssatzung der Stadt als solche und die interne in Gilden und Zünften. 3. Die Autokephalie. 4. Die Steuergewalt über die Bürger und die Zins- und Steuerfreiheit derselben nach außen. 5. Das Marktrecht, die autonome Handels- und Gewerbepolizei sowie die monopolistischen Banngewalten. All diese politischen Rechte wurden später vom Staat (also der *stadt*übergreifenden politischen Gemeinschaft) absorbiert. Das Entstehen einer zentralisierten Staatsanstalt setzte jedoch voraus, dass sie ihr Herrschaftsmonopol gegen alle anderen politischen Verbände durchsetzte.

Zusammenfassend ist nach Weber der politische Verband »illegal«, der innerhalb eines ihn übergreifenden Verbands entsteht, Rechte usurpiert und eigene Herrschaft über ein bestimmtes geographisches Gebiet zuerst anstrebt und dann ausübt. Damit ist die Existenz einer »Herrschaftsinsel« mit eigenem Verwaltungsstab und eigener Militärverfassung, kurz eines konkurrenzfähigen »Staates im Staat« gemeint, die Weber mit dem Begriff der »politisch bewusst illegitimen Herrschaft« bezeichnet. Dies ist »typisch für revolutionäre Kräfte«, wobei Weber möglicherweise auch an die Arbeiterbewegung seiner Zeit dachte. Der Versuch, Herrschaftsgewalten *autonom* auszuüben und sich dafür sowohl mit Verwaltungsmacht als auch mit militärischer Macht auszustatten, charakterisiert Webers Definition der politischen Illegalität.

Im Unterschied dazu sind die Versuche von politischen Parteien und ähnlichen Vereinigungen, sich an der politischen Macht *zu beteiligen,* als legal zu definieren, da sie die Monopolstellung des Staates als einziges Subjekt, das zur Anwendung und Androhung von Gewalt legitimiert ist, anerkennen. In dem Sinne besteht das Ziel einer »legalen Politik« darin, sich an einem geregelten Wettbewerb um die Ausübung von Machtanteilen zu beteiligen, anstatt sie sich im Konkurrenzverhältnis zur politischen Gemeinschaft anzueignen.

Um zur Untersuchung der einzelnen Aspekte dieses politischen Phänomens überzugehen, muss jedoch zuerst die Entstehung der politischen Gemeinschaft aus der sozialen Funktion der Herrschaft rekonstruiert werden. Diese Untersuchungslinie verfolgt Weber in seiner Studie zur legitimen Form der Konzentration und Aufteilung der Herrschaft im 8. Kapitel des zweiten Teils von *Wirtschaft und Gesellschaft.* [WuG 514-540]

6.2 Die politische Gemeinschaft

Weber definiert den Begriff der politischen Gemeinschaft im 8. Kapitel des zweiten (älteren) Teils von *Wirtschaft und Gesellschaft.* Dort trifft man auf einen Sprachgebrauch, der direkt an den Kategorienaufsatz anschließt, so dass verschiedene Begriffe wiederzufinden sind, die aus der älteren Terminologie und nicht aus den »Soziologischen Grundbegriffen« stammen. Unter »politischer Gemeinschaft« versteht Weber eine solche, »deren Gemeinschaftshandeln [soziales Handeln] dahin verläuft: ›ein Gebiet‹ (nicht notwendig: ein absolut konstantes und fest begrenztes, aber doch ein jeweils irgendwie begrenzbares Gebiet) und das Handeln der darauf dauernd oder auch zeitweilig befindlichen Menschen durch Bereitschaft zu physischer Gewalt, und zwar normalerweise auch Waffengewalt, der geordneten Beherrschung durch die Beteiligten vorzubehalten (und eventuell weitere Gebiete für diese zu erwerben)«. [WuG 514] Zur Definition vom

Begriff der »politischen Gemeinschaft« tragen also vor allem zwei Aspekte ihres Bestehens bei: einerseits die Herrschaft über ein Gebiet und andererseits die Monopolstellung in der Anwendung physischer Gewalt zur Ausübung der Herrschaft.

Es ist diese eine klassische Definition von Herrschaft nach der Tradition des Souveränitätsdenkens, das sich idealtypisch auf Thomas Hobbes zurückführen lässt und auf der Vorstellung einer Unbegrenztheit der Herrschaft beruht.[91] Auffällig ist in diesem Zusammenhang Webers Insistieren auf der gebietssichernden Rolle des Gewaltmonopols, das sich »eventuell« auch dem Erwerb weiterer Gebiete zuwenden kann. Damit fließen in seine Definition der politischen Gemeinschaft Bestandteile vom Bild der »nationalen Souveränität« ein, das charakteristisch für das ausgehende 19. Jahrhundert war und eine »theoretische Option« seiner Reflexion darstellt, die sich im Grenzbereich des Wertfreiheitsprinzips bewegt.[92]

Die Existenz der politischen Gemeinschaft ist keineswegs immer und überall gegeben, und ganz besonders dort nicht, wo die Ausübung militärischer Aufgaben zur Abwehr nach außen keinem gesonderten und zentralisierten Verband zufällt. Oft ist die politische Gemeinschaft nicht vorhanden, weil es ein Konkurrenzverhältnis zwischen quantitativ und qualitativ unterschiedlichen Verbänden gibt, die sich als dafür zuständig verstehen. Dies ist typisch für vormoderne Gesellschaften [vgl. »Typologie der Städte«], besteht jedoch auch in der modernen Gesellschaft weiter, wo (wie z.B. im Fall der Mafia) ein politisch verfasster Verband dem Staat das Monopol der Gewaltanwendung auf einem bestimmten Gebiet streitig macht.

Vor allem historisch ist für Weber die Beherrschung eines geographischen Gebiets »auf mehrere Gemeinschaften mit einander teils ergänzendem, teils kreuzendem Gemeinschaftshandeln verteilt. Die Gewaltsamkeit und der Schutz ›nach außen‹ liegt z.B. oft in den Händen teils des Blutsverwandtschaftsverbandes

---

91 Vgl. Hobbes (1996) S. 146 f.
92 Vgl. auch Hennis (1987); Marcuse (1965); Mommsen (1974a).

(der Sippe), teils nachbarschaftlicher Verbände, teils jeweils ad hoc gebildeter Kriegervergemeinschaftungen; die geordnete Beherrschung des ›Gebiets‹ und die Ordnung der Beziehungen der Menschen ›nach innen‹ ist oft ebenfalls unter verschiedene, darunter auch religiöse, Mächte verteilt und auch, soweit dabei Gewalt angewendet wird, liegt diese nicht notwendig in der Hand *einer* Gemeinschaft«. [WuG 514]

Damit verweist Weber einerseits auf den Konkurrenzzustand unterschiedlicher politischer Verbände auf demselben geographischen Gebiet, der sich historisch im Rahmen der »Typologie der Städte« exemplifizieren lässt. Andererseits bietet er jedoch eine Beobachtung, die sich auch auf die moderne Gesellschaft bezieht. Herrschaft ist als soziale Funktion zu verstehen, so dass sich die Gesellschaft ganz anders gestaltet, je nach dem, ob die Herrschaft in einem legal legitimierten Monopol verfasst ist oder zur Disposition der unterschiedlichen sozialen Verbände steht. Auch die »moderne Staatsanstalt« befindet sich damit in einer dynamischen Lage, da sie die Existenz des Gewaltmonopols und die Regeln seiner legalen Verteilung stets zu sichern hat. Ohne diesen regulierenden Faktor artet nach Weber die Gesellschaft im Kampf der »sozialen Ordnungen und Mächte« aus.

So lässt sich der *Idealtypus* der politischen Gemeinschaft dadurch definieren, dass sie die »Bereitschaft zur Gewaltsamkeit« auf einem geographischen Gebiet erfolgreich für sich allein in Anspruch nimmt und dazu legitimiert wird. Die politische Gemeinschaft besteht somit als Sondergebilde nur unter der Voraussetzung, dass sie keine bloße Wirtschaftsgemeinschaft ist, sondern auch tatsächlich das Gewaltmonopol ausübt. Denn nur unter dieser Voraussetzung kann sie ihre regulierende Rolle ausüben.

Webers Definition ist dabei in dem Sinne wertfrei, dass er sich auf die Funktion des Gewaltmonopols beschränkt und die Ziele und Inhalte, denen die politische Gemeinschaft ansonsten dient (vom Raubstaat bis zum Wohlfahrtsstaat, Rechtsstaat und Kulturstaat), in Klammern setzt. Der monopolistische politische Verband (die politische Gemeinschaft oder ihre Unterform: die moderne Staatsanstalt) ist ein Mittel, das den unterschiedlichsten Zwecken dienen kann, so dass eine soziologische Definition sich auf die Funktion zu beschränken hat. Das Postulat der Wertfreiheit beschränkt somit Webers Begriffsbildung auf die funktionale Betrachtung vom Mittelcharakter des Herrschaftsmonopols. Dies bereitet der politischen Theorie die Schwierigkeit, dass sich die Frage der Zielsetzung politischer Herrschaft sowie ihrer menschen- und bürgerrechtlichen Einschränkung nicht stellen lässt. Im positiven Sinne verweist indessen Webers Untersuchung auf die regulative Funktion des Herrschaftsmonopols, worin eine der zentralen Aussagen seiner politischen Theorie besteht. Das Herrschaftsmonopol sowie die legale Regelung seiner Gewaltenteilung bilden die Voraussetzung für die Entwicklung moderner Rechtstaatlichkeit.

Die theoretischen Voraussetzungen zur idealtypischen Definition der politischen Gemeinschaft gesichert, wendet sich Weber der beschreibenden Untersuchung der Erscheinungsformen des Gewaltmonopols zu. Im minimalen Fall beschränkt sich das »Gemeinschaftshandeln« der politischen Gemeinschaft auf die Sicherung der faktischen Gebietsbeherrschung und ist damit oft ein intermittierendes Handeln, das vor allem im Fall akuter Bedrohung zustande kommt. In »normalen friedlichen Zeiten« besteht indessen eine Art »Anarchie«, die auf dem »gegenseitigen Respekt der Wirtschaftssphären« beruht, ohne Bereithaltung von Zwang nach außen oder nach innen. Für das Entstehen einer »gesonderten politischen Gemeinschaft« genügt Weber allerdings: ein Gebiet, die Bereithaltung physischer Gewalt und ein nicht nur der Bedarfsdeckung gewidmetes soziales Handeln der Menschen auf dem Gebiet. [Vgl. WuG 515] Wesentlich ist dabei die »Vorstellung der Existenz bestimmter Gegner«, gegen die sich das Handeln der politischen Gemeinschaft zu wenden hat, damit Letztere sich als soziales Gebilde konstituieren kann. Die Entstehung des Gewaltmonopols hängt also mit einer »sozialen Schließungsfunktion« zusammen, die ein gesamtes geographisches Gebiet betrifft und (um Webers Gedanken fortzusetzen, könnte man sagen:) die auch künstlich aufrechterhalten werden kann.

Damit verbindet sich schließlich der Zwangscharakter der politischen Gemeinschaft gegenüber den Beteiligten, die durch physischen Zwang zu bestimmten Leistungen (wie zum Wehrdienst) »in Abgrenzung zu den Gegnern« verpflichtet werden. In diesem Zusammenhang bezieht Weber zusätzlich eine Betrachtung des »nationalen Selbstverständnisses« in seine idealtypische Begriffsbildung ein. Sie greift auf »theoretische Optionen« zurück, die sein Zeitalter prägen und nicht immer mit dem Wertfreiheitsprinzip zu vereinbaren sind.

Die politische Gemeinschaft gründet auf einem »Band auf Leben und Tod«, aus dem sich dann auch Webers Begriff des »nationalen Bewusstseins« ableitet. In dem Sinne knüpft der Idealtypus der politischen Gemeinschaft an einen Begriff der Staatsbürgerschaft an, der mit der Definition des Patriotismus als »Schicksalsgemeinschaft« eng verbunden ist.[93] Folglich meint Weber: »Es ist der Ernst des Todes, den eventuell für die Gemeinschaftsinteressen zu bestehen, dem Einzelnen hier zugemutet wird. Er trägt der politischen Gemeinschaft ihr spezifisches Pathos ein. Er stiftet auch ihre dauernden Gefühlsgrundlagen. Gemeinsame politische Schicksale, d.h. in erster Linie gemeinsame politische Kämpfe auf Leben und Tod, knüpfen Erinnerungsgemeinschaften, welche oft stärker wirken als Bande der Kultur-, Sprach- oder Abstammungsgemeinschaft. Sie sind es, welche – wie wir sehen werden – dem ›Nationalitätsbewußtsein‹ erst die letzte entscheidende Note geben«. [Ebd.]

Rein deskriptiv gesehen, gehören geteilte Erfahrungen und die Pflege einer gemeinsamen Erinnerungskultur ohne weiteres zu den Eigenschaften, die das Bestehen einer politischen Gemeinschaft sichern. Webers Betonung der Begründung politischer Gemeinschaften durch »gemeinsame politische Kämpfe auf Leben und Tod« zeigt jedoch eine inhaltliche Einschränkung seiner idealtypischen Begriffsbildung, die als historisch bedingt zu

---

93   Zum Patriotismusbegriff vgl. exemplarisch: Alasdair MacIntyre, »Ist Patriotismus eine Tugend?« In: Honneth, Axel (Hg.) (1993). *Kommunitarismus. Eine Debatte über die moralischen Grundlagen moderner Gesellschaften.* Frankfurt a. M.: Campus S. 84-102.

betrachten ist. Die Definition der politischen Gemeinschaft orientiert sich dabei wesentlich am emphatischen Begriff der Nation des 19. Jahrhunderts, so dass sich die Frage stellt, ob es Weber gelungen ist, diesen Idealtypus aus seinem historisch-normativen Hintergrund klar herauszuarbeiten.

Im darauffolgenden Abschnitt geht Weber jedoch über die Frage der »Verteidigung nach außen« hinaus und untersucht den besonderen Legitimationscharakter politischer Gemeinschaften, den er vom Gesichtspunkt wertfreier Sozialwissenschaft begründet. Dieser Teil seiner Begriffsdefinition ist der heute noch beständigere und hat vor allem für die soziologische Theorie des modernen Rechtsstaats eine besondere Bedeutung. An sich ist die politische Gemeinschaft nicht der einzige Verband, dessen Existenz das »Einstehen mit dem Leben« verlangt, denn sowohl die Blutrachepflicht der Sippe als auch die Märtyrerpflicht religiöser Gemeinschaften oder der Verhaltenskodex der Mafia beruhen auf demselben Prinzip. Nur durch die Tatsache, dass die politische Gemeinschaft besonders nachhaltig als Verfügungsmacht über ein beträchtliches Gebiet besteht, unterscheidet sich diese soziologisch gesehen von den anderen Zwangsgemeinschaften. Damit ist jedoch für Weber nicht alles zur Definition des Idealtypus politischer Gemeinschaft gesagt. Die Sonderstellung der politischen Gemeinschaft fehlte in vormodernen Zeiten, da sie oft ein Gelegenheitshandeln darstellte. Je mehr sie sich jedoch »zu einer kontinuierlichen anstaltsmäßigen Vergesellschaftung entwickelt und nun die Drastik und Wirksamkeit seiner Zwangsmittel mit der Möglichkeit einer rationalen kasuistischen Ordnung ihrer Anwendung zusammentrifft, desto mehr wandelt sich in der Vorstellung der Beteiligten die bloß quantitative zu einer qualitativen Sonderstellung der politischen Ordnung«. [WuG 515-516]

Die Entstehung der *politischen Ordnung* im qualitativen Sinne ergibt sich für Weber somit aus der Unterordnung des Zwangsmittelmonopols unter die rationale Rechtsordnung, die als solche in den Augen der ihr unterworfenen Individuen das »Prestige der Legalität« genießt. Damit kommt Weber zum entscheidenden Punkt seiner Definition des Idealtypus der politischen Gemeinschaft. Ihre Besonderheit gründet nicht nur auf dem Machtmonopol, sondern auch (und vor allem) auf der Legitimation ihres Zwangsapparates durch die Legalität der rationalen Rechtsordnung. Die Sonderstellung vor allem modern staatlich verfasster politischer Verbände beruht somit (wie Weber hier in seiner älteren Terminologie erläutert) »auf dem Prestige, welches ihnen der unter den Beteiligten verbreitete spezifische Glaube an eine besondere Weihe: die ›Rechtmäßigkeit‹ des von ihnen geordneten Gemeinschaftshandelns verleiht, auch und gerade insofern es physischen Zwang mit Einschluß der Verfügung über Leben und Tod umfaßt: das hierauf bezügliche spezifische Legitimitätseinverständnis«. [WuG 516] Dieser letzte Satz hätte in unmittelbarem Anschluss an den Kategorienaufsatz geschrieben werden können.

Ausschlaggebend für das Bestehen der politischen Gemeinschaft als Gewaltmonopol ist somit das »Einverständnishandeln«, das sich auf die Rechtmäßigkeit der politischen Ordnung bezieht. Oder, in die neuere Terminologie übersetzt: der Legalitätsglauben gegenüber der rationalen Rechtsordnung, der als Legitimationsgrund für das Bestehen der politischen Gemeinschaft dient. Einverständnishandeln und nicht eine Vertragslehre im Sinne des »vergesellschafteten Handelns« begründet somit nach Weber die Legitimität der politischen Gemeinschaft.

Im modernen Zeitalter steigert sich der Glaube an die spezifische »Rechtmäßigkeit« des politischen Verbands bis zu dem Niveau, auf dem nur die staatlich verfassten politischen Gemeinschaften als diejenigen gelten, die rechtmäßig physischen Zwang ausüben dürfen. Damit umschreibt Weber vom Gesichtspunkt sozialwissenschaftlicher Wertfreiheit den Prozess, der zur Entwicklung moderner Rechtsstaatlichkeit führt. So gilt die rationale Rechtsordnung als der einzige funktional dauerhafte Legitimationsgrund, der das Bestehen der politischen Gemeinschaft als Gewaltmonopol über ein geographisches Gebiet sichern kann.

»Für die Ausübung und Androhung dieses Zwanges existiert demgemäß in der voll entwickelten politischen Gemeinschaft ein System von kasuistischen Ordnungen, welchen jene spezifische

›Legitimität‹ zugeschrieben zu werden pflegt: die ›Rechtsordnung‹, als deren allein normale Schöpferin heute die politische Gemeinschaft gilt, weil sie tatsächlich heute normalerweise das Monopol usurpiert hat, der Beachtung jener Ordnung durch physischen Zwang Nachdruck zu verleihen«. [Ebd.]

Solcherart wertfreie und »funktionalistische« Betrachtung der Rechtsstaatsfrage hat zweifelsohne eine außerordentliche heuristische Wirksamkeit. Sie dient als Kriterium zur Feststellung der Tatsache, ob sich politische Systeme als »rechtmäßige Ordnungen« legitimieren lassen. Die Kehrseite der Medaille liegt jedoch darin, dass sie keine normative Betrachtung zulässt. Fragen etwa danach, inwieweit politische Systeme Menschen- und Bürgerrechte sichern, die demokratische Beteiligung an politischen Prozessen ermöglichen oder Mechanismen von *control and balance* vorsehen, bleiben außer Reichweite wertfreier Sozialwissenschaft.

Nachdem Weber den Begriff der politischen Gemeinschaft idealtypisch definiert hat, geht er noch auf die sozialhistorischen Prozesse ein, die das Entstehen der politischen Gemeinschaft in der Neuzeit begünstigt haben. Dabei handelt es sich um Entwicklungsprozesse, die historisch einer »durch die *politische* Gewalt garantierten ›Rechtsordnung‹« [ebd.] zur Vorherrschaft verhalfen. Vor allem ein wachsender Kreis ökonomischer Interessen, die sich nur durch die Garantie des rational geordneten Rechts gesichert fanden, übte einen steigenden Druck aus, der der politischen Gemeinschaft dazu verhalf, sich gegenüber anderen Trägern von Zwangsgewalten durchzusetzen.

Weber berücksichtigt auch andere Erklärungsansätze, indem er danach fragt, wie das Gewaltmonopol der politischen Gemeinschaft entstand, trotzdem bevorzugt er die sozialökonomische These. Gewaltsames soziales Handeln habe es immer gegeben, die Monopolisierung der legitimen Gewaltsamkeit durch den politischen Gebietsverband und dessen rationale Vergesellschaftung zu einer anstaltsmäßigen Ordnung sei indessen erst ein Entwicklungsprodukt. Am Ende der Entwicklung steht die moderne Staatsanstalt, deren Hauptfunktionen Weber umschreibt als: »die Satzung des Rechts (Legislative), den Schutz der persönlichen Sicherheit und öffentlichen Ordnung (Polizei), den Schutz der erworbenen Rechte (Justiz), die Pflege von hygienischen, pädagogischen, sozialpolitischen und anderen Kulturinteressen (die verschiedenen Zweige der Verwaltung), endlich und namentlich auch den organisierten gewaltsamen Schutz nach außen (Militärverwaltung)«. [Ebd.]

Solche Funktionen sind vor der Vorherrschaft der politischen Gemeinschaft entweder gar nicht oder nur als amorphe Gelegenheitsgemeinschaft vorhanden gewesen oder waren auf ganz unterschiedliche Gemeinschaften (Sippe, Haus-, Nachbar- und Marktgemeinschaft oder freie Zweckvereine) verteilt. Somit ersetzten oft private Vergesellschaftungen die öffentlichen Funktionen politischer Verbände. Die Legitimation gewaltsamen Handelns verknüpfte sich mit dem Einverständnishandeln der Sippe und in geringem Maße mit dem militärischen oder polizeilichen Verbandshandeln. Nur im Falle eines äußeren Angriffs ist es indessen zur Entstehung einer gesonderten Vergemeinschaftung gekommen, die für Weber den historischen Kern der politischen Gemeinschaft darstellt. »Aus der zunehmend rationalen Vorsorge für solche Fälle kann dann ein als spezifisch legitim angesehener politischer Verband erwachsen, sobald nämlich irgendwelche festen Gepflogenheiten ...und irgendein Verbandsapparat vorhanden ist, welcher sich für die Zwecke der Vorsorge für ...gewaltsame Abwehr nach außen bereit hält«. [WuG 517]

Neben dieser Entstehungshypothese thematisiert Weber auch andere, die in der Sekundärliteratur seiner Zeit eine Rolle spielten. Darunter erwähnt er den »Beutezug aus der Mitte sesshafter Völker«, der mit einer geringen Legitimität behaftet ist und dessen frei erkorene Führer durch persönliche Qualitäten (also charismatisch) legitimiert sind. Ihre Legitimation gilt nur innerhalb der Verbrüderung der »sich verbundenen Beutegenossen«, die wiederum nur dadurch zur politischen Gemeinschaft wird, dass sie sich zum Zwangsapparat eines Dauergebildes mit Legitimitätsanspruch umwandelt. Schließlich wendet sich Weber einem Exkurs über den Begriff des »Männerbundes« zu, der hier nicht weiter zur Diskussion stehen soll. [Vgl. WuG 517-518]

Erst wenn eine frei vergesellschaftete »außeralltägliche Kriegerschaft« einem geordneten Dauerverband wieder eingemeindet wird und aus ihr ein »politischer Verband« entsteht, lässt sich ihre Gewaltausübung nach Weber legitimieren. Ansonsten bleibt sie »illegitim«. Nur die Veralltäglichung ihrer Herrschaftsform liefert ihr einen Legitimitätscharakter, der auch außerhalb des charismatischen Kriegerverbands, also bei den Unterworfenen, Anerkennung findet. Damit setzt sich zunehmend der Landfrieden durch, und die Verfolgung weiterer Verletzungen von Person und Besitz wird unter die Garantie des politischen Zwangsapparates gestellt. »Auf diesem Wege monopolisiert die politische Gemeinschaft die legitime Gewaltanwendung für ihren Zwangsapparat und verwandelt sich allmählich in eine Rechtsschutzanstalt«. [WuG 519]

Dabei findet sie eine entscheidende Stütze einerseits in den sozialen Gruppen, die an der Erweiterung der Marktgemeinschaft ökonomisch interessiert sind, und andererseits bei den an der Befriedung interessierten religiösen Gewalten. Historisch waren es die auf die Entwicklung der Geldwirtschaft angewiesenen Wirtschaftsgruppen (das Bürgertum der Städte und alle am Einkommen durch Zölle und Steuerkraft der Untertanen Interessierte) sowie die Kirche, die periodisch Landfriedensbünde durchzusetzen versuchten. Wo dies erfolgte, setzte ein virtuoser Zirkel an. Zum einen sprengte der Markt die monopolistischen Verbände ökonomisch und machte ihre Mitglieder zu Marktinteressenten, und zum anderen entzog diese Entwicklung den Verbänden die Interessenbasis, auf der ihre legitime Gewaltsamkeit beruhte. Mit der zunehmenden Befriedung und Erweiterung des Marktes geht daher für Weber parallel: »1. jene Monopolisierung legitimer Gewaltsamkeit durch den politischen Verband, welche in dem modernen Begriff des *Staats* als der letzten Quelle jeglicher Legitimität physischer Gewalt, und zugleich 2. jene Rationalisierung der Regeln für deren Anwendung, welche in dem Begriff der legitimen Rechtsordnung ihren Abschluß finden«. [Ebd.]

Aus der Untersuchung von Webers Idealtypus der politischen Gemeinschaft lassen sich abschließend folgende Erwägungen ableiten. Der Begriff der »politischen Gemeinschaft«, mit dem Weber seine Rekonstruktion des Herrschaftsphänomens auf dem höchsten Niveau dessen Konzentration und Strukturierung abschließt, liefert der politischen Theorie zwei Kriterien zur Klassifikation von politischen Systemen: 1. Das politisch verfasste Machtmonopol dient als regulierender Faktor gegenüber der Anarchie der Verbandskämpfe, die Weber mit dem Begriff der Illegalität innerhalb der Typologie der Städte thematisiert. Nach diesem Kriterium lässt sich überprüfen, wie hoch die Machtkonzentration und die politische Legitimität eines politischen Systems sind. 2. Die Legitimation des Machtmonopols der politischen Gemeinschaft erreicht ihren Höhepunkt dort, wo sie das Prestige der Legalität genießt, wo sie also als »rationale Rechtsordnung« auftritt. Nach diesem Kriterium lässt sich überprüfen, inwieweit sich aus dem strukturierten Machtapparat der politischen Gemeinschaft bereits die rationale Rechtsordnung entwickelt hat, die für Weber das Wesen der politischen Ordnung im qualitativen Sinne ausmacht.

Die Kehrseite von Webers sozialwissenschaftlicher Begriffsbildung zeigt sich indessen in der Schwierigkeit, dass die normativen Fragen der politischen Theorie nicht gestellt werden können, ohne den methodologischen Rahmen der Wertfreiheit zu sprengen. Dieses Thema wird noch im Kapitel über Ethik und Politik aufgegriffen, um zu zeigen wie Weber ihre Beziehung thematisiert.

Nachdem Weber den Begriff der politischen Gemeinschaft soziologisch definiert hat, wobei dieser in seiner Reflexion das funktionale Äquivalent des Souveränitätsbegriffs politischer Theorie darstellt, untersucht er die Formen der Herrschaftsteilung innerhalb des Gewaltmonopols. So analysiert er den Wettbewerb um Machtanteile, die möglichen Abschwächungen des Gewaltmonopols, die Gewaltenteilung und die Repräsentationsbeziehungen, die besonders die moderne Staatsanstalt auszeichnen. Schließlich untersucht Weber die Konkurrenzbeziehungen zwischen den unterschiedlichen Teilgewalten, den herrschaftsstiftenden Ressourcen und den Legitimationsgründen politischer

Herrschaft. Diese Erscheinungen bilden das Thema der nächsten Kapitel, zuvor gilt die Aufmerksamkeit jedoch noch Webers Untersuchung der entgegengesetzten Entwicklungsrichtung. Mit dem Idealtypus der politischen Gemeinschaft hat Weber das maximale Niveau der Machtkonzentration innerhalb eines geographischen Gebiets begrifflich erfasst. Nun geht es darum zu verstehen, welche sozialpolitischen Mechanismen dazu führen, dass die Machtkonzentration der politischen Gemeinschaft über ihre geographischen Grenzen hinausgreift. In diesem Zusammenhang legt Weber eine Untersuchung der Beziehungen zwischen dem Staatsbegriff und den damit verbundenen Begriffen von Nation, Machtprestige und Imperialismus vor.

6.3 Machtprestige und Imperialismus

Nachdem Weber den idealtypischen Begriff der politischen Gemeinschaft definiert und die Hypothesen zu ihrer Entstehungsgeschichte erläutert hat, beschäftigt ihn die Frage der Expansionstendenz des Gewaltmonopols über ihre Gebietsgrenzen hinaus. Dies führt ihn zur Untersuchung der Phänomene des Machtprestiges, der Großmächte und des Imperialismus. Alle politischen Gebilde sind nach Weber als »Gewaltgebilde« zu sehen. Die Art und das Maß, wie sie mit der Androhung und Anwendung von Gewalt nach außen umgehen, kann jedoch sehr unterschiedlich sein. Dies ermöglicht eine Klassifikation der politischen Gemeinschaften in »expansive« und »autonomistische« Gewaltgebilde. Politische Gebilde sind »expansiv«, wenn sie Macht nach außen anstreben, d.h. willens sind, Gewalt anzudrohen oder einzusetzen, um die politische Herrschaft über andere Gebiete zu erringen. Wo dies nicht der Fall ist, sind sie als »autonomistisch« zu betrachten. [Vgl. WuG 520]

Allen politischen Gebilde ist jedoch dieselbe Machtdynamik zu eigen, die als Grundlage für spezifische »Prestigeprätentionen« ihrer Angehörigen dient und ihr Verhalten nach außen beeinflussen kann. Solcherart Prestigeprätentionen haben oft eine (obwohl schwer einschätzbare) Mitverantwortung für das Entstehen von Kriegen, da dadurch ein der ständischen Ordnung vergleichbares »Reich der Ehre« die gegenseitigen Beziehungen politischer Gebilde mitbestimmt. Je nach dem welche Schicht ein politisches Gebilde dominiert (feudale Herrenschichten, Offiziers- oder Amtsbürokratie, kapitalistische Interessengruppen), projiziert diese ihr Prestigestreben auf das gesamte Gebilde, wobei sie auch ihre unmittelbaren ökonomischen Interessen damit verbindet.

Über dieses interessenorientierte Prestigegefühl hinaus besteht jedoch für Weber auch ein dem Machtgebilde spezifisches Prestigestreben. Dies ist nicht mit dem »Nationalstolz« (worauf noch zurückzukommen ist) identisch, sondern bedeutet ein reines »Machtprestige, als ›Ehre der Macht‹, praktisch: die Ehre der Macht über andere Gebilde, die *Machtexpansion*, wenn auch nicht immer in Form der Einverleibung oder Unterwerfung«. [Ebd.]

Dass politische Gebilde dazu neigen, zu Trägern solcher Prestigeprätentionen zu werden, hängt für Weber von der rein sachlichen Machtlogik ab. So sind es »quantitativ große« politische Gemeinschaften, die »naturgemäß« als starke Machtgebilde Prestigeprätention erheben, da sie eine potentielle Bedrohung für alle Nachbargebilde bedeuten und somit zugleich selbst ständig latent bedroht sind. Aus diesem für Weber unüberwindbaren Sachzwang entsteht die »Machtdynamik«, die das Ringen um die Vorherrschaft zwischen »Großmächten« bedingt. Dies führt wiederum zu expansiven und imperialistischen Tendenzen. »Innerhalb eines jeden Nebeneinander politischer Gemeinschaften pflegen sich einzelne als ›Großmächte‹ eine Interessiertheit an politischen und ökonomischen Vorgängen eines großen, heute meist eines die ganze Fläche des Planeten umfassenden, Umkreises zuzuschreiben und zu usurpieren«. [WuG 521] Großmächte zeichnen sich also dadurch aus, dass sie ihre Interessensphäre auf ein geographisches Gebiet ausdehnen, das ihre Grenzen bei weitem überschreitet und sich tendenziell auf den ganzen Planeten erstreckt. Jede Epoche ist nach Weber durch solche Großmächte gekennzeichnet, die sich als Weltreiche stilisierten, vom Perserkönig über das Römische Reich bis zum Englischen Kolonialreich (und Beispiele ließen sich auch für die jüngste Zeitgeschichte finden). Großmachtgebilde können sich der Machtdynamik auch entziehen und sie tun dies meistens aus wirtschaftlichen Gründen. Dies zeigt beispielsweise die römische und die englische Politik, die beide sowohl expansionistische als auch autonomistische Züge hatten. Das kapitalistische Expansionsinteresse hat jedoch beide Reiche aus ihrer Selbstbeschränkung wieder herausgezwungen und zur politischen Expansion genötigt. [Vgl. Ebd.]

Diese Feststellung führt Weber zur Auseinandersetzung mit der ökonomisch fundierten Imperialismusthese. »Man könnte geneigt sein zu glauben, daß überhaupt die Bildung und ebenso die Expansion von Großmachtgebilden stets primär ökonomisch bedingt sei«. [Ebd.] Ein bereits bestehender intensiver Güterverkehr führt oft zur politischen Einigung geographischer Gebiete (wie im Fall des deutschen Zollvereins), daraus lasse sich jedoch kein allgemeines Gesetz gewinnen. Nach Weber ist die Struktur der Wirtschaft »mitbestimmend für die politische Expansion«, vor allem was die Aneignung von wirtschaftlichen Ressourcen angeht. [Vgl. WuG 523] Dies bezieht sich ursprünglich auf den Grund und Boden als Ressourcen der Landwirtschaft oder als Möglichkeit, Handelsgewinne in Grundbesitz zu investieren. So bildet »die Gewinnung von fruchtbarem, grundrentenfähigem Boden noch in der Antike das normale Ziel der Kriege«. [WuG 524] Darüber hinaus existieren seit der überseeischen Expansion Roms spezifische kapitalistische Beziehungen, die eine solche Entwicklung begünstigen.

Mit all dem verbindet Weber den Begriff des »imperialistischen Kapitalismus«, worunter dann die kapitalistischen Interessen von Steuerpächtern, Staatsgläubigern, Staatslieferanten, staatlich privilegierten Außenhandelskapitalisten und Kolonialkapitalisten fallen. Ihre Profitchancen beruhen auf der direkten Ausbeutung expansiv ausgerichteter politischer Zwangsgewalten und ergeben sich vor allem durch den Erwerb von Kolonien und durch die Monopolisierung des Handels mit ihnen. Hinzu kommen noch die staatlichen Investitionen für die Ausrüstungsindustrie.

Es sind nach Weber somit wirtschaftliche Interessen, die eine imperialistische Richtung der Expansion mit Okkupation und Protektorat über fremde Gebiete an die Stelle der pazifistischen, nur Handelsfreiheit erstrebenden Entwicklung der politischen Gemeinschaft treten lassen. [Vgl. WuG 526] Zu den sozialistischen Bestrebungen, eine politische Alternative zum Imperialismus bereitzustellen, äußert sich Weber ebenfalls kritisch. Eine staatssozialistische Organisation der Wirtschaft würde an den expansionistischen Tendenzen wenig ändern, da die einzelnen Nationen trotz interner Wirtschaftsverfassung im internationalen Wettbewerb blieben. Schwächere politische Gemeinschaften würden somit weiterhin zu tributpflichtigen Kolonien werden.

Des Weiteren ist nach Weber nicht zu erwarten, dass die breite Bevölkerungsmasse der politischen Gemeinschaften pazifistisch orientiert ist. Dies ist für die »Masse« so wenig notwendig wie für jede andere Einzelschicht, da sie auf die Wohlstandserwartungen angewiesen ist, die mit einer expansionistischen Politik einhergehen. Nur wenn die unmittelbare Klassenlage der Arbeiterschaft so schlecht ist, dass sie keinen Anteil am »imperialistischen Wohlstandsgewinn« hat, mag sie auch kein Interesse daran haben. Dies ist jedoch eher die Ausnahme und lässt sich durch die »emotionale Beeinflussung« des nationalen Prestigegefühls überstimmen. Direktes Interesse am Tribut von Kolonien und Protektoraten hat schließlich in der Regel die vorherrschende Klasse, da eine erfolgreiche imperialistische Zwangspolitik nach außen auch das Prestige und die Machtstellung im Inneren stärkt. Gründe, die gegen den Imperialismus sprechen, liegen indessen für die Arbeiterklasse darin, dass die staatlichen Investitionen für die Rüstung die Konjunktur zwar ankurbeln, aber den anderen arbeitsfördernden Gebieten wichtige Ressourcen entziehen.

6.4 Exkurs: Nation und ethnische Gemeinschaftsbeziehungen

Im Anschluss an die Untersuchung der imperialistischen Expansionstendenzen beschreibt Weber den Begriff der Nation, um die Handlungsgründe zu erfassen, die politische Gemeinschaften bewegen und die nicht unmittelbar auf ihre Interessenlage zurückzuführen sind. Damit wendet er hier erneut ein Denkmuster der verstehenden Soziologie an. Es geht zunächst darum, eine soziale Erscheinung vom Gesichtspunkt ihrer Interessenlage (zweckrationales Handeln) und dann von dem der damit verbundenen symbolischen Wertebene (wertrationales Handeln) zu untersuchen. Dies lässt sich im Falle des Nationsbegriffs mit der Studie verbinden, die Weber in *Wirtschaft und Gesellschaft* im zweiten Teil (Kap. IV) über ethnische Gemeinschaftsbeziehungen, Nationalität und Kulturprestige vorlegt. [Vgl. WuG 234-244]

Diesem Themenkomplex widmet sich hier ein Exkurs, da sich dadurch Webers Position zu den Fragen klären lässt, die heute vor allem in der US-amerikanischen Debatte über »Nation und Ethnizität« gestellt werden.[94] Dabei zeigt sich die kritische Haltung Webers gegenüber der Verwendung von Begriffen wie »Blutgemeinschaft«, »Stamm«, »ethnische Gruppe«, »Volk«, »Völkerschaft« und »Nation«. Diese sind für ihn »imaginäre Gemeinschaften«, die um die politische Gemeinschaft, den Willen sie zu errichten oder die Sehnsucht nach ihrem Verlust entstehen. In diesem Sinne gehört dieser Teil von Webers Reflexion zur Untersuchung der Erscheinungsformen politischer Gemeinschaft, die er auf ihren gemeinsamen Strukturbegriff zurückführt.

6.4.1 Die Nation

Weber definiert den idealtypischen Begriff der Nation im Rahmen seiner Kritik an der bloß ökonomisch fundierten Art, die

---

94 Vgl. Smelser; Wilson; Mitchell (Hg.) (2001) S. 1-20; Bös (2002).

imperialistischen Expansionstendenzen politischer Gemeinschaften zu erklären. Das »Pathos der emotionalen Beeinflussung« breiter Bevölkerungsmassen durch die expansive Kriegspolitik eines Staates ist für Weber nicht ökonomischen Ursprungs. Es beruht vielmehr auf einem (vor allem in den kleinbürgerlichen Massen verbreiteten) »Prestigeempfinden«, das typisch für politische Gemeinschaften ist, die auf eine Geschichte mit ausgeprägter außenpolitischer Machtstellung zurückblicken können. So tendieren die Machthaber dieser politischen Gemeinschaften dazu, sich mit dem idealen Pathos des Machtprestiges zu erfüllen und sich als verlässliche Träger einer Staatsidee darzustellen, die sie als unbedingte Hingabe an ein forderndes imperialistisches Machtgebilde verstehen. [Vgl. WuG 527]

Diesem Pathos treten teils materielle, teils ideelle Interessen der innerhalb des politischen Gebildes privilegierten und vor allem intellektuellen Schichten zur Seite. »Das sind vor allem diejenigen, welche sich als spezifische ›Teilhaber‹ einer spezifischen ›Kultur‹ fühlen, welche im Kreise der an einem politischen Gebilde Beteiligten verbreitet ist«. [WuG 528] Unter dem Einfluss dieser »intellektuellen Kulturelite« wandelt sich nach Weber das nackte Machtprestige der politischen Gemeinschaft in die Idee der »Nation« um. Sie entsteht also durch die intellektuelle Arbeit der Kulturträger (und vor allem der Literaten) einer politischen Gemeinschaft, die deren Machtprestigegefühl und Interessenlage in eine grenzüberschreitende »historische Kulturmission« ummünzen.

Der Begriff der Nation ist nach keinem empirisch feststellbaren gemeinsamen Merkmal (etwa der Abstammung oder dem Geburtsort) der ihr zugerechneten Individuen zu definieren. »Nation« besagt laut Weber zunächst nur, dass bestimmten Menschengruppen ein spezifisches Solidaritätsempfinden anderen gegenüber »zuzumuten ist«, und ihre Idee gehört damit der Wertsphäre an. Wie diese »nationalen Gruppen« abzugrenzen sind oder welches »Gemeinschaftshandeln« aus der Solidarität zu entspringen hat, darüber herrscht nach Weber keine Übereinstimmung, so dass nur empirische Untersuchungen versuchen können, dies zu präzisieren. Im üblichen Sprachgebrauch ist Nation weder mit »Staatsvolk«, d.h. mit der Zugehörigkeit zu einer politischen Gemeinschaft, noch mit »Sprachgemeinschaft« identisch. Mehrere Sprachgemeinschaften können im selben Staat (wie in der Schweiz) zusammenleben, gleichwie besondere Sprachgemeinschaften kein Bedürfnis haben, sich staatlich abzusondern. »Allerdings pflegt die Prätention, als besondere ›Nation‹ zu gelten, besonders regelmäßig an das Massenkulturgut der Sprachgemeinschaft anzuknüpfen«. [Ebd.]

Damit weist Weber auf die Tatsache hin, dass bestimmte Merkmale wie die gemeinsame Sprache als Grundlage für die Bildung der Nation gelten *können* und es in der Tat auch meistens tun. Dies sei jedoch ein Prozess, der in der symbolischen Wertsphäre stattfindet und unterschiedlich ausfallen kann, je nachdem wie bestimmte symbolische Zusammenhänge gewertet werden. So ist manchmal die Sprachgemeinschaft allein nicht genug, um zur Bildung einer Nation zu führen, wie z.B. im Fall der Serben und Kroaten, wo ungeachtet der gemeinsamen Sprache das Massenkulturgut der Konfession die ausschlaggebende Rolle für die Trennung spielt.

»Nationsbildend« wirkt nach Weber des Weiteren eine gemeinsame »Erinnerungsgemeinschaft«. Gegenüber dem Begriff der »Blutgemeinschaft« bleibt er indessen skeptisch: »Daß ›nationale‹ Zugehörigkeit nicht auf realer Blutsgemeinschaft ruhen muß, versteht sich vollends von selbst: überall sind gerade besonders radikale ›Nationalisten‹ oft von fremder Abstammung«. [Ebd.] Gemeinsamkeiten der Abstammungsgeschichte sind deswegen nicht einfach gleichgültig, aber weder ausreichend noch erforderlich zur Begründung einer »Nation«. Ihre Idee kann sehr wohl die Vorstellung der Abstammungsgemeinschaft mit einbeziehen, das »ethnische Gemeinsamkeitsgefühl« allein macht jedoch noch keine Nation aus.

Zu beachten ist für Weber darüber hinaus, dass der Gebrauch des Begriffs der Nation schichtenspezifisch ist. »Feudale Schichten, Beamtenschichten, erwerbstätiges ›Bürgertum‹ der untereinander verschiedenen Kategorien, ›Intellektuellen‹-Schichten verhalten sich weder gleichmäßig noch historisch konstant dazu«. [WuG 529] Nicht nur die Gründe, auf die sich der Glaube, eine Nation zu sein, stützt, auch die Verhaltensweisen, die aus dem Zugehörigkeitsgefühl folgen, können daher sehr unterschiedlich und historisch variabel sein. Die Idee der Nation kann des Weiteren in Widerspruch zu dem politischen Verband geraten, wo Staaten unterschiedliche ethnische Gruppen beherrschen, so wie dies in der europäischen Geschichte oft und besonders zu Webers Zeiten der Fall war. Man denke an das Deutsche Reich, an Österreich-Ungarn und nach dem Ersten Weltkrieg (sowie in virulenter Form in der jüngsten Zeitgeschichte) an das ehemalige Jugoslawien.

Auch innerhalb derselben Nation kann das Solidaritätsgefühl äußerst unterschiedlich sein. In der Regel nimmt es, so Weber, bei gemeinsamen kollektiven Erfahrungen (Naturkatastrophen, Krieg etc.) zu, und dies trotz der bestehenden Interessengegensätze, wie sie die Klassenteilung moderner Industriegesellschaften mit sich bringt. Es ist allerdings schwierig, theoretisch zu bestimmen, welches Ausmaß das Nationalgefühl annimmt, so dass Weber auf die Vertiefung der Frage im empirischen Sinne hinweist. »Eine soziologische Kasuistik müßte, dem empirisch gänzlich vieldeutigen Wertbegriff ›Idee der Nation‹ gegenüber, alle einzelnen Arten von Gemeinsamkeits- und Solidaritäts-Empfindungen in ihren Entstehungsbedingungen und ihren Konsequenzen für das Gemeinschaftshandeln der Beteiligten entwickeln«. [WuG 530]

Theoretisch ist indessen darauf einzugehen, dass die Idee der Nation bei ihren Trägern in enger Beziehung zu »Prestigeinteressen« steht. Ursprünglich enthält sie meistens die Legende einer »providentiellen Mission«, an deren Verwirklichung sich das Pathos ihrer Vertreter wendet, und eine Vorstellung, dass gerade die Pflege der Eigenart einer Menschengruppe als Nation dazu beiträgt. Sofern sich diese Mission mit dem Wert ihres Inhalts zu rechtfertigen versucht, stellt sie sich als eine »spezifische Kulturmission« dar. Die vermeintliche Überlegenheit und Unersetzlichkeit der Kulturgüter, die nur durch die »Pflege der Eigenart« zu bewahren sind, bietet somit die Grundlage für die Bedeutsamkeit der Nation. Genauso wie die vorherrschenden Gruppen der politischen Gemeinschaft die Staatsidee prägen, so sind nach Weber diejenigen, die »innerhalb einer ›Kulturgemeinschaft‹ (das soll hier heißen: einer Gruppe von Menschen, welchen kraft ihrer Eigenart bestimmte, als ›Kulturgüter‹ geltende Leistungen in spezifischer Art zugänglich sind) die Führung usurpieren: die ›Intellektuellen‹ also ...in spezifischem Maße dazu prädestiniert, ...die ›nationale‹ Idee zu propagieren«. [Ebd.]

Die »Nation« definiert sich also nach Weber zuerst als »Solidaritätsgemeinschaft nach innen«, die bestimmten Menschengruppen zugemutet wird. Sie kann sich auf Sprach-, Abstammungs- oder Kultgemeinschaft stützen; dies ist jedoch kein empirisches Merkmal der dazugehörenden Menschen, sondern ein kulturelles Produkt und gehört der symbolischen Wertsphäre an. Die Träger des »Nationalprestiges« sind vor allem die Intellektuellen, denn sie sind die »Machthaber« innerhalb der Kulturgemeinschaft. Dieser Umstand verleiht ihnen die politische Rolle, das nackte Machtprestige der politischen Gemeinschaft in das Prestigegefühl umzumünzen, eine »Kulturnation« zu sein. So sieht Weber die Aufgabe der Intellektuellen darin, dass sie aufgrund ihrer Vorherrschaft innerhalb der Sprach- und Kulturgemeinschaft dazu »prädestiniert sind«, die nationale Idee zu propagieren. Auch in diesem Fall lässt sich die Frage stellen, inwieweit dieser Idealtypus der Intellektuellen einer normativen und historisch bedingten Einschränkung unterliegt.

Auf die Themen der Nationalität und des Kulturprestiges kommt Weber im Kapitel über die ethnischen Gemeinschaftsbeziehungen (WuG 234-244) in *Wirtschaft und Gesellschaft* nochmals zurück. Die Beschäftigung mit diesem Text soll hier eine Ergänzung zur bereits eingeführten Untersuchung darstellen.

6.4.2 Webers Auseinandersetzung mit dem »Rassenbegriff«

Webers Untersuchung der »ethnischen Gemeinschaftsbeziehungen« setzt mit einer kritischen Betrachtung des »Rassenbegriffs« an, der zu seiner Zeit ein gängiger Terminus der Sozialwissenschaft war.[95] Die »Rassenzugehörigkeit« ist nach Weber eine äußerst problematische Quelle für die Bestimmung des Gemeinschaftshandelns (sozialen Handelns), da sie sich als ein auf Abstammungsgemeinsamkeit beruhender Besitz »gleichartiger ererbter und vererblicher Anlagen« definiert. [Vgl. WuG 234] Die Abstammungsgemeinsamkeit kann nach Weber zu einer »Gemeinschaft« nur dann führen, wenn sie von den handelnden Menschen *subjektiv* als gemeinsames Merkmal empfunden wird. Dies geschieht jedoch nur, »wenn örtliche Nachbarschaft oder Verbundenheit Rassenverschiedener zu einem (meist: politischen) gemeinsamen Handeln [bewegt], oder [wenn] umgekehrt: irgendwelche gemeinsamen Schicksale der rassenmäßig Gleichartigen mit irgendeiner *Gegensätzlichkeit* der Gleichgearteten gegen *auffällig* Andersgeartete verbunden sind«. [Ebd.]

Hier verwendet Weber den Rassenbegriff ganz unbekümmert, wie es in der Soziologie zur Zeit der Wende vom 19. zum 20. Jahrhundert auch üblich war, um die Abstammungsgemeinsamkeit innerhalb einer Menschengruppe zu bezeichnen. Dies mag heute befremdlich klingen. Was dabei jedoch wichtig ist, ist die Art, wie Weber durch seine kritische Untersuchung den Rassenbegriff entschärft. Denn er zeigt, dass jedes »Gefühl von Rassenzugehörigkeit« ein soziales Konstrukt ist und dadurch entsteht, dass bestimmte *wahrnehmbare* Merkmale zur Grundlage der politischen Vergemeinschaftung gemacht werden.

Dabei pflegt sich das entscheidende Gemeinschaftshandeln negativ zu gestalten, d.h. als Absonderung, Verachtung oder abergläubige Scheu gegenüber den in auffälliger Weise Andersge-

---

95 Zum Rassenbegriff in den frühen Sozialwissenschaften vgl. u.a. Mucchielli (1998).

arteten. So wird Weber zufolge: »der seinem äußeren Habitus nach Andersartige ..., mag er ›leisten‹ und ›sein‹, was er wolle, schlechthin als solcher verachtet«. [Ebd.] Die Abstoßung sei dabei das Primäre, wobei anzumerken ist, dass die vermeintlich somatisch-genetischen Merkmale, auf denen sie beruhen sollte, keinesfalls die ausschlaggebende Rolle spielen. So bemerkt Weber dazu: »1. diese Art von ›Abstoßung‹ [ist] nicht nur den Trägern anthropologischer Gemeinsamkeiten gegen Andersartige eigen, und auch ihr Maß wird keineswegs durch den Grad der anthropologischen Verwandtschaft bestimmt, und 2. knüpft sie auch und vor allem keineswegs nur an ererbte, sondern ganz ebenso an andere auffällige Unterschiede des äußeren Habitus an«. [Ebd.]

Die »ethnische Absonderung« begründet sich also nicht (und begrenzt sich auch nicht) auf die Eigenschaften, die auf eine vermeintlich gemeinsame erbliche Anlage zurückzuführen sind. Vielmehr sind es Unterschiede des Habitus, der Lebensführung und der Sitte, die dafür entscheidend sind. Dies bestätigt auch die Erforschung sexueller Anziehungs- oder Abstoßungsbeziehungen zwischen ethnischen Gemeinschaften, obwohl diese Forschungsrichtung zu Webers Zeit noch ganz in ihren Anfängen stand. Schließlich spricht für Weber die Tatsache, dass es nur in den Vereinigten Staaten »mehrere Millionen Mulatten« gibt, gegen jede Theorie der »genetisch bedingten ethnischen Absonderung«.

Es gibt, so Weber, keine haltbare biologische Grundlage für eine Theorie der Trennung zwischen ethnischen Gruppen, die sich auf einen Begriff der Rassenzugehörigkeit stützen könnte. Ein weiteres Argument gegen die Verwendung des Rassenbegriffs als Erklärung bestimmter sozialer Prozesse bezieht Weber aus zwei Beobachtungen, die er in den USA machte. Sie sind gewiss historisch bedingt, da sie aus der Zeit um 1900 stammen, haben jedoch an Überzeugungskraft nichts eingebüßt.[96] Hinter der Ablehnung sämtlicher Beziehungen zu den Afroamerikanern durch

---

96 Von August bis Dezember 1904 war Weber in den USA, u.a. zur Weltausstellung in St. Louis, wo er einen Vortrag hielt. Vgl. dazu Weber, Marianne (1984) S. 292 f.

die Euroamerikaner vermutet Weber einen Rest der ständischen Diskriminierung aus der Zeit der Sklaverei. Denn auffällig ist für ihn die Tatsache, dass in den USA der winzigste Tropfen afrikanischen Blutes als Grund zur Disqualifizierung gilt, »beträchtliche Einschüsse indianischen Blutes« dagegen aber nicht. Dies lässt sich auf die ständische Herkunft der Afroamerikaner zurückzuführen, die bis in die 1860er Jahre hinein als »Sklavenvolk«, d.h. als ständisch disqualifizierte Gruppe, behandelt wurden. Daraus schließt Weber: »Ständische, also anerzogene Unterschiede und namentlich Unterschiede der ›Bildung‹ (im weitesten Sinn des Wortes) sind ein weit stärkeres Hemmnis des konventionellen Konnubiums als Unterschiede des anthropologischen Typus«. [WuG 235] Dies gilt auch umgekehrt, also für die Ablehnung der Afroamerikaner gegenüber Beziehungen zu den Euroamerikanern. Diese Haltung ist ein Produkt der Emanzipation der Afroamerikaner und ihres Anspruchs, gleichberechtigte Bürger zu sein, so dass sie ebenfalls als ein sozial bedingtes Verhalten anzusehen ist.

Dasselbe gilt generell für zwischenethnische Ehen, wie Weber in einem historischen Exkurs rekonstruiert. [Ebd.] Darin zeigt er, dass es zuvor in der Macht des Hausvaters lag, darüber zu bestimmen, ob Mischlingskinder zur Dauergemeinschaft zugelassen wurden. Die Tendenz zur monopolistischen Abschließung politischer oder ständischer Gemeinschaften schränkte dann diese Macht ein und leitete die Inzucht ein. Die »Endogamie« einer Gemeinschaft ist für Weber somit stets ein sekundäres Produkt sozialer Prozesse. Die »Reinzüchtung anthropologischer Typen« ist als sekundäre Folge sozialer Abschließungen bei Sekten, Kasten und »Pariavölkern« zu sehen, die als Gemeinschaften zugleich verachtet und – aufgrund unentbehrlicher (meist wirtschaftlicher) Leistungen – als Nachbarn gesucht wurden. Ohne sie hier zu erwähnen, denkt Weber dabei auch an die europäischen Juden, deren Lage als Pariavolk er in der *Religionssoziologie* untersuchte.[97]

---

97   Vgl. RS Bd. 3, S. 281 f.

6.4.3 Der »ethnische Gemeinsamkeitsglaube«

Völlig bedeutungslos für die Frage nach der gegenseitigen Anziehung oder Abneigung zwischen ethnisch verfassten Gruppen ist nach Weber, ob die als auffällig abweichend empfundenen Differenzen auf »Anlage« oder »Tradition« zurückgeführt werden. Die Ablehnung einer sozialen »Verkehrsgemeinschaft« zwischen ethnischen Gruppen kann genau so stark von historisch eingelebten Unterschieden der »äußeren Lebensgewohnheit« abhängen wie von sanktionierten somatisch-ethnischen Merkmalen. Neben der Tatsache der Ungewohntheit abweichender Gepflogenheiten ist dabei entscheidend, dass die »abweichende Sitte« in ihrem subjektiven Sinn vom Außenstehenden nicht durchschaut wird, weil diesem der symbolische Schlüssel dazu fehlt. Dieser Mangel an »Verständnisgemeinschaft« hat im negativen Sinne die Abstoßung des Anderen zur Folge. Als »positive Schließungsfunktion« bewirkt dies indes, dass diejenigen sich zu einer sozialen Gruppe zusammenschließen, die sich *subjektiv* darüber bewusst werden, »gleichgeartet zu sein«.

Später werden die ursprünglichen Motive für die Entstehung unterschiedlicher Lebensgepflogenheiten verdrängt, bestehen aber als »Konvention« weiter. Die so entstandenen Sitten wirken sich dann mehr oder weniger »anthropologisch selektierend« auf die Menschengruppe aus, je nachdem in welchem Maße sie eine Verkehrsgemeinschaft mit Gruppen anderer Lebensführung zulassen. Gleichartigkeit und Gegensätzlichkeit von Habitus und Lebensgewohntheit (sowie ihre Wirkung auf die »ethnische Absonderung«) sind demzufolge durchaus den gleichen sozialen Lebensbedingungen unterstellt und in ihrer gemeinschaftsbildenden Wirkung gleichartig.

Weber geht es jedoch um einen weiteren Sachverhalt, der wichtig erscheint für die Untersuchung »ethnischer Gemeinschaftsbeziehungen« aus dem Blickwinkel der verstehenden Soziologie. Fast jede Gemeinsamkeit oder Gegensätzlichkeit des Habitus und der Gepflogenheit kann Anlass zu dem *subjektiven Glauben* werden, dass zwischen den sich anziehenden oder abstoßenden Gruppen »Stammverwandtschaft oder -fremdheit« besteht. In diesem Zusammenhang definiert Weber seinen Begriff der »ethnischen Gruppe«. Diese sei zwar keine »Sippe«, ihre Mitglieder würden aber den subjektiven Glauben an ihre Abstammungsgemeinsamkeit auf Ähnlichkeiten des äußeren Habitus und der Sitten begründen, so dass dieser zum entscheidenden Faktor ihrer Vergemeinschaftung wird. [Vgl. WuG 237] Dies geschieht nach Weber unabhängig davon, ob eine Blutsverwandtschaft innerhalb der Gruppe besteht oder nicht. So unterscheidet sich die »ethnische Gemeinsamkeit« von der Sippengemeinschaft dadurch, dass sie an sich nur *geglaubte Gemeinsamkeit* ist, nicht aber eine Gemeinschaft ausmacht, zu deren Wesen ein reales Gemeinschaftshandeln gehört.

Die ethnische Gemeinsamkeit ist nicht selbst Gemeinschaft, sondern nur ein vor allem die politische Vergemeinschaftung förderndes Moment. »Andererseits pflegt überall in erster Linie die politische Gemeinschaft, auch in ihren noch so künstlichen Gliederungen, ethnischen Gemeinsamkeitsglauben zu wecken und auch nach ihrem Zerfall zu hinterlassen, es sei denn, daß dem drastische Unterschiede der Sitte und des Habitus oder, und namentlich, der Sprache im Wege stehen«. [Ebd.] Ausschlaggebend für die Existenz jeglicher Art von »geglaubter ethnischer Gemeinsamkeit« ist also stets das Bestehen von politischen Gebilden. Auf der einen Seite unterstützen solche Gebilde absichtlich die Entstehung des ethnischen Gemeinschaftsgefühls, so wie dieses auf der anderen Seite häufig den Schatten verfallener politischer Gebilde darstellt.

Die künstliche Entstehung des ethnischen Gemeinsamkeitsglaubens entspricht ganz – so schreibt Weber – dem »uns bekannten Umdeutungsschema« rationaler Vergesellschaftung in persönlichen Gemeinschaftsbeziehungen. Was es mit dieser Feststellung auf sich hat, bleibt freilich unklar, da Weber sie nicht weiter ausführt. Sie weckt jedoch die Erinnerung an die Ausführungen zur Entstehung einer »Einverständnisgemeinschaft« um jede rationale Vergesellschaftung herum, die Weber im Kategorienaufsatz festhielt. [Vgl. oben 4.2.4.; KA 461] »Unter Bedingungen gerin-

ger Verbreitung rational versachlichten Gesellschaftshandelns at-
trahiert fast jede, auch eine rein rational geschaffene, Vergesellschaftung ein übergreifendes Gemeinschaftsbewußtsein in der
Form einer persönlichen Verbrüderung auf der Basis ›ethnischen‹
Gemeinsamkeitsglaubens«. [WuG 237] Diese Art von »Gemeinschaftsbewusstsein« drückt sich auch in »Kulten und Kunstfor-
men« aus, wie Weber in einem historischen Exkurs rekonstruiert.
Am stärksten erzeugt die ausgeformte politische Gemeinschaft
dauerhafte Gemeinsamkeitsgefühle aber dort, wo sie Trägerin des
spezifischen Massenkulturguts der Sprachgemeinschaft wird, die
das gegenseitige Verstehen begründet und erleichtert.

Die Ausweitung der Betrachtung über die Sprachgemeinschaft hinaus führt nach Weber nicht unmittelbar zur »Blutgemeinschaft«, sondern zu äußerlichen Differenzierungsmerkma-
len, die auf Gemeinsamkeiten und Unterschiede der »Lebensführung im Alltag« zurückgehen. Neben starken Differenzen der
ökonomischen Lebensführung spielen auch Unterschiede der
Kleidung, Wohnform und Ernährungsweise sowie der Arbeitsteilung zwischen den Geschlechtern eine grundlegende Rolle.

All diese Dinge gelten analog auch für die »ständische Ehre«,
so dass sich der ethnische Gemeinsamkeitsglaube soziologisch
unter dem Gesichtspunkt der »ständischen Gliederung« der Gesellschaft lesen lässt. Im Unterschied zur ständischen Ehre ist jedoch die »ethnische Ehre« die spezifische Massenehre, da sie jedem zugänglich ist, der der *subjektiv geglaubten* Abstammungsgemeinschaft angehört. Dies bestätigt nach Weber eine weitere Beobachtung in Bezug auf die ethnischen Gemeinschaftsbeziehungen in den USA. »Der ›poor white trash‹, die besitzlosen und, bei
dem Mangel an Arbeitsgelegenheit für freie Arbeit, sehr oft ein
elendes Dasein fristenden, Weißen der amerikanischen Südstaa-
ten waren in der Sklavereiepoche die eigentlichen Träger der den
Pflanzern selbst ganz fremden Rassenantipathie, weil gerade ihre
soziale ›Ehre‹ schlechthin an der sozialen Deklassierung der
Schwarzen hing«. [WuG 239]

Aus der Untersuchung der ethnischen Absonderung als Folge
der sozialen Schichtung leitet sich schließlich Webers Erklärung

für den Gedanken des »auserwählten Volks« ab: Er betrachtet ihn als ein »in das horizontale Nebeneinander übersetztes Pendant ständischer Differenzierungen«. Jene Vorstellung entlehnt ihre Popularität daraus, dass sie im Gegensatz zu den ständischen Unterschieden, »die stets auf Subordination beruhen, von jedem Angehörigen jeder der sich gegenseitig verachtenden Gruppen für sich subjektiv in gleichem Maße prätendiert werden kann«. [Ebd.] Daher würden sich nationalistisch-rassistische Ideologien besonders gut in den Massen der unteren Bevölkerungsschichten verbreiten, da sie deren Bedürfnis nach sozialer Ehre vermittels Deklassierung anderer »ethnischer Gruppen« bedienen. Anlass dafür können beliebige Unterscheidungsmerkmale sein. Deshalb berufe sich die ethnische Abstoßung auf alle denkbaren Unterschiede und mache sie zu »Konventionen«: Bart- und Haartracht, Kleidung und Lebensführung werden von der Konventionalisierung erfasst und zu Symbolen ethnischer Zugehörigkeit gemacht.

Die schärfste Abgrenzung im Geltungsbereich der ethnisch relevanten Sitten ergibt sich allerdings dort, wo durch Wanderungsbewegungen heterogen lebende Menschengruppen aufeinander treffen und zusammenleben müssen. »Der so entstehende deutliche Kontrast der Lebensführung pflegt dann auf beiden Seiten die Vorstellung gegenseitiger ›Blutsfremdheit‹ zu wecken, ganz unabhängig vom objektiven Sachverhalt«. [WuG 240] In welchem Ausmaß dieser Glaube an Verwandtschaft oder Fremdheit die Gemeinschaftsbildung beeinflusst, ist nur schwer zu bestimmen, er äußert sich jedoch stets in der Form eines subjektiven Glaubens an die ethnische Relevanz bestimmter Sitten. Bei einer Ähnlichkeit der Sitten eignet sich der Glaube an die Abstammungsverwandtschaft folglich auch, um ein bestimmtes Gemeinschaftshandeln zu verbreiten. Ganz eindeutig gilt dies für die Propaganda von religiösen Gemeinschaften, wobei allerdings der Inhalt des auf »ethnischer Basis« möglichen Gemeinschaftshandelns eher unbestimmt bleibt. Dieser Unklarheit entspricht nach Weber die mangelnde Eindeutigkeit aller Begriffe, die ein lediglich »ethnisches«, also durch den Glauben an die Blutsverwandtschaft bedingtes Gemeinschaftshandeln bezeichnen. So sind Begriffe wie »Völkerschaft, Stamm und Volk« wissenschaftlich unbrauchbar, wenn der Rückbezug auf jene politischen Gebilde fehlt, aus denen sie als imaginäre Gemeinschaften hervorgehen. Denn regelmäßig wird bei der Verwendung dieser Bezeichnungen eine, wenn auch noch so lose, politische Gemeinschaft mitgedacht oder die Erinnerung an eine frühere oder aber eine Sprach- oder Kultgemeinschaft hinzugedacht. Erst diese Gemeinschaften stellen für Weber Gegenstände der sozialen Wirklichkeit dar und lassen zu ihrer Stärkung den Glauben an die Blutsgemeinschaft entstehen.

6.4.4 Ethnischer Gemeinsamkeitsglaube und politische Gemeinschaft

Was Weber bezüglich der ethnischen Gemeinschaftsbeziehung im Allgemeinen feststellt, lässt sich historisch für den Stammesbegriff bestätigen. Die Einteilung der Völker in Stämme deutet schon mit der häufig runden Zahl auf eine künstliche, durch die politische Gemeinschaft geschaffene Abgrenzung, wie zahlreiche historische Beispiele belegen. [Vgl. WuG 241] Dies weist oft auf eine Neugründung oder Neuordnung des Gemeinwesens hin. Demzufolge ist der »Stamm«, obwohl er die gesamte Symbolik der Blutsgemeinschaft auf sich zieht, ein Kunstprodukt, das durch die politische Gemeinschaft erzeugt wird. Der »ethnische Zusammengehörigkeitsglaube«, der im »Stammesbewusstsein« zum Ausdruck kommt, ist in der Regel primär durch gemeinsame politische Schicksale und nicht durch Abstammung bedingt. Auch praktisch pflegt die Existenz des »Stammesbewusstseins« nach Weber etwas spezifisch Politisches zu bedeuten. Nämlich dass im Kriegsfall ein »politisches Gemeinschaftshandeln« auf dieser Grundlage besonders leicht hervorzubringen ist, d.h. auf dem subjektiven Empfinden der Menschen als Stammes- oder Volksgenossen. Diese politische Basis bildet eine reale Tatsache, die hinter den sonst mehrdeutigen Begriffen von Stamm und Volk steckt. Beide Begriffe bezeichnen das »Aufflammen des Willens zum politischen Handeln«, das zur sittlichen Norm wird, wo eine dafür zuständige politische Gemeinschaft fehlt. Stamm und Volk können jedoch nur fortbestehen, wenn aus diesem Gelegenheitshandeln eine politische Dauergemeinschaft wird, damit ein institutionelles Gebilde die sich als Stamm oder Volk darstellende Bevölkerung stabilisiert.

Alles in allem finden sich für Weber im »ethnisch bedingten Gemeinschaftshandeln« Erscheinungen vereinigt, die eine exakte soziologische Betrachtung voneinander unterscheiden sollte. Dazu gehören die subjektiv geglaubte Wirkung der Veranlagung, die durch Tradition bedingte Sitte sowie die Rückwirkung sprachlicher, religiöser oder politischer Gemeinschaft. Vom analytischen Gesichtspunkt kommt noch die Notwendigkeit hinzu, das Maß zu bestimmen, in dem die einzelnen Komponenten Anziehung oder Abstoßung verursachen; zudem gilt es zu klären, welches Verhalten sie auf der Ebene der Sittengemeinschaft oder des Blutsgemeinschaftsglaubens hervorrufen.

Dies alles wäre im Einzelnen mit Bezug auf empirische Erscheinungen zu untersuchen und hätte klare Folgen für die gesamte Fragestellung, wie Weber in seiner Schlussfolgerung schreibt. »Dabei würde der Sammelbegriff ›ethnisch‹ sicherlich ganz über Bord geworfen werden. Denn er ist ein für jede wirklich exakte Untersuchung ganz unbrauchbarer Sammelname«. [WuG 242] Dieser ernüchternde Schluss gilt jedoch nicht nur für sämtliche »ethnischen Gemeinschaftsbeziehungen«, sondern auch für den Begriff der Nation, zu dem Weber noch anmerkt: »Der bei exakter Begriffsbildung sich verflüchtigende Begriff der ›ethnischen‹ Gemeinschaft entspricht nun in dieser Hinsicht bis zu einem gewissen Grade einem der mit pathetischen Empfindungen für uns am meisten beschwerten Begriffe: demjenigen der ›*Nation*‹, sobald wir ihn soziologisch zu fassen suchen«. [Ebd.] Darin liegt der Grund dafür, dass Webers Betrachtung der »ethnischen Gemeinschaftsbeziehungen« mit einer Kritik der Begriffe von »Nation und Kulturprestige« abschließt.

6.4.5 Nationalität und Kulturprestige

Der Begriff der Nationalität teilt Weber zufolge mit dem Volks-
begriff die vage Vorstellung, dass dem, was als »gemeinsam« empfunden wird, eine Abstammungsgemeinschaft zu Grunde liegt,
obwohl dies in der Tat nicht der Fall ist. Die realen Gründe für
den *Glauben* an das Bestehen einer »nationalen Gemeinsamkeit«
und für das daraus entstehende soziale Handeln sind sehr unterschiedlich. In der Moderne gilt vor allem die Sprachgemeinschaft
als Stütze für den Nationalitätsglauben, wobei sich die »Nationalität« überdies auf den »spezifischen Erfolg« zurückführen lässt,
den sie durch die Existenz des politischen Verbands erlangt. Daraus leitet sich der moderne Begriff des Nationalstaats als politische Verkörperung der nationalen Sprachgemeinschaft ab.

Es gibt jedoch auch politische Gebilde, die sich aus unterschiedlichen Sprachgemeinschaften zusammensetzen und eine
offizielle Sprache für den politischen Verkehr vorsehen. Dies war
der Fall bei den Großreichen der Vergangenheit und ist auch
heute bei den nationenübergreifenden Strukturen der Europäischen Union zu beobachten, die sich der englischen und französischen Sprache als Amtssprachen bedienen. Wie das Beispiel der
Schweiz zeigt, ist die Sprachgemeinschaft nicht notwendig und
auch nicht ausreichend, um das Nationalgefühl zu begründen. Es
gibt also »Stufen« der qualitativen Eindeutigkeit vom nationalen
Gemeinsamkeitsglauben, die zentrale Rolle für dessen Bestehen
spielt aber vor allem die »gemeinsame politische Erinnerung«.
Dies zeigt Weber an einer Reihe von historischen Beispielen zur
Beziehung zwischen der deutschen Sprachgemeinschaft und dem
Nationalitätsgefühl, die aus der Zeit vor 1920 stammen.

Es ist interessant zu beobachten, wie Weber die ideologische
Begründung »jedes alldeutschen Pathos« von Grund auf demon-
tiert, und zwar ausgehend von den deutschsprachigen Elsässern.
»Bei den Deutsch-Elsässern ist die unter ihnen weit verbreitete
Gemeinsamkeitsempfindung mit den Franzosen neben gewissen
Gemeinsamkeiten der ›Sitte‹ und gewisser Güter der ›Sinnenkul-
tur‹ ...durch politische Erinnerungen bedingt, wie jeder Gang

durch das ...Kolmarer Museum zeigt«. [Ebd.] Gemeinsame politische und indirekt (von den Massen als Wahrzeichen der Vernichtung des Feudalismus hoch geschätzte) soziale Schicksale haben nach Weber diese Gemeinschaft gestiftet. Die *Grande Nation* war die Befreierin von der feudalen Knechtung und galt als die Trägerin der Kultur, da ihre Sprache die eigentliche Kultursprache darstellte und das Deutsche als »Dialekt für den Alltag« diente. Die Sprachgemeinschaft allein ist also nicht genug, um nationale Zugehörigkeit zu stiften. Vielmehr kommt es darauf an, welche Rolle die Sprache in der sozialen Skala spielt und welchen Beitrag sie zur Bildung der politischen Gemeinschaft leistet.

Das sich auf dem Boden der Sprachgemeinschaft entwickelnde Nationalgefühl kann aber auch fehlen, wie Weber mit dem parallelen Beispiel der oberschlesischen Polen unter preußischer Vorherrschaft zeigt. Sie seien loyale, wenn auch passive preußische Bürger gewesen, da der Bezug zur politischen Erinnerungsgemeinschaft eines polnischen Staates bei ihnen nicht mehr vorhanden war.

Ein weiteres Beispiel stellen nach Weber die »baltischen Deutschen« dar. Bei ihnen war weder eine positive Wertung der Sprachgemeinschaft mit den Deutschen noch eine Sehnsucht nach politischer Vereinigung mit dem deutschen Reich verbreitet. Sie distanzierten sich vielmehr aus ständischen Gründen, zum Teil auch infolge von Verständnisproblemen und Missachtung der Sitten, von der slawischen Umwelt, obwohl sie eine »loyale Vasallentreue« gegenüber dem Herrscherhause pflegten. »Hier fehlt also ebenfalls alles, was man im modernen, sprachlich oder auch kulturell orientierten Sinn ›Nationalgefühl‹ nennen könnte. Es ist hier, wie bei den rein proletarischen Polen: Loyalität gegenüber der politischen Gemeinschaft in Verschmelzung mit einem auf die ...Sprachgemeinschaft begrenzten, aber stark ›ständisch‹ beeinflußten und modifizierten Gemeinschaftsgefühl verbreitet«. [WuG. 243] Es ist mithin die Loyalität zur politischen Gemeinschaft, die Webers Ansicht nach die ausschlaggebende Rolle spielt und sich von Fall zu Fall mit einem auf der Sprachgemeinschaft begründeten Nationalgefühl verbinden kann – oder eben auch nicht.

Die Größe der Sprachgemeinschaft ist für den Begriff der Nation nicht wesentlich. Ob eine Bevölkerungsgruppe als Nation auftritt, hängt vielmehr davon ab, in welchem Maße sie gewillt ist, »Macht« auszuüben. Die Schweizer würden keine »Nation« darstellen, wenn man die Betrachtung auf die Sprachgemeinschaft beschränkte. Das »Gemeinschaftsgefühl« ist bei ihnen jedoch nicht nur durch Loyalität gegenüber dem politischen Gemeinwesen motiviert, sondern auch durch die Eigenart der »Sitten«, die subjektiv von den drei Sprachgruppen als weitgehend gemeinsame empfunden werden. So ist auch die Loyalität der kanadischen Franzosen gegenüber England durch die Antipathie gegen die Sitten sowie die ökonomischen und sozialen Strukturen in den USA bedingt. Die Zugehörigkeit zu Kanada gilt ihnen somit als Garantie, die überkommene Eigenart zu bewahren.

Diese Beispiele aus der von Weber angeführten Kasuistik dienen dazu, zu zeigen, dass die mit dem Sammelbegriff »national« bezeichneten Gemeinsamkeitsgefühle nichts Eindeutiges sind, sondern aus den verschiedensten Quellen gespeist werden. Es können Unterschiede der sozialen und ökonomischen Gliederung und der inneren Herrschaftsstruktur mit ihrem Einfluss auf die Sitten eine Rolle spielen, ebenso die gemeinsame politische Erinnerung, Konfession und Sprachgemeinschaft.

So kann es auch in einer politischen Gemeinschaft ungeachtet einer gemeinsamen Sprache widersprüchliche nationale Zugehörigkeitsempfindungen geben, je nachdem welche »ethnische Gruppe« befragt wird, wie Weber erneut bezüglich der USA konstatiert. »Ein gemeinsames ›Nationalgefühl‹ verbindet in den Vereinigten Staaten, von der Seite des Weißen aus gesehen, diesen mit dem Schwarzen schwerlich, während die Schwarzen ein amerikanisches ›Nationalgefühl‹ zum mindesten in dem Sinn hatten und haben, als sie das Recht darauf prätendierten«. [WuG 244]

Trotz aller Nuancen und Widersprüche gibt es jedoch für Weber ein Merkmal, das jedes nationale Selbstbewusstsein auszeichnet. Unabhängig von der Größe und der Macht der »Nation« hat dieses Empfinden stets einen politischen Charakter. Der »Begriff der Nation« verweist immer auf die Beziehung zur politischen Macht, »und offenbar ist also ›national‹ – wenn überhaupt etwas Einheitliches – dann eine spezifische Art von Pathos, welches sich in einer durch Sprach-, Konfessions-, Sitten- oder Schicksalsgemeinschaft verbundenen Menschengruppe mit dem Gedanken einer ihr eigenen, schon bestehenden oder von ihr ersehnten politischen Machtgebildeorganisation verbindet«. [Ebd.] Der »pathetische Stolz« auf die bereits vorhandene oder das »pathetische Sehnen« nach der abstrakten Macht der politischen Gemeinschaft kann sowohl in kleinen als auch in großen Sprachgemeinschaften bestehen, die Machtprätentionen erheben. Hier liegt für Weber die letzte Quelle des Nationalgefühls.

Aus dem Exkurs über Webers Theorie der Nation und der ethnischen Gemeinschaftsbeziehungen lässt sich nun ein abschließendes Fazit ziehen. Sämtliche Begriffe, die von der »Abstammungsgemeinschaft« bis zur »Nation« reichen, sind als subjektiv geglaubte und in der symbolischen Sphäre angesiedelte Wertvorstellungen zu interpretieren. Vom Standpunkt der verstehenden Soziologie gilt es, sie auf die sozialen Beziehungen zurückzuführen, durch die sie ins Leben gerufen werden. In diesem Zusammenhang stellen nach Weber die »ethnischen Beziehungsformen« ein Abbild der »ständischen Gliederung« der Gesellschaft dar. So sind Begriffe wie »Blut- und Abstammungsgemeinschaft« oder »Rassenzugehörigkeit« zusammen mit ihren Diskriminierungsmomenten auf die ständischen Schließungs- und Schichtungsprozesse zurückzuführen, die sie verursachen. Dabei spielt der Vergleich der »ständischen« mit der »ethnischen Ehre« eine ausschlaggebende Rolle für den Übergang von der Untersuchung der ethnischen Diskriminierung innerhalb einer politischen Gemeinschaft zu der zwischen Nationen. Termini wie »ethnische Gruppe«, »Stamm«, »Sprachgemeinschaft«, »Volk«, »Völkerschaft« und schließlich »Nation« sind dahingehend zu überprüfen, auf welche politischen Gebilde sie bezogen werden oder aber aufgrund welcher politischer Gebilde sie überhaupt ins Leben gerufen werden. Die in der Alltagssprache verbreiteten Definitionen von sozialen Gruppen als »ethnische Gemeinschaften« sind somit Weber zufolge als Bezeichnungen des subjektiven Empfindens der Handelnden zu sehen, wobei sie als wissenschaftliche Kategorien ganz unbrauchbar sind. Analytisch führt Weber ethnische Gemeinschaften auf die sozialpolitischen Prozesse zurück, die sie hervorrufen. Wie der Hinweis auf das Deutungsschema des Kategorienaufsatzes zeigt, [vgl. KA 461] zieht jede Vergesellschaftung ein »übergreifendes Gemeinschaftsbewusstsein in Form einer persönlichen Verbrüderung auf der Basis ethnischen Gemeinsamkeitsglaubens« [WuG 237] als Begleiterscheinung nach sich. Die Arbeit der Sozialwissenschaft besteht in diesem Fall darin, den umgekehrten Weg zu gehen und die Beziehung zwischen diesen beiden Phänomenen zu explizieren.

7. Abschwächung der Herrschaft und Gewaltenteilung

Auf dem höchsten Niveau der Herrschaftskonzentration schließt Max Webers Rekonstruktion ihres Bildungsprozesses mit dem Begriff der politischen Gemeinschaft als das »Monopol der durch Legalität legitimierten Gewaltanwendung und -androhung«. Nachdem Webers Begriffsbildung bis zu diesem Punkt verfolgt wurde, widmet sich nun die Untersuchung der (vom logischen Standpunkt gesehen) entgegengesetzten Richtung. In diesem Zusammenhang geht Weber auf die unterschiedlichen Formen der Abschwächung und Teilung sowohl der »Herrschaft als soziale Funktion« als auch des Gewaltmonopols innerhalb der politischen Gemeinschaft ein. So untersucht er zum einen die drei reinen Herrschaftstypen ausgehend von der Infragestellung ihres »monokratischen Charakters«. Zum anderen beschreibt er die Abschwächung und Teilung der Herrschaft im Rahmen des bereits konsolidierten Gewaltmonopols und (wo sie existiert) der Ordnung für den geregelten Zugang zur politischen Macht. Dabei lässt er eine Reihe von Phänomenen Revue passieren, die charakteristisch sind für die moderne Politik als Wettbewerb von Parteien und sozialen Gruppen um die im Gewaltmonopol konzentrierten Machtanteile. So sammelt Weber im Verlauf dieser Untersuchung auch die begrifflichen Bausteine, die für eine Theorie der modernen Staatsanstalt notwendig sind. Diese kommen dann in den Aufsätzen zu »Parlament und Regierung« und »Politik als Beruf« (sowie im letzten vom Herausgeber zusammengestellten Kapitel von *Wirtschaft und Gesellschaft*) zur Entfaltung.[98]

---

98 Damit sind Webers gleichnamige Aufsätze gemeint [vgl. GPS 306-443 und 505-560] sowie der aus ihnen (teils aus anderen Texten) von Winckelmann gewonnene letzte Abschnitt von *Wirtschaft und Gesellschaft* [WuG 815-868].

7.1 Die »herrschaftsfremde Umdeutung« des Charisma

Dieser Abschnitt von Webers Untersuchung befindet sich im Kap. 3 des ersten (neueren) Teils von *Wirtschaft und Gesellschaft* [WuG 155-158] in unmittelbarem Anschluss an die Typologie der Herrschaft. Er wird erst hier behandelt, weil Webers politische Kategorienbildung nach einer »logisch-architektonischen« Linie rekonstruiert wird. Diese führt zuerst von der minimalen zur maximalen Konzentration der Herrschaft und widmet sich danach der Frage ihrer Abschwächung und Teilung. Andererseits hat dies mit der Struktur von Webers Argumentation zu tun, da er in diesem Zusammenhang den Begriff der politischen Gemeinschaft (und deren Untertypus der modernen Staatsanstalt) hin und wieder bereits voraussetzt. Deshalb wurde der Untersuchung »herrschaftsfremder Umdeutung des Charisma« die Rekonstruktion vom Begriff der »politischen Gemeinschaft« vorausgestellt. Vor allem die Behandlung der »plebiszitären Herrschaft moderner Parteiführer« setzt unter dem systematischen Gesichtspunkt den Begriff des Herrschaftsmonopols voraus. Trotzdem behandelt Weber die »herrschaftsfremde Umdeutung des Charisma« zuerst unter dem Aspekt der einfachen Herrschaftsfunktion und beschreibt dann die Abschwächung des Machtmonopols in seiner modernen staatlichen Form.

Wie bereits gezeigt wurde, hat das charismatische Legitimationsprinzip der Herrschaft in seinem Ursprung autoritären Charakter. [Vgl. Kap. 5.4.] Der charismatische Herrscher (Kriegsführer, Demagoge oder Prophet) setzt sich aufgrund seiner »Gnadengabe« durch und verlangt unbedingte Hingabe von seiner Anhängerschaft. Die tatsächliche Geltung der charismatischen Autorität beruht zwar auf der kraft »Bewährung« bedingten Anerkennung durch die Beherrschten, gestaltet sich jedoch als eine *Pflicht* der Anhänger »dem charismatisch Qualifizierten *und deshalb* Legitimen gegenüber«. [WuG 156] Dieses autoritäre Prinzip kann aber nach Weber »antiautoritär« umgedeutet werden, wodurch die Möglichkeit entsteht, die charismatische Herrschaft zu einem dauerhaften politischen Gebilde zu machen. Bei einer »zunehmenden Rationalisierung der Verbandsbeziehungen« kommt es folglich dazu, dass die Anerkennung durch die Beherrschten nicht mehr eine Folge der Legitimität ist, sondern *als Legitimitätsgrund* angesehen wird.

Diese Umkehrung der »Legitimationsreihenfolge charismatischer Herrschaft« stellt Webers Ansicht nach die Grundlage der »demokratischen Legitimität« dar, die auf dem Wahlprinzip beruht. Innerhalb des charismatischen Herrschaftsverbands gestaltet sich die »Wahl des Herrschers« entweder als eine Designation durch den Verwaltungsstab (Vorwahl) oder durch den Vorgänger (Vorschlag) oder aber als eine Anerkennung durch die Gemeinde (Wahl). Durch das zuletzt genannte Verfahren wird der »kraft Eigencharisma legitime Herrscher« zu einem »Herrn von Gnaden der Beherrschten«, den diese formal frei wählen, aber auch absetzen können. Der Herrscher ist somit »frei gewählter Führer«, er bezieht seine Legitimation nicht mehr aus der unbedingten und pflichtmäßig zugemuteten Geltung seiner Gnadengabe, sondern aus dem Willen der Beherrschten. Parallel dazu entsteht aus der »Anerkennung der charismatischen Rechtsweisungen des Herrn durch die Gemeinde« schließlich die Vorstellung, dass die Gemeinde selbst Recht setzen, anerkennen und abschaffen kann. Damit entwickelt sich das Recht von der charismatischen Rechtsprechung von Fall zu Fall (der »Kadi-Justiz« nach dem Schema des Prophetenwahrspruchs: »Es steht geschrieben, ich aber sage Euch«) zum legalen Verfahren. [Vgl. WuG 564]

In diesem Sinn ist die herrschaftsfremde Umdeutung des Charisma ein Prozess, der den Übergang vom charismatischen zum legalen Typus einleitet. Interessant ist dabei, dass Weber »Demokratie« hier nicht als die Volkssouveränität versteht, aus der sich die Legitimation der Repräsentanten durch Wahlen ableitet, sondern als Ergebnis der Abschwächung des Legitimationsverfahrens charismatischer Herrschaft. In diesem Zusammenhang schweben ihm wohl historische Beispiele der Umdeutung von politischem Charisma vor (Bonapartismus), auf die er noch explizit eingehen wird.

Demgegenüber stellt Webers Studie zu »Parlament und Regierung« die Frage der Demokratisierung im Zusammenhang mit der Machtstellung des Repräsentantenhauses ins Zentrum der Betrachtung.[99] Dabei ist anzumerken, dass Weber das »demokratische Prinzip« oftmals im Sinne der »charismatischen Führerschaft« eines von den Massen unterstützten Demagogen deutet und darin ein Korrektiv zu einer »führerlosen bürokratischen Verwaltung« sieht. In welcher Beziehung diese Begriffe zu Webers Theorie des Parlamentarismus stehen, wird in Kapitel 8 untersucht.

Als wichtigsten Übergangstypus zur antiautoritären Umdeutung des Charisma betrachtet Weber die »plebiszitäre Herrschaft«. Sie ist am häufigsten im »Parteiführertum des modernen Staates« zu finden, besteht jedoch überall, wo der Herrscher sich als Vertrauensmann der Massen legitimiert fühlt und als solcher anerkannt wird. Das höchst adäquate Mittel, um das Vertrauen der Massen in diesem Zusammenhang zu erlangen, ist das »Plebiszit«, wie es im 19. Jahrhundert vor allem in Frankreich zum Einsatz kam.

Weber verweist explizit auf historische Umstände, die zu seiner Zeit eine Selbstverständlichkeit der politischen Bildung darstellten, und macht seine idealtypische Kategorienbildung bis zu einem bestimmten Grad davon abhängig. Vom Standpunkt einer zeitgenössischen Demokratietheorie gesehen, scheinen folglich einige Aspekte dieser Reflexion als »historisch bedingt« und sind deshalb vor ihrem geschichtlichen Hintergrund zu lesen.

Theoretische Bedingung für Webers Sicht der plebiszitären Herrschaft sind allerdings die Begriffe von Staat und Partei sowie von Politik im modernen Sinne, die er erst später einführt. Hier reicht es jedoch aus, auf ihre logische Voraussetzung hinzuweisen, wonach das Herrschaftsmonopol bereits besteht und die Politik durch Parteien bestimmt wird, die um Machtanteile oder

---

99 Vgl. GPS 306–443.

um die Beeinflussung der Machtverteilung konkurrieren.[100] Unter diesen Umständen kann es nach Weber dazu kommen, dass ein Demagoge die Macht ergreift und die erlangte charismatische Führung später durch den Willen der Massen legitimieren lässt. In der Regel erfolgt dies mittels eines »Plebiszits«, wie beispielsweise in Frankreich. »In den klassischen Fällen beider Napoleons ist es *nach* gewaltsamer Eroberung der Staatsgewalt angewendet, bei dem zweiten nach Prestige-Verlusten erneut angerufen worden«. [WuG 156] So sieht Weber im Plebiszit das spezifische Mittel für die Ableitung der Herrschaftslegitimität aus dem (formal oder der Fiktion nach) freien Vertrauen der Beherrschten.

Webers Definition der plebiszitären Herrschaft beschreibt den Übergang von der charismatisch-autokratischen Herrschaft zu einem »durch das Volk bestätigten Führertum«. In dieser eingeschränkten Hinsicht liegt eine »Demokratisierung« vor – betrachtet man diesen Terminus allerdings vom normativen Gesichtspunkt aus, so lässt er durchaus zu wünschen übrig und lässt Weber als einen »Theoretiker der elitistischen Demokratie« erscheinen.[101]

Als den wichtigsten Untertypus der plebiszitären Demokratie sieht Weber die sogenannte »Führerdemokratie«. Sie ist eine Art charismatischer Herrschaft, die sich unter der Form einer vom Willen der Beherrschten abgeleiteten Legitimität verbirgt, wobei der Demagoge tatsächlich kraft »der Anhänglichkeit und des Vertrauens« seiner Gefolgschaft herrscht. [Vgl. Ebd.] Diesen Typus verkörpern nach Weber die Diktatoren der antiken und modernen Revolutionen dadurch, dass sie in der plebiszitären Anerkennung durch das Volk (wo immer sie dies auch anstrebten) nach Legitimität für ihre Herrschaftsform suchten.

Zu den Eigenschaften der »plebiszitären Herrschaft« merkt Weber noch Folgendes an. Als Herrschaftstypus untersteht sie demselben Veralltäglichungszwang wie andere charismatische Herrschaften. Am schärfsten entgegengesetzt ist sie dem Typus

---

100 Vgl. dazu GPS 506.
101 Vgl. Schmidt, Manfred G. (1997). *Demokratietheorien. Eine Einführung*. 2. Aufl. Opladen: Leske und Budrich, S. 120 f.

der »führerlosen Demokratie«, der sich durch das Streben nach Minimierung der Herrschaft des Menschen über den Menschen auszeichnet. Der Verwaltungsstab »plebiszitärer Herrschaft« ist rein charismatisch rekrutiert und trägt den Charakter einer Verwaltung kraft widerrufbaren Gelegenheitsmandaten.

Was schließlich die Beziehung der »antiautoritären Umdeutung des Charisma« zur Wirtschaft anbelangt, so führt sie normalerweise in die Bahn der Rationalität. Der plebiszitäre Herrscher stützt sich mit der Zeit immer mehr auf einen bürokratischen Verwaltungsstab und führt eine Reihe von Reformen ein, wie das klassische Paradigma des »Bonapartismus« verdeutlicht. [Vgl. WuG 158] Einerseits bindet er die Beherrschten durch kriegerische Erfolge und durch Förderung des materiellen Wohlstands an sich dadurch »bewährtes Charisma«. Andererseits bekämpft er die traditionalen Herrschaftsbeziehungen und schafft neue ökonomische Interessen, die mit ihm durch »Legitimitätssolidarität« verbunden bleiben. Sofern sich plebiszitäre Gewalten dabei der Formalisierung und Rationalisierung des Rechts bedienen, fördern sie die Entwicklung einer formal rationalen Wirtschaft, wie dies Napoleon mit dem *Code civil* tat. Sie schwächen indes die formal rationale Entwicklung der Wirtschaft, wenn sie materiale Gerechtigkeitspostulate in die Justizverwaltung (Volksgerichte, Revolutionsgerichte) oder in die Kontrolle der Wirtschaft (Sozialismus) einführen.

7.2 Kollegialität und Gewaltenteilung

Unter den Stichworten von Kollegialität und Gewaltenteilung befasst sich Weber mit der Problematik der Schwächung »monokratischer Gewalt«. In der Herrschaftstypologie [siehe Kap. 5] ist er von der Existenz einer ungeteilten Herrschaftsfunktion (idealtypisch von einer Person ausgeübt, ggf. aber auch durch ein Gremium) ausgegangen und hat ihre drei Legitimationsgründe beschrieben. Nun geht es darum zu zeigen, welche Herrschaftsformen auf der Zergliederung der idealtypisch-einheitlichen Herrschaftsfunktion beruhen, vor allem da, wo diese durch »*spezifische*, die Herrschaft beschränkende soziale *Beziehungen* und Verbände« erfolgt. [WuG 158] Was die Abschwächung und die daraus resultierende Beschränkung der charismatischen Herrschaft betrifft, wurde schon einiges im letzten Abschnitt gesagt. Jetzt befasst sich Weber mit der Teilung und Abschwächung der Herrschaft im Rahmen der traditionalen und der rationalen Herrschaft. Dabei unterbreitet er eine längere Auflistung von Typen und Untertypen, auf die hier lediglich synthetisch eingegangen wird.

Eine patrimoniale oder feudale Herrschaft ist in der Regel durch ständische Privilegien und am stärksten durch »ständische Gewaltenteilung« beschränkt. Eine bürokratische Herrschaft ist indessen durch rationale Regeln zu ihrer Durchführung begrenzt, was normalerweise mit der Entstehung der dafür zuständigen Behörden verbunden ist. Diese können Kontrollbehörden sein oder Behörden, die Satzungen für die Ausübung der Herrschaft schaffen, oder schließlich Behörden, die Mittel zu ihrer Durchführung bewilligen.

Jede Art von Herrschaft kann des Weiteren ihres »monokratischen«, an eine Person gebundenen Charakters entkleidet werden und unter das »Kollegialitätsprinzip« gestellt werden. Dies erfolgt einerseits, indem neben der monokratischen Herrengewalt andere monokratische Gewalthaber stehen, die nach Tradition oder Satzung als Kassationsinstanzen wirken (Kassationskollegialität mit Recht auf Widerruf von Anordnungen, Entscheidungen und Urteilen). Andererseits ergibt sich Kollegialität im Fall von Behörden, die laut Satzung nicht durch einen Einzelnen geführt werden dürfen, so dass ihre Mitarbeiter entweder dem Einstimmigkeits- oder dem Mehrheitsprinzip folgen. Schließlich kommt Kollegialität durch das Prinzip des »*primus inter pares*« oder durch die Existenz einer beratenden Körperschaft (sowie einer Behörde von Fachleuten) zustande, wobei der Herrscher verpflichtet ist, deren Rat einzuholen.

Eine Abschwächung der Herrschaft kann schließlich durch Anwendung des Kollegialitätsprinzips auf die höchsten Herrschaftsinstanzen durchgeführt werden, indem die Zuständigkeiten im Turnus wechseln oder dauernde Ressorts der Einzelnen entstehen. [Vgl. WuG 160] Man denke beispielsweise an die politischen Strukturen der EU mit der sechsmonatigen Präsidentschaft oder an die Europäische Kommission.

Innerhalb der patrimonialen und feudalen Herrschaftsverbände ist Kollegialität entweder Folge der ständischen Gewaltenteilung (Koalition der Stände gegen den Herrn) oder umgekehrt das Ergebnis der Solidarisierung von Beamtentum und Herrn gegen die Stände. Darüber hinaus kann sich Kollegialität dadurch ergeben, dass Delegierte der verschiedenen Interessengruppen zusammenkommen, um bei Interessengegensätzen zu verhandeln und zu vermitteln. Die ständische Gewaltenteilung ist für Weber ein solcher Fall, da sie stets nur durch einen Kompromiss der Privilegierten zu Entscheidungen gelangte. [Vgl. WuG 161] Schließlich gibt es die »Abstimmungskollegialität«, die dadurch entsteht, dass unterschiedliche autonome Verbände sich zu einem neuen Verband vergesellschaften und ein Einflussrecht auf Entscheidungen durch »Appropriation von Stimmen auf ihre Leiter oder Delegierte« erzielen. [Vgl. WuG 162]

Nachdem Weber die Typologie der Kollegialität erläutert hat, beschäftigt er sich mit der Frage ihrer funktionalen Bedeutung. Im negativen Sinne bedeutet Kollegialität fast unvermeidlich eine Hemmung präziser, eindeutiger, schneller Entschlüsse, da vor allem das Tempo der Entscheidung durch ihr Verfahren verringert wird. Deshalb setzte sich in der Neuzeit allmählich die Bürokratie mit »monokratischer Kompetenz« durch, weil dadurch Entscheidungen schneller zustande kamen. Die kollegiale Verwaltung konnte damit nicht konkurrieren, obwohl sie für mehr »Gründlichkeit der Erwägung« stand. Das historische Verdienst der Kollegialität besteht indes für Weber darin, dass sie den Begriff der Behörde erst zur vollen Entfaltung brachte, da sie stets mit der Trennung von Büro und Haushalt, Verwaltungsmitteln und Privatvermögen verbunden war. Ein Interesse nach

Wiederbelebung der kollegialen Leitung entspringt schließlich meistens aus dem Bedürfnis nach Schwächung des Herrschers. Dies gilt in erster Linie nicht für negativ privilegierte Schichten, sondern gerade für positiv privilegierte Schichten, die dadurch ihre Vorrechte zu stärken versuchen, so dass in diesem Rahmen Kollegialität meistens »*Gleichheit* der Privilegierten« bedeutet. [Vgl. WuG 163]

Im Unterschied dazu ist vor allem in der Moderne die Herrengewalt durch »spezifizierte Gewaltenteilung« abgemildert. Im Legalitätsfall konstitutioneller Gewaltenteilung bedeutet dies die Aufteilung von rational bestimmten Funktionen als Herrengewalten auf verschiedene Inhaber, damit legitime Entscheidungen nur durch einen Kompromiss zwischen ihnen entstehen können. [Vgl. WuG 165] Der Unterschied zur ständischen Gewaltenteilung besteht darin, dass die konstitutionelle Gewaltenteilung eben *spezifiziert* ist. Sie ist nach sachlichen Kriterien bestimmt und an verschiedene Inhaber verteilt, die nicht nur unterschiedliche Kompetenzen haben, sondern auch über unterschiedliche Herrenrechte verfügen.

Spezifizierte Gewaltenteilung ist nicht unbedingt etwas Modernes; sie besteht auch im Fall der Scheidung zwischen selbständigen politischen und hierokratischen Gewalten, wie noch zu sehen ist. Um den besonders modernen Charakter der konstitutionellen Gewaltenteilung hervorzuheben, ist es deshalb nach Weber notwendig, den Begriff der Gewaltenteilung auf die Teilung der »höchsten Herrengewalt« zu beschränken. Historisch habe sie sich aus der ständischen Gewaltenteilung entwickelt, vor allem da bestimmte finanzielle Bedürfnisse der Krone nur durch Kompromiss mit den Ständen zu befriedigen waren. Aus dieser historischen Situation hätten Montesquieu und Burke die Theorie der konstitutionellen Gewaltenteilung entwickelt.

Die rechtsstaatlich-konstitutionelle Gewaltenteilung bleibt jedoch für Weber ein an sich labiles Gebilde, da die »wirkliche Herrschaftsstruktur« durch die Frage bestimmt ist, was passieren würde, wenn die konstitutionellen Gewalten keinen Kompromiss erzielen. [WuG 166] Damit verweist Weber auf die Frage der politischen Relevanz des Ausnahmezustands, auf die er noch in seinem Aufsatz zur Wahl des Reichspräsidenten zurückkommen wird und deren Beantwortung einen bedeutenden Streitpunkt der politischen Theorie im 20. Jahrhundert darstellt.[102]

Was die Beziehung der Kollegialität zur Wirtschaft angeht, so bemerkt Weber, dass die rationale Leistungskollegialität legaler Behörden die Sachlichkeit der Verfügungen steigert und die Existenzbedingungen der Wirtschaft stärkt. Im Gegensatz dazu wird sie durch die irrationale Kollegialität traditionaler Verwaltung geschwächt. Im Allgemeinen pflegt die Gewaltenteilung die Rationalisierung der Wirtschaft jedoch zu begünstigen, da sie rationale Zuständigkeiten schafft und damit ein Moment der Berechenbarkeit mit sich bringt. Die Aufhebung der Gewaltenteilung im sozialistischen Sinn (Räterepublik) führt indes zur Durchsetzung materialer Rationalität, die den Abbau formaler Rationalität einleitet.

7.3 Honoratioren und Repräsentation

Über die »Abschwächung der Herrschaft« hinaus untersucht Weber in diesem Abschnitt ihre »Minimierung« und zwar ausgehend von der sogenannten »unmittelbaren Demokratie«, die sich durch eine fast vollständige Auflösung jeder Über- und Unterordnungsbeziehung auszeichnet. Daraufhin rekonstruiert er Stufe um Stufe die Entwicklung der Vertretungsfunktion hin zu einer autonomen Führungsposition, die Herrschaftscharakter besitzt. Die Minimierung der Herrschaft wird normalerweise dadurch erreicht, dass die Vollzugsfunktionen durch »Verwalter« ausgeübt werden, die »*lediglich* nach Maßgabe des Willens, im ›Dienst‹ und kraft Vollmacht der Verbandsgenossen« [WuG 169] agieren. Dies ist vor allem in kleinen Verbänden möglich, deren

---

102 Vgl. Max Weber, »Der Reichspräsident«. In: GPS, S. 498-501. Zur Auseinandersetzung über Webers Lehre vom Reichspräsidenten vgl. Mommsen (1974a) S. 408 Fußnote 155.

Mitglieder sich kennen, schnell versammeln und beraten können. Bei größeren Verbänden stößt diese Verwaltungsform jedoch auf organisatorische Schwierigkeiten.

Die technischen Mittel, deren sich eine »herrschaftsfremde Verbandsverwaltung« bedient, sind nach Weber die folgenden: kurze Amtszeiten, jederzeitiges Abberufungsrecht, Turnus- bzw. Losprinzip der Besetzung, imperatives Mandat mit konkret definierten Kompetenzen, strenge Rechenschaftspflicht sowie Nebenberufscharakter des Amtes. Dies setzt allerdings voraus, dass die betreffenden Verwaltungsaufgaben keinesfalls die Komplexität haben, die nur Berufsbeamte bewältigen können.

In der Regel wird die herrschaftsfremde Verbandsverwaltung durch Wahl bestellt, die in der Genossenversammlung stattfindet. Es herrscht das Prinzip der Mündlichkeit; wichtige Anordnungen müssen der Versammlung vorgelegt werden. Solange die Verwaltungsarten, die diesem Typus entsprechen, auch effektiv sind, sollen sie Weber zufolge mit dem Begriff der »unmittelbaren Demokratie« bezeichnet werden. Aus dieser minimalen Verwaltungsform entwickelt sich dann die »Honoratiorenverwaltung« dadurch, dass bestimmte Personen bestimmte Funktionen ehrenamtlich, aber auf Dauer ausüben. Unter »Honoratioren« versteht Weber Personen, die »1. kraft ihrer ökonomischen Lage imstande sind, kontinuierlich nebenberuflich in einem Verband leitend und verwaltend ohne Entgelt oder gegen nominales oder Ehren-Entgelt tätig zu sein, und welche 2. eine, gleichviel worauf beruhende, soziale Schätzung derart genießen, daß sie die Chance haben, bei formaler unmittelbarer Demokratie kraft Vertrauens der Genossen zunächst freiwillig, schließlich traditional, die Aemter inne zu haben«. [WuG 170]

Die unbedingte Voraussetzung für eine Honoratiorenstellung liegt Weber zufolge darin, »*für* die Politik leben zu können, ohne *von* ihr leben zu müssen«, [ebd.] d.h., einen bestimmten Grad von Abkömmlichkeit aus den eigenen privaten Geschäften zu genießen. Dieser Status ist in erster Linie für diejenigen charakteristisch, die über eine finanzielle Rente verfügen (Rentiers) oder Freiberufler (vor allem Rechtsanwälte) sowie »patrizische Gelegenheitshändler« sind. Jede unmittelbare Demokratie neigt, so Weber, dazu, eine Honoratiorenverwaltung zu werden, da diese billig bis kostenlos ist und als sachlich qualifiziert gilt. Dabei besitzt der »Honoratiore« zum Teil die Verwaltungsmittel oder nutzt sein Vermögen als solches, zum Teil stellt ihm der Verband die Mittel zur Verfügung.

Wie die direkte Demokratie versagt jedoch auch die Honoratiorenverwaltung dort, wo es sich um die Leitung größerer Verbände handelt oder um Verwaltungsaufgaben, die Fachschulung sowie Stetigkeit der Leitung verlangen. Schließlich bestehen beide solange genuin, als keine politischen Parteien als Dauergebilde entstehen, die sich bekämpfen und Ämter anzueignen versuchen. Denn Führerschaft und Verwaltungsstab der politischen Parteien sind Herrschaftsgebilde und setzen ihre Verwaltungsform auch im politischen Verband durch, trotz jeder Bewahrung der Formen der bisherigen Verwaltung. [Vgl. WuG 171]

Mit »Repräsentation« bezeichnet Weber den Tatbestand, dass das Handeln bestimmter Verbandszugehöriger (Vertreter) den übrigen zugerechnet und für sie als verbindlich betrachtet wird. [Vgl. Ebd. sowie WuG 25] Innerhalb der Verbandsherrschaft nimmt die Repräsentation unterschiedliche Formen an, die Weber nach zwei Kriterien rekonstruiert: einerseits nach der Unterscheidung von traditionalen und modernen Herrschaftsformen und andererseits nach der von minimaler und vollständiger Unabhängigkeit der Vertreter.

Den ersten Typus bildet die »appropriierte Repräsentation«, bei der sich der Leiter das Recht der Repräsentation angeeignet hat, was charakteristisch für patriarchale und charismatische Verbände ist. Die Vertretungsmacht hat allerdings in diesem Zusammenhang meistens traditionalen Umfang. Diesem Typus steht die »ständische Repräsentation« nahe. Sie ist in erster Linie eine Vertretung eigener Privilegien, hat jedoch Repräsentationscharakter dadurch, dass »die Rückwirkung der Zustimmung zu einem ständischen Rezeß *über* die Person des Privileginhabers hinaus auf die nicht privilegierten Schichten, nicht nur der Hintersassen, sondern auch anderer, nicht durch Privileg ständisch Berechtigter, wirkt, indem ganz regelmäßig deren *Gebundenheit* durch die Abmachungen der Privilegierten als selbstverständlich vorausgesetzt oder ausdrücklich in Anspruch genommen wird«. [WuG 172] Den schärfsten Gegensatz zur ständischen Repräsentation stellt die »gebundene Repräsentation« durch gewählte Beauftragte dar, deren Vertretungsgewalt durch imperative Mandate und Abberufungsrecht begrenzt und an die Zustimmung der Vertretenen gebunden ist. Denn solche Repräsentanten sind in der Tat nichts anderes als Beamte der von ihnen Repräsentierten.

Der gebundenen Repräsentation steht die »freie Repräsentation« gegenüber. Der gewählte Repräsentant ist hier an keine Instruktion gebunden, sondern Herr über sein Verwalten. In dem Sinne ist die freie Repräsentation oft eine Folge des Versagens der Instruktion. In anderen Fällen entspricht sie jedoch dem Sinn der Repräsentantenwahl, da der Vertreter nach bestimmten Regeln und für eine bestimmte Zeit zum »Leiter« seiner Wähler erkoren wird und nicht mehr ihr Diener ist. »Diesen Charakter haben insbesondere die modernen parlamentarischen Repräsentationen angenommen, welche die allgemeine Versachlichung: Bindung an abstrakte (politische, ethische) *Normen*: das Charakteristikum der legalen Herrschaft, in dieser Form teilen«. [WuG 172] Am stärksten ist die Entwicklung zur freien Repräsentation durch das »voluntaristische Eingreifen« der Parteien in die parlamentarische Politik bedingt, da sie einerseits den passiven Bürgern Kandidaten und Programme vorschlagen und andererseits die Normen für die Verwaltung schaffen. Somit werden die Parteileiter und der durch sie designierte Verwaltungsstab die tatsächlichen Leiter der Staatsanstalten.

Abschließend geht Weber auf die Umstände ein, die eine gemeinsame Herrschaft des Fürsten und der Parteien in einem monarchisch-konstitutionellen System ermöglichen. Dies ist ein historisch relevantes, für unsere Zwecke hingegen nicht zentrales Thema, [vgl. WuG 173] so dass hier lediglich auf die Typologie hingewiesen sei, die Weber diesbezüglich konzipiert. Von einer »konstitutionellen Regierung« ist in diesem Zusammenhang solange die Rede, wie es eine Gewaltenteilung zwischen dem Fürst und der Parteiregierung gibt. Einen Sonderfall bildet die »plebiszitärrepräsentative Regierung«, in der ein durch Plebiszit bestätigter Präsident die Stelle des Fürsten einnimmt. Und von einer »rein repräsentativen Regierung« spricht Weber dort, wo ein politischer Verband rein parlamentarisch regiert ist.

Der Zusammenhang der Repräsentation mit der Entwicklung der Wirtschaft ist nach Weber schwierig zu bestimmten. In der Regel geht die Zersetzung der ökonomischen Grundlage ständischer Gesellschaften durch die Entwicklung des Kapitalismus mit dem Übergang zur freien Repräsentation einher. Historisch gesehen führte das Bedürfnis nach Berechenbarkeit der Verwaltung das Bürgertum dazu, nach eigener Vertretung und Begrenzung der fürstlichen sowie feudalen Macht zu verlangen. Denn nur die Wirkungskraft der Parlamente konnte eine formale Rationalisierung von Staat und Wirtschaft begünstigen. Später ist es vor allem das Interesse der Demagogen gewesen, das Wahlrecht auszudehnen, um die Basis ihrer Herrschaft zu verbreiten. Durch die Entwicklung der modernen Klassengegensätze und die Bürokratisierung der Massenparteien wandelte sich schließlich die Lage der Parlamente derart, dass die Abgeordneten von »Herren der Wähler« zu »Dienern der Parteimaschinenführer« wurden. [Vgl. WuG 174]

Als letzten Typus führt Weber die »Repräsentation durch Interessenvertretung« ein, bei der die Bestellung der Repräsentanten nicht frei erfolgt. Denn sie werden hier gerade nach Berufen, ständischer oder Klassenlage gewählt und treten zu einer »berufsständischen Vertretung« zusammen. Dies kann Grundverschiedenes bedeuten, je nachdem welche Berufe, Stände oder Klassen mit welchem Anteil von Macht zugelassen werden. So kann die Interessenvertretung sowohl »konservativ« als auch »revolutionär« sein, sie ist allerdings das Ergebnis der Entstehung von großen Klassenparteien. Normalerweise verbindet sich mit der Schaffung dieser Art von Repräsentation die Absicht, bestimmten Schichten das Wahlrecht zu entziehen: durch Verteilung der Mandate nach materialem Prinzip auf bestimmte Berufsgruppen oder durch formalen Ausschluss der Besitzenden (Räterepublik).

Dadurch wird einerseits der ausschließliche Interessenbetrieb der Parteien geschwächt. Andererseits neigen solche Repräsentativkörperschaften nach Weber zur »Führerlosigkeit«, da nur die berufsmäßigen Interessenvertreter (also die besoldeten Sekretäre der Interessenverbände) als Repräsentanten in Betracht kommen, die der Interessenvertretung ihre ganze Zeit zur Verfügung stellen. [Vgl. WuG 175]

7.4 Klassen, Stände und Parteien

Weber befasst sich mit Klassen, Ständen und Parteien sowohl im neueren als auch im älteren Teil von *Wirtschaft und Gesellschaft*. Im neueren Teil fällt die Untersuchung eher knapp aus und ist womöglich nicht abgeschlossen, [WuG 167-169 und 177-180] wohingegen sie im älteren Teil ausgefeilter wirkt. [WuG 531-540] Der ältere Teil dient unserer Darstellung als Grundlage, die immer dort auf die Begriffsdefinitionen des neueren Teils eingeht, wo sie den älteren Text weiterführen und ergänzen.

Klassen, Stände und Parteien sind nach Weber »Typen der Machtverteilung« innerhalb der Gemeinschaft, so dass eine Reflexion über die Beziehung zwischen Recht, Macht (besonders ökonomischer) und sozialer Ehre (Prestige) deren Untersuchung einführt. Sowohl die Rechtsordnung (im Sinne der faktisch geltenden Normen [vgl. WuG 181]) als auch die ökonomische Macht wirken sich auf die Machtverteilung innerhalb der Gemeinschaft aus. Der Definition zufolge bedeutet »Macht« die Chance eines Handelnden, den eigenen Willen in einem Gemeinschaftshandeln auch gegen Widerstand der anderen durchzusetzen. [Vgl. WuG 28]

Ökonomische und politische Macht kann sowohl als Mittel zum Zweck eingesetzt als auch um ihrer selbst willen geschätzt werden, vor allem weil sie soziale Ehre (Prestige) mit sich bringt. Nicht jede Macht garantiert jedoch Prestige, wie z.B. die soziale Stellung eines »Neureichen« zeigt, bei dem die hohe Position innerhalb der Wirtschaftsordnung nicht automatisch eine »Prestigestellung« in der sozialen Ordnung bedeutet. Andererseits gilt nicht nur die Macht als Grundlage der sozialen Ehre, sondern Letztere kann umgekehrt die Basis von politischer und ökonomischer Macht sein. Die Rechtsordnung sanktioniert schließlich Macht und Ehre, ist jedoch nicht deren primäre Quelle, da sie nur die Chancen ihres Besitzes stärkt und stabilisiert.[103] Im Unterschied zur Studie, die Weber in der Herrschaftssoziologie vorlegte, untersucht er hier die Typen der *Macht*verteilung. Da der Machtbegriff »soziologisch amorph« ist, konzentriert sich seine Aufmerksamkeit auf die Mittel, die bestimmten Handelnden dazu verhelfen, ihren Willen im sozialen Kreis durchzusetzen und Machtpositionen zu erlangen. Nicht die Herrschaft als soziale Beziehung, sondern die Verteilung der Macht als Ressource innerhalb der Gesellschaft steht somit im Zentrum der Untersuchung.

Im Zusammenhang der Untersuchung von Klassen, Ständen und Parteien arbeitet Weber mit drei Ordnungsbegriffen. Erstens benennt er die »Rechtsordnung« als die Summe der Normen, die für ein soziales Handeln tatsächlich und nicht nur vom normativ-logischen Gesichtspunkt aus gelten. Zweitens die »Wirtschaftsordnung« als die tatsächlich existierende Verteilung der Verfügungsgewalt über Güter und Dienste innerhalb einer Gemeinschaft. [Vgl. WuG 181] Und drittens die »soziale Ordnung«, also die »Art, wie soziale ›Ehre‹ in einer Gemeinschaft sich zwischen typischen Gruppen der daran Beteiligten verteilt«. [WuG 531] Wirtschaftsordnung und soziale Ordnung gehen aus der Verteilung unterschiedlicher Ressourcen (Güter und Dienste oder Prestige) hervor, während die Rechtsordnung ihre Gliederung sanktioniert und stabilisiert.

Um ein vollständiges Bild zu gewinnen, ist den drei Ordnungstypen noch die »politische Gliederung« der Gesellschaft hinzuzufügen. So gelangt Weber zur Untersuchung der »spezifischen Machtverteilung«, die innerhalb der unterschiedlichen

---

103 Zur Beziehung zwischen Wirtschaftsordnung und Rechtsordnung vgl. WuG 181 f.

Ordnungen sowie der politischen Gliederung der Gesellschaft entsteht und die Gegensätze von Klassen, Ständen und Parteien hervorbringt. Dabei konzentriert er seine Aufmerksamkeit auf die drei Arten von *Ressourcen*, deren Besitz sich als Machtfaktor einsetzen lässt und zur Teilung der sozialen Gruppe führt. Diese sind entweder spezifisch »ökonomische Ressourcen«, aus deren Verteilung die Unterscheidung der Klassen entsteht. Oder sie sind »Prestigeressourcen«, deren Besitz die ständische Gliederung der Gesellschaft hervorbringt. Oder schließlichsie sind »politische Ressourcen«, die sich aus der Verteilung der Macht ergeben, die in jedem Verband aber am stärksten im Gewaltmonopol der politischen Gemeinschaft[104] konzentriert ist und um deren Aneignung die politischen Parteien konkurrieren.

7.4.1 Klassen

Klassen sind Webers Ansicht nach keine Gemeinschaften (also keine strukturierten Verbände), »Klassenlagen« stellen jedoch eine mögliche Grundlage für das soziale Handeln der Menschen dar. Er spricht von Klassen dort, wo eine Mehrzahl von Menschen »eine spezifische ursächliche Komponente ihrer Lebenschancen« gemeinsam haben, soweit »diese Komponente lediglich durch ökonomische Güterbesitz- und Erwerbsinteressen und zwar ...unter den Bedingungen des (Güter- oder Arbeits-) *Markts* dargestellt wird (›Klassenlage‹)«. [Ebd.] Dabei setzt sich vor allem die Unterscheidung zwischen »Besitzern« und »Nichtbesitzern« von Gütern und Produktionsmitteln durch, so dass die auf dem Markt konkurrierenden Menschen in zwei Lager gespalten werden. Die einen sind mit Gütern versorgt und nicht auf den Tausch angewiesen, wohingegen die anderen besitzlos sind und nichts anderes anbieten können als ihre Arbeitsleistung in Form von Arbeitskraft oder von Produkten ihrer Arbeit. So werden die Möglichkeit, Besitz als Kapital einzusetzen, die Un-

---

104 Anzumerken ist, dass sich dieser Text im Kapitel über die politischen Gemeinschaften befindet. (WuG Teil II Kap. VIII § 6)

ternehmerfunktion sowie die Teilnahme am Kapitalgewinn für die »Besitzenden« monopolisiert. »Besitz« und »Besitzlosigkeit« sind daher die Grundkategorien aller Klassenlage.

Innerhalb dieser übergreifenden Unterscheidung differenziert Weber die Klassenlagen weiter, »je nach der Art des zum Erwerb verwertbaren Besitzes einerseits, der auf dem Markt anzubietenden Leistungen andererseits«. [WuG 532] Hierzu nennt er zahlreiche Beispiele. Für den Klassenbegriff ist jedoch ausschlaggebend, dass die »Art der Chance auf dem Markt« die Instanz ist, die die gemeinsame Bedingung für das Schicksal der Einzelnen ausmacht. In diesem Sinne ist »Klassenlage« nach Weber auch immer »Marktlage«.

In seiner neueren Terminologie spezifiziert Weber diesen ersten begrifflichen Umriss. »Klassenlage« soll demnach »die typische Chance 1. der Güterversorgung, 2. der äußeren Lebensstellung, 3. des inneren Lebensschicksals heißen, welche aus Maß und Art der Verfügungsgewalt (oder des Fehlens solcher) über Güter oder Leistungsqualifikationen und aus der gegebenen Art ihrer Verwertbarkeit für die Erzielung von Einkommen oder Einkünften innerhalb einer gegebenen Wirtschaftsordnung folgt«. [WuG 177] So bezeichnet der Klassenbegriff jede Gruppe von Menschen, die sich in einer gleichen Klassenlage befinden. Dieser Definition fügt Weber in der neueren Fassung drei Kategorien hinzu, die den Klassenbegriff bezüglich der Marktdynamik problematisieren: Besitzklasse, Erwerbsklasse und soziale Klasse. »a) *Besitzklasse* soll eine Klasse insoweit heißen, als Besitzunterschiede die Klassenlage primär bestimmen. b) *Erwerbsklasse* soll eine Klasse insoweit heißen, als die Chancen der Marktverwertung von Gütern oder Leistungen die Klassenlage primär bestimmen. c) *Soziale Klasse* soll die Gesamtheit derjenigen Klassenlagen heißen, *zwischen* denen ein Wechsel α. persönlich, β. in der Generationenfolge leicht möglich ist und typisch stattzufinden pflegt«. [Ebd.]

Vergesellschaftungen der Klasseninteressen (Klassenverbände) können für Weber auf dem Boden der letzteren drei Klassenkategorien entstehen, dies geschieht jedoch nicht zwangsläufig. »Klassenlage und Klasse« weisen an sich nur auf den Tatbestand gleicher Interessenlage hin und sind keine sozialen Gebilde, sondern eine Bezeichnung für die ökonomischen Umstände, die vielen Einzelnen gemeinsam sind. Darin liegt ein wichtiger Unterschied zwischen Webers Terminologie und Marx' Klassenbegriff. Für Marx sind die Klassen sozialpolitische Gebilde, in die sich die Gesellschaft kraft der Unterscheidung von Besitzenden und Nichtbesitzenden unterteilt.[105] Bei Weber ist dies indes nicht der Fall. Klassenunterschiede können zur Vergesellschaftung führen, bilden aber an sich noch keine »Gemeinschaften«. Darüber hinaus geht Weber stärker auf die Frage der Marktdynamik ein. Unter dem statischen Gesichtspunkt gesehen, gibt es nur die Unterscheidung von besitzenden und nicht besitzenden Klassen. Dynamisch betrachtet, gibt es hingegen weitere Unterscheidungsmerkmale, da die Individuen auf dem Markt Güter und Besitz erwerben sowie einen Klassenwechsel für sich oder die nächste Generation anstreben können. Aus dieser Erkenntnis entsteht die begriffliche Differenzierung zwischen Besitzklassen, Erwerbsklassen und sozialen Klassen.

Weitere Begriffsdefinitionen ergeben sich aus der Untersuchung der Privilegierung, wobei Weber in diesem Rahmen sowohl die »positiven« als auch die »negativen Sonderrechte« berücksichtigt. Die primäre Bedeutung einer »positiv privilegierten Besitzklasse« liegt im wirtschaftlichen Monopol, worüber ausschließlich die dazugehörigen Menschen verfügen. Beispiele dafür sind nach Weber das Kauf- oder Verkaufsmonopol für bestimmte Güter, die Monopolisierung der Chance zur Vermögensbildung durch unverbrauchte Überschüsse, die Monopolisierung der Kapitalbildungschancen durch Sparen sowie die Verfügung über ständische Erziehungsprivilegien, die den Zugang zu bestimmten Anstellungen ermöglichen. Typischerweise sind

---

105 Zu Marx' Klassentheorie vgl. Marx, Karl (1969). *Einleitung zur Kritik der politischen Ökonomie* (1857). Jetzt in: *Marx Engels Werke*. Bd. 13. Berlin: Dietz, S. 615-642 und Marx, Karl; Engels, Frederick (1990). *Die deutsche Ideologie. Kritik der neusten deutschen Philosophie in ihren Repräsentanten Feuerbach, B. Bauer und Stirner, und des deutschen Sozialismus in seinen verschiedenen Profeten*. Jetzt in: *Marx Engels Werke*. Bd. 3. Berlin: Dietz.

positiv privilegierte Besitzklassen Rentiers aller Art und Gläubiger. Negativ privilegierte Klassen sind indes Unfreie aus ständischen Gründen und Sklaven, Deklassierte, Verschuldete und Arme. [Vgl. WuG 178]

Zwischen negativ und positiv privilegierten Klassen stehen die »Mittelstandsklassen«. Sie umfassen »die mit Besitz oder Erziehungsqualitäten ausgestatteten, daraus ihren Erwerb ziehenden Schichten aller Art«. [Ebd.] Einige davon, etwa die positiv privilegierten Unternehmer und die negativ privilegierten Proletarier, sind Erwerbsklassen, andere, z.B. Bauern, Handwerker und Beamte, wiederum nicht. Im Unterschied zu Marx ist nach Weber die reine Besitzklassengliederung nicht konfliktdynamisch, so dass sie nicht notwendig zu Klassenkämpfen und Revolutionen führt. Besitzklassengegensätze, wie die von Bodenrentnern und Deklassierten, Gläubigern und Schuldnern sowie Kapitalisten und Proletariern können darüber hinaus Klassenkämpfe hervorrufen, ohne dass dies zur Veränderung der Wirtschaftsverfassung führt. Damit spricht Weber dem Klassenkampf in zweierlei Hinsicht eine zwangsläufige Entwicklungsrichtung ab: Einerseits führen Klassenunterschiede nicht notwendig zu Klassenkämpfen, andererseits verursachen solche Kämpfe nicht zwingend eine Veränderung der wirtschaftlichen Besitz- und Produktionsform.

In der Folge stellt Weber eine Typologie der Erwerbsklassen auf. Die primäre Bedeutung einer positiv privilegierten Erwerbsklasse liegt in »α. der Monopolisierung der Leitung der Güterbeschaffung im Interesse der Erwerbsinteressen ihrer Klassenglieder durch diese, β. der Sicherung ihrer Erwerbschancen durch Beeinflussung der Wirtschaftspolitik der politischen und andern Verbände«. [Ebd.] Positiv privilegierte Erwerbsklassen sind typischerweise Unternehmer, Händler, Bankiers, »freie Berufe« mit bevorzugten Fähigkeiten und Schulung wie Anwälte, Ärzte, Künstler und hoch spezialisierte Arbeiter mit monopolistischen Qualitäten. Negativ privilegierte Erwerbsklassen sind indes die qualitativ verschiedenen Arten von nicht spezialisierten Arbeiter. Dazwischen stehen auch hier die Mittelklassen, zu denen selbständige Bauern und Handwerker sowie Beamte gehören.

Unter den Begriff der sozialen Klassen fallen nach Weber die Arbeiterschaft als Ganzes, das Kleinbürgertum, die besitzlose Intelligenz und Fachgeschultheit (Techniker und Angestellte) sowie die Klassen der Besitzenden und durch Bildung Privilegierten. Mitglieder dieser Klassen können einen Klassenwechsel für sich oder für die darauffolgenden Generationen anstreben.

Schließlich befasst sich Weber mit der Frage der Umstände, unter denen die bloße Existenz der »Klasse an sich« zu einem vergesellschafteten Klassenhandeln führt. Am leichtesten findet dies statt: »a) gegen den *unmittelbaren* Interessengegner (Arbeiter gegen Unternehmer, nicht: [gegen] Aktionäre, die wirklich ›arbeitsloses‹ Einkommen beziehen; auch nicht: Bauern gegen Grundherren), b) nur bei typisch *massenhaft* ähnlicher Klassenlage, c) bei technischer Möglichkeit leichter Zusammenfassung, insbesondere bei örtlich gedrängter Arbeitsgemeinschaft (Werkstattgemeinschaft), d) nur bei *Führung* auf einleuchtende Ziele, die regelmäßig von Nicht-Klassenzugehörigen (Intelligenz) oktroyiert oder interpretiert werden«. [WuG 179] Damit leistet Weber seinen Beitrag zur Entwicklung der Klassentheorie über die klassische Definition von Marx hinaus. Klassen sind demnach keine Gemeinschaften, stellen jedoch die Grundlage für einen Vergesellschaftungsprozess dar, der unter den genannten Bedingungen stattfinden kann.

Auch im älteren Text geht Weber auf diese Problematik ein. Der Begriff des Klasseninteresses ist an sich zweideutig, da aus einer gemeinsamen Klassenlage keine eindeutige gemeinsame Orientierung der Klassengenossen abgeleitet werden kann. Das Entstehen einer Vergesellschaftung der durch dieselbe Klassenlage betroffenen Menschen (wie z.B. einer Gewerkschaft) ist nach Weber keine universelle Erscheinung. Oft verleitet die Klassenlage nur zu einem gleichartigen Reagieren, also zu einem »Massenhandeln«, wie dies bei sozialen Bewegungen zu beobachten ist, ohne dass daraus eine Vergesellschaftung (Vertretung, Gewerkschaft, Partei) entsteht. Zu beobachten ist auch eine Zwischenstufe, ein amorphes soziales Handeln, beispielsweise das sogenannte »Bremsen«, d.h. die absichtliche Einschränkung der Arbeitsleistung. »Der Grad, in welchem aus dem ›Massenhandeln‹ der Klassenzugehörigen ein ›Gemeinschaftshandeln‹ und eventuell ›Vergesellschaftungen‹ entstehen, ist an allgemeine Kulturbedingungen, besonders intellektueller Art, und an den Grad der entstandenen Kontraste, wie namentlich an die *Durchsichtigkeit* des Zusammenhangs zwischen den Gründen und den Folgen der ›Klassenlage‹, gebunden«. [WuG 533]

Eine »Klasse an sich« wie das moderne Proletariat vorzüglich als eine »Gemeinschaft« zu betrachten führt nach Weber zu begrifflichen Verzerrungen, da etwas versachlicht und vorausgesetzt wird, was nur als Ergebnis eines Vergesellschaftungsprozesses entstehen kann. Die »Klassenlage« ist kein soziales Gebilde, sondern das Ergebnis des sozialen Handelns von Angehörigen unterschiedlicher Klassen auf dem Markt. [Vgl. WuG 533-534] So sind auch »Klassenkämpfe« im modernen Sinn Kämpfe um die Lohnpreisbildung, in denen Fabrikarbeiter und Kapitalisten als sichtbare »Preiskampfgegner« den Kern des Klassengegensatzes bilden, wobei darüber hinaus noch Aktionäre, Rentner und Bankiers daran beteiligt sind.

7.4.2 Stände

Stände sind im Gegensatz zu den Klassen Gemeinschaften, wenn auch oft amorpher Art, und gründen nicht unmittelbar auf Besitzgegensätzen, sondern auf Prestigeunterschieden. So heißt »ständische Lage« im Gegensatz zur rein ökonomischen Klassenlage »jede typische Komponente des Lebensschicksals von Menschen, welche durch eine spezifische, positive oder negative, soziale Einschätzung der ›Ehre‹ bedingt ist, die sich an irgendeine gemeinsame Eigenschaft vieler knüpft«. [WuG 534] Die Einschätzung der ständischen Ehre kann sehr wohl auch an Klassenlagen anknüpfen (vor allem an das Prestige der Plutokratie), sie muss es jedoch nicht und steht oft »mit den Prätentionen des nackten Besitzes als solchen in schroffem Widerspruch«, [WuG 535] wie die Akzeptanz des verarmten Adels durch die Standesgenossen bei gleichzeitiger Ablehnung der Neureichen zeigt.

Die ständische Ehre findet ihren Ausdruck »vor allem in der Zumutung einer spezifisch gearteten *Lebensführung* an jeden, der dem Kreise angehören will« [ebd.] und ist mit der Beschränkung des gesellschaftlichen Verkehrs auf die Standesgenossen verbunden. Der ökonomische und geschäftliche Verkehr mit Außenstehenden ist hingegen erlaubt, während das »Konnubium« (Ehegemeinschaft) außerhalb des Standes sanktioniert wird und bis zur »endogamen Schließung« führen kann. Im Ursprung kann die ständische Ehre eine rein konventionelle, wesentlich auf Usurpation beruhende Gliederung der sozialen Gruppe sein. Der Weg zum rechtlichen Privileg ist jedoch leicht gangbar, solange die Gliederung der sozialen Ordnung faktisch eingelebt ist und durch die Stabilität der ökonomischen Machtverteilung gestützt wird. Werden schließlich die äußersten Konsequenzen der ständischen Gliederung gezogen, so entwickelt sich der Stand zur geschlossenen »Kaste«. Dabei findet »neben der konventionellen und rechtlichen auch noch eine *rituelle* Garantie der ständischen Scheidung statt, dergestalt, daß jede physische Berührung mit einem Mitglied einer als ›niedriger‹ geschätzten Kaste für Angehörige der ›höheren‹ als rituell verunreinigender, religiös zu sühnender Makel gilt, und die einzelnen Kasten teilweise ganz gesonderte Kulte und Götter entwickeln«. [WuG 536][106]

Zu diesen Konsequenzen steigert sich die ständische Gliederung jedoch nur dort, wo ihr Unterschiede zugrunde liegen, die als »ethnische Differenzen« interpretiert werden. Damit ist das Kastensystem die normale Form, in der geschlossene (Konnubium und Verkehr nach außen ausschließende) Gemeinschaften miteinander zu leben pflegen, in denen die horizontale, ethnisch gedeutete Trennung zu einer vertikalen Schichtung wird. Zu diesem Typus gehört auch die Erscheinung der sogenannten »Pariavölker«: »Gemeinschaften, welche spezifische Berufstraditionen handwerklicher oder anderer Art erworben haben, den ethnischen Gemeinsamkeitsglauben pflegen und nun in der ›Diaspora‹, streng geschieden von allem nicht unumgänglichen persönli-

---

106 Zum Begriff der Kaste vgl. auch WuG 24; RS Bd. 2, S. 33-133.

chen Verkehr und in rechtlich prekärer Lage, aber kraft ihrer ökonomischen Unentbehrlichkeit geduldet und oft sogar privilegiert, [in] politische Gemeinschaften eingesprengt leben: die Juden sind das großartigste historische Beispiel«. [WuG 536][107] Die zur Kaste gesteigerte ständische und die bloß ethnische Scheidung differieren in ihrer Struktur darin, dass die Erstere aus dem horizontalen Nebeneinander der Letzteren ein vertikales soziales Übereinander macht. Damit werden die sich ethnisch scheidenden Gemeinschaften zu einem gemeinsamen politischen Handeln zusammengeschlossen. Im ethnischen Nebeneinander hält jede Gemeinschaft ihre Ehre für die höchste. Die Kastengliederung setzt ein soziales Über- bzw. Untereinander durch und wertet die Ehre der privilegierten Kasten dadurch auf, dass die ethnischen Unterschiede zu Funktionsunterschieden der politischen Vergesellschaftung werden. So kann paradoxerweise das Pariavolk wegen seiner Randstellung den Glauben an seine Ehre besser weiterpflegen als die negativ privilegierten Stände, die in ihrem Würdegefühl herabgesetzt werden.

Praktisch betrachtet, geht die ständische Gliederung der Gesellschaft immer mit einer Monopolisierung ideeller und materieller Güter einher. Neben der Standesehre, die auf Distanz und Exklusivität beruht, und neben unterschiedlichen Ehrenvorzügen der Lebensführung stehen somit zahlreiche materielle Monopole. Zu erwähnen sind in diesem Zusammenhang das Monopol der Ehe durch »ständisch geschlossenes Konnubium«, die konventionelle Vorzugschance auf bestimmte Anstellungen, die bei ständischer Abschließung zum rechtlichen Monopol auf bestimmte Ämter für bestimmte Stände wird, und schließlich die ständische Monopolisierung bestimmter Güter sowie Erwerbszweige. [Vgl. WuG 537]

Zu den materiellen Monopolen kommt noch eine »Stilisierung des Lebens« hinzu, die typisch für die ständische Gliederung der Gesellschaft ist und bei aller Verschiedenheit nach typischen Konventionsprinzipien stattfindet. Demnach gilt nicht

---

107 Zum Begriff des Pariavolkes vgl. auch RS Bd. 3, S. 281-400.

nur die physische Arbeit als ständisch disqualifiziert, sondern auch die rationale Erwerbs- und Unternehmertätigkeit sowie die zum Erwerb genutzte künstlerische oder literarische Begabung. Hinter dieser Einstellung verbirgt sich das ständische Prinzip der sozialen Ordnung und sein Gegensatz zu jeder rein marktgesteuerten Regulierung der Machtverteilung. Denn der Markt kennt kein Ansehen der Person und orientiert sich an sachlichen Interessen, wobei die ständische Ordnung im Gegensatz dazu eine soziale Gliederung nach Ehre und Unterschieden der Lebensführung bedeutet.

Auf die Wirtschaft wirkt sich die ständische Gliederung ganz allgemein als Hemmung der freien Marktentwicklung aus, weil sie die ständischen Monopole schützt. Eine gewisse Konstanz der Grundlagen von Gütererwerb und Güterverteilung und die daraus resultierende Verlangsamung des ökonomischen Umschichtungsprozesses begünstigen das Vorherrschen der ständischen Gliederung. Umgekehrt bedroht sie jede technisch-ökonomische Umwälzung, die die Klassenlage in den Vordergrund schiebt. Dies hängt nach Weber damit zusammen, dass Klassen sich nach den Beziehungen zur Produktion und zum Erwerb der Güter gliedern, Stände indessen »nach den Prinzipien ihres Güter*konsums* in Gestalt spezifischer Arten von ›Lebensführung‹«. [WuG 538]

In der neueren Version des Textes fasst Weber die Ergebnisse seiner Untersuchung in knapper Form zusammen. [Vgl. WuG 179] Die »ständische Lage« ist charakterisiert als eine positive oder negative Privilegierung in der sozialen Schätzung, die auf der Lebensführung und damit auf formaler Erziehungsweise begründet ist. Praktisch drückt sich die ständische Lage durch Regeln des Konnubiums und der Kommensalität, durch monopolistische Appropriation von privilegierten Erwerbschancen sowie durch ständische Konventionen aller Art aus. Der Begriff des Standes bezeichnet eine Vielheit von Menschen, die in einem Verband ständische Sonderschätzung sowie ständische Monopole wirksam in Anspruch nehmen. Stände können schließlich entstehen »a) primär, durch eigene ständische Lebensführung, darunter insbesondere durch die Art des *Berufs* (Lebensführungs-

bzw. Berufsstände), b) sekundär, erbcharismatisch, durch erfolgreiche Prestigeansprüche kraft ständischer Abstammung (Geburtsstände), c) durch ständische Appropriation von politischen oder hierokratischen Herrengewalten als Monopole (politische bzw. hierokratische Stände)«. [WuG 180]

7.4.3 Parteien

Während Klassen in der Wirtschaftsordnung und Stände in der (auf die Ehre gerichteten) sozialen Ordnung beheimatet sind, gehören Parteien in erster Linie zur Sphäre der Macht. Denn Parteien gibt es per Definition nur innerhalb von politischen oder anderen Verbänden, wo sie um deren Beherrschung kämpfen, so dass ihr Handeln auf das Gemeinschaftshandeln bezogen ist, und zwar unabhängig von dessen besonderen Inhalt.

Im Unterschied zu den Klassen enthält das parteimäßige soziale Handeln immer eine Vergesellschaftung: »Denn es ist stets auf ein planvoll erstrebtes Ziel gerichtet, sei es [auf] ein ›sachliches‹: die Durchsetzung eines Programms um ideeller oder materieller Zwecke willen, sei es [auf] ein ›persönliches‹: Pfründen, Macht und, als Folge davon, Ehre für ihre Führer und Anhänger oder, und zwar gewöhnlich, auf dies alles zugleich«. [WuG 539] Daher sind Parteien auch nur innerhalb von Gemeinschaften möglich, die schon vergesellschaftet sind, also eine rationale Ordnung und einen Apparat von Personen besitzen, die sich zu deren Durchsetzung bereit halten. Diesen Apparat zu beeinflussen und womöglich mit Parteianhängern zu besetzen, ist das Ziel der Parteien. Sie können an Klassen- oder Standesinteressen gebunden sein, müssen es jedoch nicht, weshalb auch ihre soziologischen Strukturen grundverschieden sein können. Darüber hinaus können Parteien »ephemer oder perennierend« sein und mit den allerverschiedensten Mitteln handeln: Diese reichen von der nackten Gewalt bis zum freien Werben um Stimmen. Je nach der Struktur der übergreifenden Herrschaft sind schließlich auch die Parteien unterschiedlich, da sie sich der Herrschaftsstruktur des Verbandes anpassen müssen, um sie zu erobern.

In der neueren Fassung der Studie legt Weber den Schwerpunkt auf die modernen politischen Parteien und definiert den Begriff der Partei streng formal. »Parteien sollen heißen auf (formal) freier Werbung beruhende Vergesellschaftungen mit dem Zweck, ihren Leitern innerhalb eines Verbandes Macht und ihren aktiven Teilnehmern dadurch (ideelle oder materielle) Chancen (der Durchsetzung von sachlichen Zielen oder der Erlangung von persönlichen Vorteilen oder beides) zuzuwenden.«. [WuG 167] Parteien können ephemer und dauerhaft, an persönlichen Interessen oder an sachlichen Zielen orientiert sein sowie in Verbänden aller Art und als Verbände jeglicher Form auftreten. Praktisch sind sie entweder auf die Erlangung der Macht für ihren »Führer« und auf die Besetzung der Stellen des Verwaltungsstabes durch Parteianhänger gerichtet (Patronageparteien). Oder sie vertreten vorwiegend Klassen- oder Ständeinteressen und orientieren sich an konkreten sachlichen Zwecken und abstrakten Prinzipien (Weltanschauungsparteien). Verwaltungsstellen für ihre Mitglieder zu erobern, ist jedoch nach Weber mindestens ein Nebenzweck aller Parteien, und sachliche Programme sind nicht selten lediglich Werbungsmittel dazu. Parteien sind begrifflich nur innerhalb eines Verbandes möglich, dessen Leitung sie beeinflussen können, denn Parteien gibt es *ex definitione* ausschließlich »*innerhalb* von Verbänden (politischen oder andern) und im Kampf um deren Beherrschung«. [WuG 168] Die Existenz von politischen Parteien, deren Handeln über die Grenzen der politischen Verbände hinausgreift, stellt nach Weber eher eine Ausnahme dar, obwohl sie theoretisch möglich ist (Internationalismus). [Vgl. WuG 540]

Soziologisch gesehen, können Parteien *alle* Mittel zur Erlangung der Macht anwenden. Wo die Leitung des politischen Verbands durch Wahl bestimmt wird und Satzungen durch Abstimmung geschaffen werden, sind Parteien »primär Organisationen für die Werbung von Wahlstimmen und bei Abstimmungen vorgesehener Richtung legale Parteien«. [WuG 167] Damit gibt Weber eine Definition der Legalität politischer Parteien, die im Einklang mit der Legalitätsdefinition der rationalen Herrschaft und der politischen Gemeinschaft aber im Gegensatz zum Begriff der illegalen Verbände steht.

Vom wertfreien Gesichtspunkt aus gesehen, bedeuten »legale Parteien« jedoch »infolge ihrer prinzipiell *voluntaristischen* (auf freier Werbung ruhenden) Grundlage praktisch *stets*: daß der Betrieb der Politik *Interessenten*betrieb ist (wobei hier der Gedanke an ›ökonomische‹ Interessenten noch ganz beiseite bleibt: es handelt sich um *politische*, also ideologisch oder an der *Macht* als solcher, orientierte Interessenten)«. [Ebd.] Damit meint Weber, dass der politische Betrieb in den Händen von Parteileitern und Parteistäben liegt, denen oft aktive Parteimitglieder nur als Akklamanten, und unter Umständen als Kontrollinstanzen zur Seite stehen. Während die »nicht aktiv mit vergesellschafteten Massen« (Wähler) nur Werbeobjekt für die Zeiten der Wahl bilden.

Andere als moderne, formal-legal organisierte Parteien im formal-legalen Verband (legale Herrschaft) können indes sein: 1. in Zwist über die charismatische Qualität des richtigen Herrn geratene »charismatische Parteien« oder aber 2. die über die Ausübung der traditionalen Gewalt in der Sphäre der freien Willkür und Gnade des Herrn uneinigen »traditionalistischen Parteien«, darüber hinaus 3. die über Glaubensinhalte oder Weltanschauungen zerstrittenen »Glaubensparteien« und schließlich 4. die im Streit mit dem Herrn und dessen Verwaltung über die Art der Besetzung der Verwaltungsposten liegenden reinen »Appropriationsparteien«. Der Organisationsform nach gehören Parteien wie alle anderen Verbände den drei reinen Herrschaftstypen an, wobei die Frage der Parteifinanzierung als zentral für die Art der Einflussverteilung und der materiellen Richtung des Parteihandelns zu betrachten ist.

Eine Vertiefung der Untersuchung zur Parteienfrage nimmt sich Weber für die Staatssoziologie vor, zu der es jedoch nicht mehr kommt. An ihrer Stelle ist im letzten Abschnitt von *Wirtschaft und Gesellschaft* [WuG 815-868] eine von Winckelmann zusammengestellte Auswahl anderer Texte Webers zu diesem Thema zu finden.[108] Es trifft allerdings zu, dass mehrere Passagen

---

108 Vgl. dazu »Vorwort zur vierten Auflage« . In: WuG XXVIII f.

aus den von Winckelmann benutzten Texten die hier gesehenen Überlegungen zur Theorie der Parteien vertiefen.

7.5 Politische und hierokratische Herrschaft

Unter der Rubrik der »Abschwächung der charismatischen Herrschaft« ist auch die Beziehung zwischen der politischen und der hierokratischen (also priesterlichen) Herrschaft einzuordnen. [Vgl. WuG 688-726] Wie bereits bekannt, ist die Hierokratie als Herrschaftsverband darauf begründet, dass ihre Ordnungen durch psychischen (und nicht physischen) Zwang, d.h. durch »Spendung oder Versagung von Heilsgüter«, garantiert sind. [WuG 29] Methodologisch geht Weber in seiner Untersuchung dieser Herrschaftstypen und ihrer gegenseitigen Beziehung so vor, dass er zuerst die Extremfälle, in denen eine totale Unterwerfung des einen unter den anderen stattfindet, und danach die Formen ihrer Wechselwirkung darstellt.

Erlangt die Hierokratie eine vorherrschende Position gegenüber dem politischen Machthaber, so ist mit der Ohnmacht der politischen (auf physischem Zwang beruhenden) Herrschaft zu rechnen. Weber argumentiert historisch, um zu zeigen, wie es dazu kommen kann. Solange der König als »Gottessohn« gilt, lässt sich seine Herrschaft nicht stürzen und wird als Blutscharisma vererbt, denn sein spezifisches Charisma ist für die Legitimität des politischen Verbands als Ganzes notwendig. Es gibt jedoch unterschiedliche Wege, um die charismatische Königsherrschaft abzuschwächen. Den klassischen Fall zeigt die Entwicklung, in der die reale Macht »in die Hände eines von den charismatischen Pflichten des Herrschers freien Geschlechtes übergeht, welches den wirklichen Herrscher (Hausmeier, Shôgun) stellt«. [WuG 688] Die spezifisch »hierokratische Abschwächung« der charismatischen Herrschaft findet schließlich dort statt, wo der säkulare Herrscher durch die Priesterherrschaft in seiner Legitimität erst bestätigt werden soll.

Den Archetypus dieser Herrschaftsform sieht Weber in der Bestätigung der Karolingerherrschaft durch den Papst. Dabei ist der politische Herrscher nicht selbst »Gott«, seine Legitimität resultiert nicht direkt aus seinem Charisma, sondern wird erst durch eine priesterliche Instanz legitimiert. Der »qualifizierte Träger« des königlichen Charisma wird erst »durch Gott«, d.h. durch die Priester als dessen säkulare Vertreter beglaubigt. Es sind somit Fachspezialisten, die die Eignung des Herrschers zur Führerschaft bestimmen und legitimieren, so dass »der als Inkarnation eines Gottes geltende Herrscher ...von ihnen als den fachmäßigen Kennern der Göttlichkeit anerkannt [wird]«. [WuG 689] Der Konflikt zwischen Priesterschaft und Königtum lässt sich folglich als Archetypus des modernen Konflikts zwischen Bürokratie und politischem Charisma sehen, da sich in beiden Fällen die Herrschaft des Fachwissens dem charismatischen Führertum widersetzt. Die Vorherrschaft des Priestertums beruht auf dem Glauben, dass erst die hierokratische Manipulation die volle Wirkung des Charisma verbürgt, womit eine »Versachlichung des Charisma« stattfindet, da dieses nicht für sich besteht, sondern erst durch Salbung erweckt wird. Der charismatische Herrscher ist der religiösen Fachkenntnis der Priesterschaft untergeordnet, das Charisma haftet nicht an seiner Person, sondern am Amt, das er ausübt (Amtscharisma). Diese Art von Verfügungsgewalt der Priesterschaft über die Krone kann sich bis hin zum Grenzfall des »Priesterkönigtums« steigern, was Weber unter den Begriff der Theokratie einordnet.

Das andere Extrem der Typologie bildet der Fall der Unterwerfung der hohepriesterlichen Stellung unter die weltliche Herrschaft. Dies reicht vom einfachen Patronat der weltlichen über die religiöse Gewalt (Vogtei) bis zu deren vollständiger Bestimmung, die dann in der Einflussnahme über die Dogmenbildung ihre Zuspitzung erreicht (Cäsaropapismus des byzantinischen Reichs).

Die unterschiedlichen Beziehungen zwischen politischer und kirchlicher[109] Macht lassen Weber eine Typologie aufstellen, die

---

109 Zum Begriff der Kirche vgl. WuG 29-30, 692; RS Bd. 1, S. 211.

sich danach bemisst, wie stark die eine die andere bestimmt. Demzufolge kann der weltliche Herrscher 1. ein »priesterlicher Herrscher« sein, der durch Inkarnation oder als gottgewollt *durch die Hierokratie legitimiert* wird, oder 2. ein »priesteramtlicher Herrscher«, indem er *als Priester* auch die Königsfunktionen versieht. Diese beiden Fälle machen die Formen der »Hierokratie« aus. Im Gegensatz dazu kann der weltliche Herrscher schließlich 3. ein »cäsaropapistischer Herrscher« sein, der *kraft Eigenrechts* auch die höchste Macht in kirchlichen Dingen besitzt. [Vgl. Ebd.]

Eine Hierokratie im engeren Sinne liegt nach Weber nur im zweiten Fall (priesteramtlicher Herrscher) vor, den er »Theokratie« nennt. Die Durchsetzung dieses Typus hat eine nachhaltige Wirkung auf die Struktur der Verbandsverwaltung, denn ihre eigenste Bemühung ist es, die Entstehung emanzipationslustiger Kräfte zu verhindern. Den König als Gegenspieler gibt es in diesem Fall nicht, dafür jedoch unterschiedliche Verbandsfunktionen, die zur Entstehung eines (neuen) säkularen Königtums führen können. So muss die Hierokratie den verbliebenen Königshof und Kriegsadel unter ihrer Aufsicht behalten, die königliche Leibwache begrenzen und eine eigene Militärmacht schaffen. Auf der anderen Seite fördert sie die Entwicklung des friedlichen Bürgertums, so dass die allgemeine Wahlverwandtschaft zwischen Hierokratie und Bürgertum historisch meist zum Bündnis gegen die feudalen Mächte führte.

Ein Ringen zwischen Kriegsadel und Tempeladel hat es für Weber immer gegeben, wenn auch nicht immer in virulenter Form. Den extremsten Gegensatz zur Hierokratie bildet allerdings der Cäsaropapismus, d.h. die völlige Unterordnung der priesterlichen unter die weltliche Gewalt. Diese Unterwerfung gelang jedoch nur dort vollständig, wo die religiöse Qualifikation noch vornehmlich ein bloß magisches Charisma war, die Priesterschaft noch keinen bürokratischen Apparat mit eigenem rationalisierten Lehrsystem hatte und das religiöse Bewusstsein die Stufe der Erlösungsreligion noch nicht erreicht hatte. [Vgl. WuG 690] Überall wo das religiöse Charisma indes bereits ein Lehrsystem und einen eigenen Apparat entwickelt hatte, erhielt auch der »cäsaropapistische Staat« einen bedeutenden hierokratischen Einschlag.

Mit dieser Beobachtung kommt Weber zur Untersuchung der Herrschaftsformen, in denen die politische und hierokratische Herrschaft zusammenfallen oder sich gar gegenseitig unterstützen. In der Regel steht die weltliche Gewalt (als säkularer Arm) der kirchlichen für die Erhaltung ihrer Machtstellung sowie das Kassieren der Kirchensteuern zur Verfügung. Als Gegenleistung sichert die Hierokratie die Legitimität des weltlichen Herrschers und trägt mit religiösen Mitteln zur »Domestikation der Untertanen« bei. Ein Minimum an theokratischen und cäsaropapistischen Elementen vermengt sich somit mit jeder legitimen politischen Herrschaft, da jedes Charisma einen Rest von magischer Herkunft beansprucht und damit religiösen Gewalten verwandt ist. [Vgl. WuG 691]

Das cäsaropapistische Regiment behandelt die kirchlichen Angelegenheiten trotzdem als Provinzen der politischen Verwaltung. Götter und Heilige sind damit Staatsgötter und -heilige, und die Priesterschaft ist der politischen Gewalt unterworfen. Der cäsaropapistische Adel verwandelt schließlich die Priesterstellen in einen erblichen, ökonomischen, als Prestige- und Machtquelle nutzbaren Besitz einzelner Familien (Sinekure). Wo das hierokratische Charisma indes stärker ist, versucht es die politische Gewalt mit ethisch-religiösen Argumenten zu degradieren und darauf hinzuweisen, dass diese nur eine »Konzession Gottes« zur Korruption der Welt oder ein Werkzeug zu deren Bändigung ist. Auf der höchsten Stufe ihrer Vorherrschaft bildet die Hierokratie »einen autonomen, hierokratisch geleiteten Aemterapparat, entwickelt ein eigenes Abgabensystem (Zehnten) und Rechtsformen (Stiftungen) für die Sicherung des kirchlichen Bodenbesitzes«. [WuG 692]

Aus der Machtstellung der Priesterschaft entsteht schließlich die »monopolistische Gnadenanstalt« der Kirche, die das exklusive Recht beansprucht, für das Seelenheil aller in ihrem Einflussgebiet geborenen Menschen hierokratisch zu sorgen. Zur Entwicklung der Priesterschaft zur Kirche kommt es nach Weber, wenn »1. ein besonderer, nach Gehalt, Avancement, Berufspflichten, spezifischem (außerberuflichem) Lebenswandel reglementierter und von der ›Welt‹ ausgesonderter Berufspriesterstand entstanden ist, – 2. die Hierokratie ›universalistische‹ Herrschaftsansprüche erhebt, ...– 3. wenn Dogma und Kultus rationalisiert, in heiligen Schriften niedergelegt, kommentiert und ...Gegenstand des Unterrichts sind, – 4. wenn dies alles sich in einer *anstalts*artigen Gemeinschaft vollzieht. Denn der alles entscheidende Punkt ...ist die Loslösung des Charisma von der *Person* und seine Verknüpfung mit der Institution und speziell: mit dem *Amt*«. [WuG 692]

Damit beansprucht die Kirche für sich eine besondere Funktion. Sie bietet sich als Verwalterin einer Art von »Fideikommiss ewiger Heilsgüter« an, in die man nicht freiwillig eintritt, sondern hineingeboren wird, und ist damit Trägerin und Verwalterin des »Amtscharisma«. Im Gegensatz dazu ist die andere Form der religiösen Vergesellschaftung, die Sekte, eine Gemeinschaft von rein *persönlich charismatisch* qualifizierten Personen.[110] Ausgehend von ihrem amtscharismatischen Anspruch, stellt die Kirche ihre Anforderungen an die politische Gewalt. »Das spezifische Charisma des hierokratischen Amts wird zu einer schroffen Steigerung der Dignität seiner Träger benutzt«, [WuG 693] meist um ihre Immunität gegenüber staatlicher Rechtspflege und Pflichten zu beteuern. Des Weiteren entfaltet die Kirche bei hierokratischer Ordnung ein auf ihre Machtstellung gestütztes System ethisch-religiöser Lebensreglementierung. Das spezifische Machtmittel der Hierokratie ist in diesem Zusammenhang die Exkommunikation und der daraus resultierende soziale Boykott. Kennzeichnend sind ferner der Schutz der Schwachen und der Kampf gegen alle traditionsfremden Mächte, so dass die Hierokratie zur »Stereotypierung« des sozialen Handelns führt.

Das Amtscharisma ist nach Weber der resoluteste Feind von allem Persönlichen, das die Würde des kirchlichen Betriebes

---

110 Zum Begriff der Sekte vgl. WuG 28-30, 692, 721; RS Bd. 1, S. 207 f.

sprengen könnte. Dies setzt die Trennung von Amt und Person durch, so dass alles Charisma veralltäglicht wird und sich dem Monopolisierungsanspruch der Kirche (nach der Formel: *extra ecclesiam nulla salus*) unterordnet. In dieser Hinsicht hat die amtscharismatisch organisierte Kirche immer wieder mit dem charismatischen Mönchtum paktieren müssen. So wurden diejenigen, die sich streng an die »consilia evangelica« hielten, als Ressource für das mangelnde Charisma der übrigen Priesterschaft eingesetzt, ihre Askese wurde von der Kirche allerdings stets mit Bedenken betrachtet, da sie im Widerspruch mit dem Amtscharisma steht. [Vgl. WuG 694-95]. Das Mönchtum ist Träger der Rationalisierung, freilich zumeist in außerweltlicher Form (Kloster), so dass es eine besondere Beziehung zu den politischen und hierokratischen Gewalten hat. Der Cäsaropapismus begünstigt das Mönchtum, das ihm Legitimation schenkt und zur »Domestikation der Untertanen« beiträgt. Doch dafür muss er seine Einmischung in religiöse Angelegenheiten begrenzen, denn das Mönchtum lehnt diese stärker ab als ein Weltpriestertum.

Ernster ist der Widerspruch des Mönchtums gegenüber dem hierokratischen Amtscharisma. Mit der Ordensgründung trat die Askese aus dem Kloster heraus und wurde zur systematischen innerweltlichen Mission, die sich im Konkurrenzverhältnis mit der amtscharismatischen Kirche befand. Damit ergab sich jedoch auch die Möglichkeit, die Mönche für die Beherrschung breiter Schichten des Bürgertums einzusetzen und die Askese zu einer Methodik der Disziplinierung zu entwickeln (Jesuiten), die eine Rationalisierung der Kirchenstruktur einleitete.

In der Folge geht Weber auf die Beziehung zwischen politischer und hierokratischer Macht in den unterschiedlichen Weltreligionen ein. [Vgl. WuG 700 f.] In der Regel ist diese Beziehung ein Kompromiss zwischen diesseitigen und jenseitigen Mächten. Die politische Herrschaft bietet der Hierokratie den säkularen Arm, und diese trägt dazu bei, die Macht der Ersteren zu legitimieren und die Beherrschten zu »domestizieren«. Allgemeine Aussagen über die ökonomische Bedingtheit der Hierokratie sind nach Weber schwierig, wohingegen der Einfluss der

Hierokratie auf die wirtschaftliche Entwicklung einfacher festzustellen ist. Die Hierokratie steht in Konflikt mit bestimmten
ökonomischen Interessen, denn sie konstituiert sich durch Stiftungen, dauerhafte Besitztümer, sichere Einnahmen und fördert
eine konservative und schonende Politik den Bauern gegenüber.
Dies bedeutet eine Ordnung des Grundbesitzes nach dem Prinzip der »toten Hand« und stößt auf den Widerstand sowohl des
Adels als Grundbesitzinteressent als auch des bürgerlichen Spe-
kulationsinteresses. Dazu hemmen die Tempelschatzbildung und
die naturalwirtschaftliche Thesaurisierung der Edelmetalle die
Entwicklung der Geldwirtschaft.

Ungleich tiefer als in der Rolle einer wirtschaftenden Gemeinschaft wirkt sich jedoch die Hierokratie als Herrschaftsstruktur
auf die ökonomische Sphäre aus, und zwar vornehmlich durch
ihre ethische Lebensreglementierung. Denn sie ist nach Weber
die am stärksten stereotypierende und gleichzeitig aufgrund des
jus divinum die am wenigsten kalkulierbare Macht, die es gibt.
[Vgl. WuG 708] Dies erklärt die gegenseitige Antipathie zwischen Hierokratie und Kapitalismus.

Schließlich befasst sich Weber mit der Beziehung der Weltreligionen zur wirtschaftlichen Lebensführung und liefert eine Rekonstruktion der Geschichte des Zinsverbots, des Judentums,
der Reformation und der protestantischen Sekten sowie ihrer Bedeutung für die Entwicklung des Kapitalismus. [Vgl. WuG 709
f.] Es ist eine Reflexionslinie, die zur Religionssoziologie überleitet und durch die Lektüre von Webers gleichnamigen Aufsätzen
vertieft werden kann. [Vgl. RS]

Mit der Untersuchung der »hierokratischen Abschwächung«
charismatischer Herrschaft schließt die Betrachtung der möglichen Formen von Abschwächung, Teilung und Spaltung der
Herrschaft. Damit hat Weber nicht nur seine Herrschaftstheorie
vervollständigt, indem er ihre Erscheinungsformen bis zur monopolistischen Konzentration in der politischen Gemeinschaft
und dann zurück zu den Teilungstypen verfolgt. Er hat darüber
hinaus auch wichtige begriffliche Bausteine gesammelt, die für
eine sozialwissenschaftliche Theorie der modernen Staatsanstalt

notwendig sind. Weber ist jedoch nicht mehr dazu gekommen, eine soziologisch begründete »allgemeine Staatslehre« zu verfassen. Im nächsten Kapitel werden Webers Texte zur Staatstheorie untersucht, wobei zu zeigen versucht wird, inwieweit diese durch zeitgenössische politische Fragestellungen bedingt sind.

8. Staat, Bürokratie und Parlamentarismus

8.1 Die moderne Staatsanstalt

Weber hat sich mit der Entwicklung der typisch modernen Staatsanstalt in unterschiedlichen Texten befasst und plante eine längere Abhandlung zu diesem Thema. Dieses Vorhaben konnte er jedoch nicht mehr umsetzen. Die vorhergehenden Untersuchungen über die politische Gemeinschaft sowie die Abschwächung und Teilung der Herrschaft beschrieben unterschiedliche sozialpolitische und institutionelle Mechanismen, die eine Voraussetzung für das Bestehen moderner Staaten sind. Hin und wieder tauchen in *Wirtschaft und Gesellschaft* Exkurse über die historische Entstehung des neuzeitlichen Staates auf, den Weber als die Keimform der rationalen Staatsanstalt ansieht. [Vgl. Kap. 5.3.1.] Durch eine Kompilation von mehreren Texten Webers hat Winckelmann versucht, wenigstens im Ansatz zu rekonstruieren, [vgl. WuG XXVIII f.] wie seine Staatssoziologie hätte aussehen können und *Wirtschaft und Gesellschaft* damit um einen Abschnitt (Kap. IX Abschnitt 8) erweitert. [WuG 815-868] Die hierfür ausgewählten Textpassagen stammen aus Webers Wirtschaftsgeschichte sowie aus den Aufsätzen »Parlament und Regierung« bzw. »Politik als Beruf«.[111]

Die daraus resultierende Argumentationslinie gibt Einsicht in Webers Theorie des Staates, ist jedoch durch den Charakter beider Aufsätze geprägt, die einem »aktuellen politischen Anlass« entsprungen sind. Sie versuchen einerseits die Frage der Beziehung zwischen Bürokratisierungstendenzen und Parlamentarismus und andererseits jene der Politik als Beruf am Ende des Ers-

---

111 Vgl. dazu Weber (1958) Kap. 4 § 8 S. 289-300. »Politik als Beruf«. In: GPS 505-560. »Parlament und Regierung«. In: GPS 306-443. Für die genaue Zuordnung der Passagen vgl. die Fußnoten in WuG Kap. IX § 8.

ten Weltkriegs zu beantworten.[112] Es ist schwierig, in diesem Zusammenhang Webers Staatstheorie von seiner Zeitdiagnose säuberlich zu trennen.

In »Parlament und Regierung« wendet Weber seine Terminologie auf ein zeitgenössisches politisches Problem an und in »Politik als Beruf« definiert er seine Position zur Frage der Beziehung zwischen Ethik und Politik. Die historische Einbettung beider Texte berücksichtigend, lässt sich eine Argumentationslinie finden, die zu einer sozialwissenschaftlichen Theorie der modernen Staatsanstalt beiträgt. Dies ersetzt aber nicht eine Auseinandersetzung mit Webers ethisch-politischer Position in den beiden Aufsätzen. Deshalb wird hier zunächst die von Winckelmann zusammengestellte Argumentation im letzten Abschnitt von *Wirtschaft und Gesellschaft* bis zur Definition des Staatsbegriffs und des modernen Bürokratisierungsprozesses aufgearbeitet, um danach zu den beiden Aufsätzen zu wechseln und Webers Zeitdiagnose sowie seine Stellungnahme zur Beziehung von Ethik und Politik zu untersuchen.

Winckelmanns Textzusammenstellung geht von der *Wirtschaftsgeschichte* aus, in der Weber die Entstehung des modernen Staates skizziert. Die »rationale Staatsanstalt« ist nach Weber eine »modern abendländische Erscheinung«. Historisch hat es wohl andere Staatsformen gegeben, der hier zu definierende Idealtypus bezieht sich jedoch auf die historisch-geographisch determinierte Staatsform, die den modernen Okzident charakterisiert. Weber führt den Begriff der modernen Staatsanstalt in Abgrenzung zu dem ihr entgegengesetzten »chinesischen Staat des Ancien Régime« ein. Letzterer basiert auf der sozialen Struktur der Sippe und wird von Gilden und Zünften beherrscht. Seine Verwaltung setzt sich aus einer dünnen Beamtenschicht von Literaten, Kalligraphen und Juristen zusammen. Das Staatshandeln beruht hier auf der magischen Vorstellung, dass die Führungstugenden des

---

112 Dies bestätigt Weber in *Wirtschaft und Gesellschaft* wie folgt: »*Meine* eigene
Schrift über ›Parlament und Regierung im neu geordneten Deutschland‹
[1918] hat ausdrücklich ihren Charakter als eine *nur* aus der Zeitlage heraus geborene Streitschrift betont«. [WuG 173]

Kaisers und der Beamten die politische Ordnung aufrechterhalten können. Es handelt sich dabei um einen »ritualisierten Agrarstaat«, in dem die Bauern als Träger der Wirtschaft im Zentrum stehen und die Sippenbeziehungen eine vorherrschende Rolle spielen, wobei die Beamten und die Regierung alldem untergeordnet sind. [Vgl. WuG 815]

Im Gegensatz dazu basiert der »modern-rationale Staat« auf Fachbeamtentum und rationalem Recht, die das Ergebnis der besonderen Entwicklungsgeschichte des Abendlandes sind. Dazu haben nach Weber unterschiedliche Kräfte beigetragen, die die traditionale Sippenordnung durchbrachen: zunächst das Christentum mit dem Gebot der uneingeschränkten Nächstenliebe, dann die Entwicklung der Städte und die Rechtsrationalisierung nach dem Vorbild des römischen Rechts. Hinzu kamen weitere für die moderne Wirtschaftsordnung ausschlaggebende Voraussetzungen, darunter die im Laufe des Mittelalters entstandenen und für die kapitalistische Entwicklung notwendigen juristischen Institute sowie die spätere merkantilistische Wirtschaftspolitik als Bündnis des Staates mit den kapitalistischen Interessen. [Vgl. WuG 819 f.]

Nach der Rekonstruktion des historischen Prozesses, der zur Entstehung des modernen Staates führt, wechselt Winckelmann die Perspektive seiner Textzusammenstellung von der *Wirtschaftsgeschichte* zum Aufsatz »Politik als Beruf«. [Vgl. WuG 821] Dort definiert Weber den Idealtypus des modernen Staates nach dem Vorbild des Begriffs der politischen Gemeinschaft. [Vgl. WuG 514 f.] Daraufhin führt er in rascher Reihenfolge die grundlegenden Idealtypen seiner Herrschaftssoziologie ein, so dass der Aufsatz als eine synthetische Darstellung seiner gesamten Herrschaftstheorie verstanden werden kann. Wie schon in den »Soziologischen Grundbegriffen« definiert er den Staatsbegriff hinsichtlich seiner spezifischen Herrschaftsmittel, da Staaten »alle mögliche Zwecke verwirklichen können« und sich unter wertfreiem Gesichtspunkt betrachtet dadurch nicht definieren lassen. [Vgl. WuG 30] »Man kann vielmehr den modernen Staat soziologisch letztlich nur definieren aus einem spezifischen *Mit-*

tel, das ihm, wie jedem politischen Verband, eignet: das der physischen Gewaltsamkeit«. [WuG 821]

Gewalt ist nicht als das einzige jedoch als das dem Staat spezifische Mittel zu betrachten, auf das er mit Erfolg ein Monopol beansprucht, solange er besteht. »In der Vergangenheit haben die verschiedensten Verbände – von der Sippe angefangen – physische Gewaltsamkeit als ganz normales Mittel gekannt. Heute dagegen werden wir sagen müssen: Staat ist diejenige menschliche Gemeinschaft, welche innerhalb eines bestimmten Gebietes ...das Monopol legitimer physischer Gewaltsamkeit für sich (mit Erfolg) beansprucht«. [WuG 822] So empfangen heute alle anderen legitimen Institutionen ihr Recht auf Gewaltausübung ausschließlich vom Staat, da dieser die alleinige Quelle des »Rechts auf Gewaltsamkeit« ist.

Die Definition vom Begriff der modernen Staatsanstalt lehnt sich an jene der politischen Gemeinschaft an, so dass auch hier gilt, was schon in Bezug auf Webers Souveränitätsdenken herausgearbeitet wurde. [Vgl. Kap. 6.2.] Die Legitimation des Staates leitet sich einerseits aus der Tatsache ab, dass er das Gewaltmonopol ausübt, womit die Kämpfe der nichtlegitimen Verbände unterbunden werden. Andererseits stützt sich die Legitimität des staatlichen Gewaltmonopols jedoch darauf, dass es die rationale Rechtspflege garantiert, woraus dessen Legalitätsprestige entsteht. Entsprechend hängt Webers Definition der Politik von der Voraussetzung des »staatlich durch Legalität legitimierten Machtmonopols« ab. Weber schreibt: »›Politik‹ würde für uns also heißen: Streben nach Machtanteil oder nach Beeinflussung der Machtverteilung, sei es zwischen Staaten, sei es innerhalb eines Staates zwischen den Menschengruppen, die er umschließt«. [WuG 822] Dieser Politikbegriff bildet die Voraussetzung für Webers Reflexion über das moderne Parteiwesen, worauf noch zurückkommen ist.

Die Frage der Legitimität steht auch in diesem Zusammenhang im Zentrum von Webers idealtypischer Begriffsbildung. Der Staat kann als Machtmonopol nur bestehen, solange die Bürger die Autorität seiner Leiter auch »als subjektiv verbindlich« empfinden und sie dadurch legitimieren. »Der Staat ist, ebenso wie die ihm geschichtlich vorausgehenden politischen Verbände, ein auf das Mittel der legitimen (das heißt: als legitim angesehenen) Gewaltsamkeit gestütztes *Herrschafts*verhältnis von Menschen über Menschen. Damit er bestehe, müssen sich also die beherrschten Menschen der beanspruchten Autorität der jeweils herrschenden fügen. Wann und warum sie das tun, läßt sich nur verstehen, wenn man die inneren Rechtfertigungsgründe und die äußeren Mittel kennt, auf welche sich eine Herrschaft stützt«. [Ebd.]

Damit leitet Weber erneut zur Untersuchung der Legitimitäts- und Organisationsfrage der Herrschaft über, die bereits aus der Herrschaftstypologie bekannt ist. Anzumerken ist, dass er hier die Frage auf der Ebene des Herrschaftsmonopols angeht und die soziale Funktion der Herrschaft ausklammert. Damit setzt er den Begriff der politischen Gemeinschaft bereits voraus. Anschließend präsentiert Weber in synthetischer Form die Typologie der drei reinen Herrschaftstypen, wobei er im Fall der charismatischen Herrschaft stärker auf ihre spezifisch moderne Form eingeht, d.h. auf den Typus des modernen Parteiführers als Demagoge. Dies hat mit der ethisch-politischen Fragestellung von »Politik als Beruf« zu tun, auf die noch zurückzukommen ist. Schließlich untersucht Weber die Mittel der Herrschaft, die er in Verwaltungsstab und sachliche Mittel unterteilt, und weist auf die Trennung zwischen Beamten und Verwaltungsmitteln hin, auf der die Bürokratie moderner Staaten ruht. Diese ergab sich historisch daraus, dass die Verwaltungsmittel den Händen der Stände entzogen wurden. Eine Entwicklung, die mit der kapitalistischen Enteignung der Produzenten von den Produktionsmitteln parallel verlief und die ständische Gliederung der Gesellschaft sprengte.

Damit schließt Weber die synthetische Darstellung der Grundkategorien seiner Herrschaftssoziologie ab und wendet sich dem Sachverhalt zu, der für ihn das politische Hauptproblem der modernen Staatsanstalt ausmacht, nämlich ihrer fortschreitenden Bürokratisierung. [WuG 825] Mit der Durchsetzung des bürokratischen Verwaltungsprinzips in allen Bereichen entsteht für Weber eine »Beamtenherrschaft«, die zumeist ohne jegliche Kontrolle die Gesamtheit des politischen Verbandes kraft ihres Fachwissens faktisch beherrscht. Eine Leitung nach politischen Vorstellungen, die über die Logik der Vorschrift, der Amtshierarchie und der Standesehre hinausgeht, ist unter diesen Umständen unmöglich. Damit ist nach Weber die Gefahr verbunden, dass weitsichtige politische Programme nicht verwirklicht werden können und die Politik sich in der blinden Umsetzung der Verwaltungsmechanismen auflöst. Es ist folglich vonnöten, die Struktur und den Entwicklungsprozess des modernen Beamtentums zu untersuchen, um Auswege aus der daraus resultierenden »mechanisierten Versteinerung« der Politik zu finden.

Mit dieser Fragestellung begibt sich Weber jedoch auf ein Terrain, das an der Grenze der wertfreien Argumentation angesiedelt ist und zur »politischen Zeitdiagnose« sowie zur Diskussion der möglichen Anweisungen an die politische Praxis überleitet. Es ist kein Zufall, dass Weber sich mit diesen Themen in seinen politischen Schriften und Vorträgen auseinander gesetzt hat. Die Rekonstruktion seiner Bürokratisierungstheorie (vor allem des modernen Politikbetriebs) mündet also unmittelbar in die Untersuchung seiner politischen Zeitdiagnose, die erst im nächsten Abschnitt betrachtet wird.

Die Bürokratie besteht idealtypisch aus angestellten Beamten mit spezialisierter Fachschulung und Berufskarriere und basiert auf den Verwaltungsmechanismen, die in Kap. 5.2. bereits untersucht worden sind. In der Moderne dehnt sich dieser Verwaltungstypus auf alle Bereiche des Staates und der Zivilgesellschaft aus, so dass Weber von einem historischen Bürokratisierungsprozess spricht. Dies gilt auch für die politischen Parteien. So sind unter diesen Umständen auch die Berufspolitiker in der Regel keine charismatischen Herrscher, sondern Beamte, die sich als Anbieter von Dienstleistungen verstehen. Dies hat klare Konsequenzen für die Art der politischen Leitung moderner Staatsanstalten, so dass Weber die Frage der Rekrutierung der politischen Führungskräfte durch eine Klassifikation ihrer soziologischen Typen zu beantworten versucht.

Das moderne Beamtentum besitzt nach Weber die positive Eigenschaft einer großen Zuverlässigkeit der Verwaltung, ist aber im negativen Sinne eine Maschinerie, die dadurch in den Leerlauf gerät, dass sie sich selbst keine Zielsetzung geben kann. Dies kann nur von einer »politischen Leitung« gewährleistet werden, die sich außerhalb der Verwaltungsmaschinerie befindet. Unter diesen Voraussetzungen entwickelt sich die moderne Politik zu einem Betrieb, der von den politischen Leitern eine Schulung im Kampf um die Macht und dessen Methode verlangt.

Dies bedingt die Scheidung der öffentlichen Funktionäre in zwei Kategorien: »Fachbeamte und politische Beamte«. Erstere sind Bürokraten und verfolgen eine Karriere innerhalb der Staatsmaschine, Letztere sind indes versetzbar, werden von der Exekutive eingesetzt und sind folglich von ihr abhängig. Ihre Aufgabe besteht in der Leitung der Verwaltungsmaschine nach der politischen Linie der regierenden Parteien. Der Fachbeamte dagegen geht seinem Beruf nach und betreibt keine Politik, er soll »ohne Zorn und Eingenommenheit« (*sine ira et studio*) verwalten. So handelt der Beamte nach Standesehre, führt Befehle aus und darf nicht kämpfen, während der politische Führer im Gegensatz dazu für eine bestimmte Vorstellung kämpft und dafür persönlich verantwortlich ist. [Vgl. WuG 833]

Beamte sind also in dem Sinne »verantwortungslose Politiker«, weil ihre Standesehre sie dazu zwingt, nach Vorschrift zu handeln. Ihre Herrschaft trägt Weber zufolge denselben Charakter, so dass im Zentrum der Reflexion über die moderne Staatsanstalt die Frage steht, wer die Staatspolitik bestimmen soll: das Fachbeamtentum oder die charismatischen Führer der politischen Parteien. Die Spannung zwischen diesen beiden Typen von Berufspolitikern charakterisiert nach Weber die moderne Staatsanstalt, so dass die Tendenzen zur Bürokratisierung und zur Demagogenherrschaft mit ihrer Existenz eng verbunden sind. Die Vorherrschaft der einen oder der anderen Tendenz gefährdet jedoch durch ihre Einseitigkeit das Bestehen der modernen Staatsanstalt. Es geht deshalb nach Weber darum, zu verstehen, welche Wechselwirkung zwischen den beiden Kräften zu einer »wohlgeordneten Politik« führt.

8.2 Webers Zeitdiagnose: Bürokratie und Parlamentarismus

In seinem Aufsatz »Parlament und Regierung im neugeordneten Deutschland«[113] legt Weber eine Zeitdiagnose über die politisch-institutionelle Lage Deutschlands am Ende des Ersten Weltkrieges vor. Sie umfasst unterschiedliche Themen: »die Erbschaft Bismarcks«, »Beamtentum und politisches Führertum«, »Parlamentarismus, Demokratisierung und Föderalismus«. Einige Aspekte dieser Reflexion haben heute vornehmlich eine historische Bedeutung. Die Untersuchung der Tendenzen zur Bürokratisierung und zur Demagogenherrschaft sowie Webers Vorschläge zur Stärkung des Parlaments in seiner Kontrollfunktion hinsichtlich beider Tendenzen haben indes eine besondere Aktualität. Die zentrale These lautet, dass sich in der modernen Gesellschaft die rationale Verwaltungsform der Bürokratie in den unterschiedlichsten Bereichen von Staat und Kirche bis zu den kapitalistischen Unternehmen und politischen Parteien durchsetzt. Dieses Phänomen ist »sozialstrukturell bedingt«, denn die Verwaltung von Massenverbänden ist durch unmittelbare Demokratie und Honoratiorenherrschaft nicht zu gewährleisten und verlangt nach einem hoch spezialisierten Beamtentum, das die Kontinuität des amtlichen Alltagsbetriebs sichert.

Sowohl die moderne Demokratisierung des politischen Verbands als auch eine mögliche Sozialisierung der Produktionsmittel sind nach Weber mit einer Steigerung der Bürokratisierungstendenz verbunden. [Vgl. GPS 331] So scheint die Vorherrschaft der Bürokratie über die moderne Gesellschaft unabwendbar zu sein, unabhängig davon, welche politisch-institutionelle Form sie

---

113 Grundlage der Rekonstruktion ist Webers Argumentation in »Parlament und Regierung im neugeordneten Deutschland. Zur politischen Kritik des Beamtentums und Parteiwesens«. Die Studie geht auf eine Serie von Zeitungsartikeln zurück und erschien dann 1918 in: *Die innere Politik*. S. Hellmann (Hg.). München, Leipzig: Duncker & Humblot. Hier wird aus Weber (1988e) mit der Sigle GPS zitiert.

annimmt. Dabei besteht die Gefahr, dass Individualismus und Demokratie unter dem Druck der staatlichen Verwaltungsmaschinerie verkümmern und die Menschen sich – nach Webers plastischer Ausdrucksweise – einem »Gehäuse der Hörigkeit« fügen müssen.

Die Feststellung dieser Tatsache, die eine der bedeutendsten Aussagen von Webers Sozialwissenschaft darstellt, bildet den Anlass für die politische Reflexion, die er in »Parlament und Regierung« vorlegt. Dieser Text liefert ein Beispiel dafür, wie er seine sozialpolitischen Kategorien auf eine »aktuelle Fragestellung« anwendet, eine Diagnose aufstellt und der politischen Praxis Lösungsvorschläge unterbreitet. Die Rekonstruktion des Aufsatzes gibt Aufschluss darüber, wie Weber die Beziehung zwischen »politischen Wertfragen« und »sozialwissenschaftlicher Wertfreiheit« bei einem konkreten politischen Problem handhabt.

Politischer Ausgangspunkt der Argumentation in »Parlament und Regierung« ist die Kritik des Bürokratisierungsprozesses unter dem Gesichtspunkt der freiheitlich-individualistischen Grundlagen moderner Demokratie. Die Entstehungsgeschichte des Deutschen Reichs und die politische Vorherrschaft Bismarcks haben einen »Obrigkeitsstaat« entstehen lassen, in dem das Beamtentum die Staatsgeschäfte ohne politische Kontrolle führt. Die einzige Instanz, die der Bürokratie Anweisungen geben konnte, war der Kaiser, der jedoch als Nicht-Fachspezialist dem Fachwissen des Beamtentums gegenüberstand. Das Parlament konnte im Gegensatz zu heute keine Kontrollfunktion ausüben, da ihm die Berechtigung dazu fehlte. In diesem Zusammenhang und angesichts der Tatsache des unaufhaltsamen Vormarsches der Bürokratisierung sind nach Weber drei Fragen zu formulieren, die eine politische Neuordnung Deutschlands nach dem Ende des Ersten Weltkrieges zu berücksichtigen hat. [Vgl. GPS 333]

Demnach gilt es erstens zu klären, ob die »Errungenschaften aus der Zeit der Menschenrechte« und vor allem die »individualistische Bewegungsfreiheit« unter der Vorherrschaft der Bürokratie noch zu retten sind. Zweitens ist es notwendig, die politischen Mächte zu ermitteln, die die Vorherrschaft des Beamtentums wirksam kontrollieren und in ihren Schranken halten können, um das Fortbestehen der Demokratie zu sichern. Die dritte und für Weber wichtigste Frage zielt schließlich darauf, festzustellen, was die Bürokratie als Verwaltungsform nicht leisten kann und deshalb auch nicht für sich beanspruchen darf.

Die innere Grenze der Bürokratie besteht nach Weber darin, dass es ihr an »leitendem Geist« mangelt, denn der leitende Geist ist sowohl im wirtschaftlichen als auch im politischen Bereich per Definition etwas anderes als der Geist, nach dem der Beamte verwaltet. Damit unterstreicht Weber die Notwendigkeit einer *politischen* Leitung der Bürokratie, die in der Lage ist, ihre Zielsetzung zu bestimmen. Dazu bedarf es freilich politischer Persönlichkeiten, die sich außerhalb der Grenzen des Verwaltungsgeistes bewegen können, ohne dabei bloße Demagogen zu sein. So stellt Weber die Dichotomie von »rationaler Verwaltung« und »politisch-charismatischer Leadership« auf, die seine gesamte späte politische Reflexion prägt. Die damit verbundene Problematik liegt darin, dass einerseits die Bürokratie in eine blinde Umsetzung der Verwaltungsmechanismen und dass andererseits die politische Leadership in eine Demagogenherrschaft ausarten kann. Innerhalb der modernen Staatsanstalt unterscheidet Weber also zwei richtungsweisende politische Mächte, zeigt, wie jede von ihnen eine pathologische Form annehmen kann, und untersucht die bestmögliche Gestaltung ihrer Wechselwirkung, die im Stande ist, ihr Ausarten zu verhindern.

Formal unterscheiden sich Beamte von leitenden Politikern durch ihre spezialistische Fachschulung und Berufskarriere, was sie jedoch am stärksten voneinander differenziert ist die unterschiedliche Verantwortung, die ihre Funktionen voraussetzen. Es liegt nicht nur in der Pflicht, sondern gehört auch zur »Standesehre« des Beamten, Anweisungen von vorgesetzten Stellen auch ohne persönliche Zustimmung auszuführen. Einem politischen Leiter hingegen, der so handelt, gebührt nach Weber Verachtung, da er seiner Verantwortung, sich für seine politischen Vorstellungen einzusetzen, nicht gerecht wird. Denn der Beamte soll überparteiisch sein, d.h. Machtkämpfen fern bleiben, während der »Kampf um eigene Macht und die aus dieser Macht folgende Eigen*verantwortung für seine Sache* ...das Lebenselement des Politikers« ist. [GPS 335]

Die historische Erblast Deutschlands bestand nach Weber 1918 darin, dass es seit Bismarcks Rücktritt von Beamten regiert wurde, weil jener alle politischen Talente seiner Zeit unterdrückt hatte. Webers Zeitdiagnose wirft somit die Frage nach der Möglichkeit auf, in Deutschland nach 1918 eine *politische Leitung* des Staates zu etablieren.

Im modernen Rechtsstaat gibt es nur eine Instanz, die die Bürokratie kontrollieren und in ihren Schranken halten kann: ein »politisch aktives Parlament«.[114] Das Parlament bildet den Kern der modernen, auf Massenverbänden basierenden Demokratie. Denn es ermöglicht die Vertretung der durch die Bürokratie beherrschten Bürger, die ihre Zustimmung oder Missbilligung bezüglich der Führung der Staatsgeschäfte auf diese Weise manifestieren können. Verfügt das Parlament über keine konstitutionell anerkannte politische Macht, dann kann es nur eine negative (kritisch-konsultative) Politik betreiben. Kann das Parlament es hingegen durchsetzen, dass die Verwaltungsleiter (Minister und Staatssekretäre) aus den eigenen Reihen kommen und eine Mehrheit brauchen, um zu regieren, betreibt es eine positive Politik und übt eine effektive Kontrolle über die Verwaltung aus. Damit entsteht ein parlamentarisches System im eigentlichen Sinn, dessen Vorbild Weber im englischen Parlamentarismus sieht.

Ein politisch aktives Parlament bietet, so Weber, überdies den Vorzug, dass es zur wohl geordneten Gestaltung des zweiten entscheidenden Faktors moderner Politik beiträgt, indem es für eine

---

114 In der Tat beschäftigt sich Weber in »Parlament und Regierung« mit zwei Kontrollinstanzen der Bürokratie: dem Monarchen und dem Parlament. [GPS 336] Dem Monarchen misst Weber jedoch keine bedeutende Rolle zu, da er kein Fachspezialist ist und daher dem Fachwissen des Beamtentums nicht standhalten kann. Aus diesem Grund richtet sich der Fokus der Rekonstruktion auf Webers Untersuchung der Rolle des Parlaments.

»parlamentarische Auslese der Führer« sorgt. Solange die Besetzung der führenden politischen Posten durch Direktwahl oder Plebiszit erfolgt, setzen sich vorzüglich bloße Demagogen durch, die auf die Emotionalität der Wählerschaft einzuwirken wissen. Durch die Wahl ins Parlament gehen indessen auch die charismatischen Parteiführer die Verpflichtung ein, sich an der parlamentarischen Kommissionsarbeit zu beteiligen und sich als Träger der Regierungsverantwortung der parlamentarischen Mehrheit unterzuordnen. Dies stellt nach Weber ein ausschlaggebendes Schulungs- und Selektionsmoment dar, da nur die politischen Führer, die sich auch in der parlamentarischen Arbeit bewähren, führende politische Posten anstreben können. Voraussetzung dafür ist jedoch, dass das Parlament mit den Herrschaftsrechten ausgestattet ist, die es ihm ermöglichen, die Staatspolitik aktiv zu gestalten. »In diesem Fall spricht man, einerlei ob mit Recht oder Unrecht, vom ›Volksstaat‹, während ein Parlament der Beherrschten mit negativer Politik gegenüber einer herrschenden Bürokratie eine Spielart des ›Obrigkeitsstaats‹ darstellt«. [GPS 340]

Ein Parlament mit positiver politischer Funktion beinhaltet des Weiteren die Möglichkeit, dass auch in den politischen Parteien statt der Beamten Persönlichkeiten mit Führerqualitäten an die Spitze kommen. Denn für politische Temperamente besteht »dann und nur dann« der Anreiz, sich dem politischen Konkurrenzkampf auszusetzen. Ganz anders geht es zu, wenn nur hohe Beamten die Leitungsposten besetzen, da sich dann eine Kluft zwischen dem Staatsapparat und den lebendigen Kräften der Gesellschaft auftut. Dadurch wird das politische System extrem undynamisch, weil qualifizierte Beamte, die keinen Hauch staatsmännischer Begabung besitzen, sich lange Zeit in führender Stellung behaupten und nur durch Palastrevolutionen gestürzt werden können. »Geborene Führernaturen« gibt es nach Weber in jedem Land, sie engagieren sich aber ausschließlich in der Zivilgesellschaft, solange sie keinen Zugang zur Verantwortung im Staat bekommen, weil dieser vom Beamtentum vollständig besetzt ist.

Das Wesen der Politik ist Webers Ansicht nach »*Kampf, Werbung von Bundesgenossen und von freiwilliger Gefolgschaft*, – und dazu, sich in dieser schweren Kunst zu üben, bietet die Amtslaufbahn des Obrigkeitsstaats nun einmal keinerlei Gelegenheit«. [GPS 347] Nur »im Volksstaat« mit parlamentarischer Vertretung, wo die Politik als Kampf zugelassen wird, finden »geborene Führer« in den Parteien und im parlamentarischen Kampf einen Ort, um ihre politischen Qualitäten zu schulen. Der damit verbundene »cäsaristische Einschlag« moderner Politik ist Weber zufolge unvermeidbar. Die Masse der Parlamentarier wird zur Gefolgschaft der wenigen Leader, da das Prinzip der kleinen Zahl, d.h. die »bessere Manövrierfähigkeit« kleinerer führender Gruppen, das politische Handeln beherrscht.

Politische Persönlichkeiten, die durch Wahl an die Macht gelangen, müssen jedoch auch die Beziehung zur Öffentlichkeit pflegen, wodurch nach Weber ihre Verantwortlichkeit gestärkt wird. Umgekehrt müssen sich Wähler und Parlamentarier den Führern fügen, die sich durchsetzen können. Diese seien selten die hervorragendsten, aber im Durchschnitt seien sie trotzdem »geeignete politische Führer«. Im Gegensatz zum Volksstaat lässt der Obrigkeitsstaat eine Wahl der politischen Leiter gar nicht zu und verleiht stattdessen vorgesetzten Beamten anstelle von politischen Führern die höchste Macht im Staat.

Die treibende Motivation für eine politische Laufbahn ist nach Weber sehr wohl der Machtinstinkt, das egoistische Streben nach Ämtern für sich und für die Gefolgschaft. Dieses Streben ist jedoch nicht voreilig moralisch zu verurteilen, da es die Frage aufwirft, ob diese »allzumenschlichen Interessen« nicht auf eine bestimmte Art wirken können, die eine Auslese von politischen Talenten zulässt. Webers Antwort auf diese Frage fällt dabei durchaus positiv aus. Um aber zu verhindern, dass unter den politischen Führern nur Demagogen zu finden sind, bedarf es eines politisch handelnden Parlaments, das im Zuge der parlamentarischen Ausschussarbeit deren Selektion vornimmt.

Solange die Parlamente nur negative Politik betreiben (wie es Weber zufolge in Deutschland bis 1918 der Fall war), beschränkt sich deren Arbeitsgebiet auf die Bereiche der Kritik, Beschwerde und Beratung. Das Parlament hat jedoch eine andere politische Leistung zu erbringen, indem es die Verwaltung kontrolliert. Nur dadurch kann die Politik ein Gegengewicht zur Beamtenherrschaft darstellen. Die Machtstellung der Beamten sieht Weber nicht nur in der arbeitsteiligen Technik der Verwaltung, sondern auch in der besonderen Handhabung ihres Wissens, da dieses Wissen von zweierlei Art ist. Einerseits ist es das durch Fachschulung erworbene Wissen, also im weitesten Sinne des Wortes »technisches« Fachwissen. Andererseits ist es »die durch die Mittel des amtlichen Apparates nur dem Beamten zugängliche Kenntnis der für sein Verhalten maßgebenden konkreten Tatsachen: das *Dienstwissen*«. [GPS 352] Und gerade durch die Geheimhaltung dieses Wissens über das Dienstgeheimnis erlangt das Beamtentum seine Machtposition. Deshalb muss das Parlament über ein Enqueterecht verfügen, damit es der Öffentlichkeit eine klare Einsicht in die Art geben kann, wie ihre Geschäfte geführt werden. Diese Arbeit hat für Weber eine erzieherische Wirkung sowohl auf das Verhalten des Beamtentums als auch auf das demokratische Bewusstsein der Öffentlichkeit.

Ein funktionierendes Parlament mit Enqueterecht hat für Weber noch einen weiteren Vorzug, der zur Lösung der politischen Problematik moderner Staatsanstalten beiträgt, indem das Parlament zur Auslesestätte für das politische Führungspersonal wird. »*Nur* jene Schule intensiver Arbeit an den Realitäten der Verwaltung, welche der Politiker in den Kommissionen eines mächtigen *Arbeits*parlamentes durchzumachen hat und in der er sich bewähren muß, macht eine solche Versammlung zu einer Auslesestätte nicht für bloße Demagogen, sondern für sachlich arbeitende Politiker«. [GPS 355]

Dank einer positiv-politischen Stellung des Parlaments ergibt sich für Weber die produktive Zusammenarbeit von Fachbeamtentum und politischen Führern, wodurch die Verwaltung fortwährend kontrolliert, die Führungskräfte geschult und das demokratische Bewusstsein der Öffentlichkeit gestärkt wird. Voraussetzung dafür ist jedoch die durch effektive Parlamentskontrolle erzwungene *Publizität der Verwaltung.* »Demokratisierung« bedeutet also in diesem Zusammenhang eine Stärkung der Kontroll- und Bestimmungsfunktion des Parlaments gegenüber der Bürokratie.

In diesem Sinne fordert Weber 1918 mehr Demokratie und denkt dabei vornehmlich an die politischen Rechte des Parlaments. Ansonsten steht er der Demokratisierung durch Ausdehnung des Wahlrechts mit gemischten Gefühl gegenüber. Er sieht in ihr die Tendenz zur Entwicklung von Massenparteien, die wiederum Bürokratisierung, Cäsarismus und eine Emotionalisierung der Politik mit sich bringen. [Vgl. GPS 382-406]

In »Parlament und Regierung« finden sich Webers Vorschläge für die Neuordnung der deutschen Politik nach dem Ersten Weltkrieg. Es ist eine diagnostische Anwendung seiner sozialpolitischen Terminologie auf eine alltagspolitische Frage unter der Voraussetzung eines ethisch-politischen Urteils über die Konsequenzen der Bürokratisierung für die freiheitlich-individualistische Grundlage der Demokratie. Weber entwickelt seine Reflexion in einer politischen Studie, die er als »Streitschrift« deklariert, [vgl. WuG 173] und argumentiert als politischer Schriftsteller. Dabei bietet sich die Möglichkeit, zu einer normativen Theorie der »guten und schlechten« Formen der modernen Staatsanstalt zu gelangen. Weber wagt diesen Schritt jedoch nicht und beschränkt sich darauf, seine Begriffe mit diagnostischer Absicht auf eine aktuell-politische Fragestellung anzuwenden.

9. Ethik und Politik

9.1 Politik als Beruf

Webers Aufsatz »Politik als Beruf«[115] stellt auf synthetische Art die Grundlinien seines politischen Denkens dar. Seine Ausführungen schließen mit einer Betrachtung der Beziehung zwischen Ethik und Politik, die sich auf das Handeln des Berufspolitikers bezieht. Diese Akzentsetzung hat mit dem Thema des Aufsatzes zu tun, der die Frage ins Zentrum stellt, wie sich Politik als »Beruf« verstehen lässt. Dabei kommt die Vielschichtigkeit des Berufsbegriffs zum Tragen, der hier nicht vorzüglich den »Erwerb«, sondern die »Sendung« meint. Wie Weber in der *Religionssoziologie* zeigt, entsteht der säkulare Berufsbegriff aus der Umdeutung des religiösen Begriffs, so dass sich damit die Vorstellung einer Berufung (calling) verbindet.[116] Nun stellt sich bezüglich der Politik die Frage, ob Berufspolitiker nur einfache Fachbeamte sind oder als »politische Leader« eine »Berufung« zur Politik verspüren, die sie dazu anspornt, sich für die höchste Verantwortung im Staat zu bewerben. Insofern ähnelt die Fragestellung aus »Politik als Beruf« derjenigen aus »Parlament und Regierung«, da es in beiden Aufsätzen um die Qualitäten des leitenden Politikers geht, der weder bloßer Beamter noch bloßer Demagoge sein soll. In diesem Zusammenhang stellt Weber eine Typologie des Be-

---

115 »Politik als Beruf« geht auf einen Vortrag zurück, den Weber im Revolutionswinter 1918/19 vor dem Freistudententischen Bund in München hielt und dann auf der Basis einer stenographischen Nachschrift ausarbeitete. Als zweiter Vortrag in der Vortragsreihe »Geistige Arbeit als Beruf« erschien er bei Duncker und Humblot, München und Leipzig im Oktober 1919. Hier wird der Text aus Weber (1988e) mit der Sigle GPS zitiert. Vgl. dazu auch Weber (1992) S. 1-46. Vgl. schließlich Dahrendorf, Ralf, »Nachwort«. In: Weber, Max (2002). *Politik als Beruf.* Stuttgart: Reclam, S. 85-96.
116 Vgl. dazu RS Bd. 1 S. 63 f. und S. 84 f.

rufspolitikers auf und geht dann auf die ethische Frage ein, die mit der Ausübung der Politik als Beruf verbunden ist.

Die Rekonstruktion des Aufsatzes erfolgt unter der Prämisse, dass der Stoff aus mehreren hier zuvor bereits thematisierten Kapiteln von *Wirtschaft und Gesellschaft* bekannt ist. So werden bestimmte Passagen nur kurz erwähnt, die Argumentation über die Berufsproblematik wird dagegen eingehender behandelt. Webers Ausgangspunkt ist die Frage nach der Bedeutung von »Politik«. Mit diesem Begriff lässt sich zwar fast jede leitende Tätigkeit bezeichnen, Webers Interesse beschränkt sich jedoch auf die leitende Tätigkeit innerhalb des politischen Verbands und im modernen Fall innerhalb des Staates. So steht die Definition des Staatsbegriffs am Anfang der Abhandlung, dem eine Anzahl weiterer Begriffe in rascher Sequenz folgt.

Den Staat definiert Weber auch hier durch die »Mittel«, die ihm spezifisch sind. »Staat ist diejenige menschliche Gemeinschaft, welche innerhalb eines bestimmten Gebietes – dies: das ›Gebiet‹ gehört zum Merkmal – das *Monopol legitimer physischer Gewaltsamkeit* für sich (mit Erfolg) beansprucht«. [GPS 506] Folglich bedeutet Politik in diesem Rahmen Konkurrenz um die Machtanteile des Gewaltmonopols und damit »Streben nach Machtanteil oder nach Beeinflussung der Machtverteilung, sei es zwischen Staaten, sei es innerhalb eines Staates zwischen den Menschengruppen, die er umschließt«. [Ebd.] Auf der Grundlage dieser Definition von Staat und Politik setzt sich Weber schließlich mit der Typologie der legitimen Herrschaft auseinander, ohne von den entsprechenden Ausführungen in *Wirtschaft und Gesellschaft* abzuweichen. [Vgl. dazu Kap. 5]

In diesem Zusammenhang führt er eine erste Kategorie von Berufspolitikern ein: die »Herrscher« der jeweils rational, traditional oder charismatisch legitimierten Herrschaftsform. Dabei gilt sein besonderes Augenmerk dem charismatischen Typus, der als »Herrscher vermöge persönlicher Gnadengabe« den politischen Leader *par excellence* ausmacht. Die Beobachtung dieser Tatsache verbindet sich mit einer Reflexion über die »anthropologischen Voraussetzungen« des politischen Handelns, die im

Spannungsverhältnis mit dem ethischen Urteil stehen: »Wer Politik treibt, erstrebt Macht: Macht entweder als Mittel im Dienst anderer Ziele (idealer oder egoistischer), – oder Macht ›um ihrer selbst willen‹: um das Prestigegefühl, das sie gibt, zu genießen«. [GPS 507] So ist für Weber der Machtinstinkt das »allzumenschliche Bedürfnis«, die treibende Kraft, die die Menschen zum politischen Handeln anspornt, wobei er alle anderen Motivationsmomente als eine mehr oder weniger ideologische Verhüllung dieser Tatsache betrachtet. Vom ethischen Gesichtspunkt aus gesehen, liegt für Weber deshalb das Problem der aktiven Politik darin, dass sie jedenfalls für das Individuum bedeutet, sich auf die »Ausübung von Macht« einzulassen. Im Zentrum seiner Untersuchung steht folglich die Frage, unter welchen Umständen dies zum Faktor von »guter Politik« werden kann.

Weber hebt die Problematik der »Berufung zur Politik« aus einem bestimmten Grund hervor, der auf den Anlass des Vortrags zurückgeht, in dem er seine Position zur politischen Lage im Revolutionswinter 1918/19 schildern sollte.[117] Obwohl er auf die »aktuellen Tagesfragen« nicht eingeht, setzt er sich damit auseinander, welches das Grundproblem moderner Politik ist. Wie schon in »Parlament und Regierung« sieht er die Notwendigkeit, zu zeigen, wie sich »politische Leader« durchsetzen können, die eine Berufung zur Politik verspüren, damit Letztere nicht zur Umsetzung von bürokratischen Mechanismen verkümmert. Es gilt dabei, aus einfachen Emporkömmlingen und Demagogen Staatsmänner zu machen. In diesem Zusammenhang weist Weber in »Parlament und Regierung« auf die erzieherische Rolle der Parlamentsarbeit hin. In »Politik als Beruf« geht es dagegen um die Frage, welche ethische Haltung der leitende Politiker im modernen Politikbetrieb zu bewahren hat, damit er die Tragweite seiner Entscheidungen einschätzen kann.

---

117 Vgl. dazu Immanuel Birnbaum, »Erinnerungen an Max Weber«. In: König, René; Winckelmann, Johannes (Hg.) (1963) S. 19-21. Friedrich J. Berber, »Aufzeichnungen«, ebenda S. 21-24. Max Rehm, »Erinnerungen an Max Weber«, ebenda S. 24-28.

Ein weiterer Grund, die »anthropologische Grundfeder« des politischen Handelns zu untersuchen, ist, dass sie die »Berufung zur Politik« im emphatischen Sinne auszeichnet, was besonders in der charismatischen Herrschaft zum Vorschein kommt. Denn dieser Herrschaftstypus beruht auf der Hingabe der Gehorchenden an das »rein persönliche Charisma« des politischen Leaders. Er gilt »als der innerlich ›berufene‹ Leiter der Menschen«, dessen Anhänger ihm nicht aufgrund von Sitte oder Satzung folgen, »sondern weil sie an ihn glauben«. [GPS 508] Im Abendland hat dieser Herrschaftstypus die klassische Form des Demagogen und des modernen Parteiführers angenommen, weshalb diese Art von Berufspolitiker im Zentrum von Webers Betrachtung steht.

Demagogen und Parteiführer herrschen jedoch nicht ohne Hilfe eines Apparates, der für das Fortbestehen der Herrschaft notwendig ist. Dies wirft die Frage nach ihrer Organisation auf: der herrschaftsbildende Gehorsam stützt sich nicht nur auf die Legitimität des Herrschers sondern auch auf »das Entgelt und die Ehre«, die seine Gefolgschaft dazu motivieren, auf längere Sicht zu ihm zu stehen. Dies impliziert die Notwendigkeit, die finanziellen Mittel zu beschaffen, die den steten Verwaltungsbetrieb ermöglichen, der die Herrschaft im Alltag ausmacht. Im Rahmen dieser Reflexion rekonstruiert Weber die Eigenschaften und die Entwicklungsgeschichte moderner Verwaltung. Dabei unterstreicht er die Beständigkeit der Befehl-Gehorsam-Beziehung (Disziplin), auf der ein funktionierender Herrschaftsbetrieb ruht. Anschließend beschreibt er die historische Entwicklung der Trennung von Verwaltungsmittel und Verwaltungsstab, die sich aus der Enteignung der Stände ergibt und parallel zur Enteignung der Produzenten durch die kapitalistische Wirtschaftsform verläuft. [Vgl. GPS 509-510]

In diesem Zusammenhang führt Weber eine zweite Kategorie von Berufspolitikern ein: diejenigen, die nicht selbst herrschen wollen, sondern im Dienst des politischen Herrschers arbeiten. [Vgl. GPS 511] Sie können auch Gelegenheits- oder Nebenberufspolitiker sein, wobei sie erst als Hauptberufspolitiker ins Zentrum von Webers Untersuchung rücken. Hauptberufspolitiker unterscheidet er in vermögende Berufspolitiker, die *für* die Politik leben, und politische Beamte, die *von* der Politik leben. [Vgl. GPS 513] Frei von den durch Politik erzielbaren Einnahmen ist nur jener Berufspolitiker, der über ein eigenes Vermögen verfügt und nicht für seinen Lebensunterhalt arbeiten muss (also wirtschaftlich abkömmlich ist). Dies bedeutet jedoch eine rein »plutokratische (vom Reichtum abhängige) Rekrutierung« der Berufspolitiker, wohingegen sie ansonsten »von der Politik« als Haupteinnahmequelle leben müssen. In dem Fall sind sie entweder Pfründner oder besoldete Beamte und kassieren Gebühren, Sporteln, Bestechungsgelder, Naturdeputate oder Gehälter, aus denen sie mehr oder weniger kontinuierlich ihren Lebensunterhalt bestreiten.

Den vormodernen prekären Finanzierungsformen von Berufspolitikern steht nach Weber »die Entwicklung des modernen Beamtentums zu einer spezialistisch durch langjährige Vorbildung fachgeschulten hochqualifizierten geistigen Arbeiterschaft mit einer im Interesse der Integrität hochentwickelten ständischen *Ehre* [gegenüber]«. [GPS 516] Mit dem Aufstieg des Fachbeamtentums erscheint auch die Figur des »leitenden Politikers« (Berater des Fürsten, Diplomat, Vizir), der die Politik als bewusst gepflegte Kunst versteht, wie dies bereits Machiavelli lehrt.[118] Das politische Handeln spaltet sich somit immer mehr in »Verwaltungsbetrieb« und »Schulung im Kampf um die Macht«, so dass es eine Scheidung der öffentlichen Funktionäre in »Fachbeamte« mit Karriere und »politische Beamte« gibt, die von der Exekutive eingesetzt und entlassen werden.

Durch die fortgeschrittene Entwicklung des Fachbeamtentums auf allen Ebenen entwickelt sich schließlich auch dessen latenter Kampf gegen die Selbstherrschaft, worin Weber den Archetypus der modernen Opposition von Beamtentum und charismatischen Führern sieht. Historisch hat aber gerade der Kampf des Fürsten mit den Ständen zur Entstehung des Berufsbeamtentums geführt, da sich die Herrscher dabei immer mehr

---

118 Machiavelli, Nicolò (1990) S. 51-123.

auf nicht ständische Schichten stützten. [Vgl. GPS 521] Bevorzugt waren vor allem Kleriker, die zu den ersten politischen Beamten wurden, da sie schriftkundig sowie zölibatär waren und damit keine Sorge um Nachfahren hatten. Darauf folgten humanistische Literaten, Hofadel, Kleinadel und Juristen als die typischen Figuren des neuzeitlichen Beamtentums. Im politischen Betrieb der modernen Parteien setzten sich schließlich vor allem Juristen durch, da sie aus professionellen Gründen den Beamten in der Fähigkeit zu kämpfen überlegen waren.

Die Entwicklung der modernen Bürokratie unterstreicht jedoch mit Nachdruck die Notwendigkeit, nicht nur zwischen »Fachbeamten« und »politischen Beamten« zu unterscheiden, sondern generell zwischen »Beamten« und »politischen Führern«. Denn wenn die leitenden Stellen im Staat nur durch Beamte und nicht durch politische Führer besetzt werden, lauert nach Weber die Gefahr, dass die gesamte Politik zum Verwaltungsbetrieb verkümmert. Die Unterscheidung zwischen Beamten und politischen Führern hängt in erster Linie mit der unterschiedlichen Verantwortung zusammen, die deren Funktionen auszeichnet. Per Definition soll der Beamte unparteiisch sein und »ohne Zorn und Eingenommenheit« (*sine ira et studio*) dem Verwaltungsbetrieb nachgehen. [Vgl. GPS 524] Politische Führer müssen indes fähig sein, für ihre Ideen und Pläne zu kämpfen. Damit ist ein unterschiedliches Verantwortungsprinzip verbunden. Der Beamte handelt nach »ständischer Ehre«, also nach einem »unpolitischen Verhaltenskodex«, der fixiert und kollektiv sanktioniert ist, wohingegen der leitende Staatsmann nach einem politisch wertenden und strikt persönlichen Verantwortungsprinzip handelt. So kann für Weber eine Beamtenherrschaft den Staat nicht politisch leiten, da sie das falsche Verantwortungsprinzip auf die Politik anwendet.

Dieselbe Bürokratisierungsproblematik, die im modernen Verwaltungsbetrieb zu beobachten ist, charakterisiert nach Weber auch das moderne Parteiwesen. Ursprünglich sind politische Parteien einfache Gefolgschaften der Aristokratie, also Adelsparteien. Der Struktur nach stehen ihnen die Honoratiorenparteien nahe, wobei sich moderne Parteien davon unterscheiden, da sie Massenorganisationen sind. Letztere zeichnen sich dadurch aus, dass Berufspolitiker außerhalb des Parlaments die Geschäfte in die Hand nehmen. Diese sind oft reine Unternehmer, die in der Politik ein Geschäft sehen, und in zugespitzter Form vom amerikanischen »*Boss*« oder vom englischen »*Election agent*« vertreten werden. [Vgl. GPS 532]

Damit geht eine formelle Demokratisierung der Parteien einher, so dass nicht mehr die Parlamentsfraktion, sondern die Mitgliederversammlung für das politische Programm und für die Auswahl der Kandidaten zuständig ist. Die Macht wandert in die Hand derjenigen, die kontinuierlich innerhalb des Parteibetriebes die Arbeit leisten (Parteimaschine) oder finanzieren (Mäzenen und Lobbyisten). Vor allem die Parteimaschine hält die Parlamentarier in Schach und ist weitgehend für die Führerauslese bestimmend. Denn »Führer« wird nur derjenige, dem die Maschine auch über den Kopf der Parlamentarier folgt, so dass für Weber die Einführung solcher Verwaltungsmaschinen den Einzug der »plebiszitären Demokratie« in das moderne Parteiwesen bedeutet. [Vgl. GPS 533]

Bei vollständiger Bürokratisierung der Parteien steht der Parteibeamtenschaft nur noch der charismatische Parteiführer gegenüber, der das Vertrauen der Parteimaschine gewonnen hat, womit die Dichotomie von Beamtenherrschaft und charismatischem Führertum auch das Leben der Parteien beherrscht. Die Parteibeamten handeln nach Interesse und stehen zum Parteiführer, da sie von ihm den Sieg der Partei erwarten, der Ämter und Vorteile bedeutet. Die Existenz der modernen Parteimaschinen kann jedoch auch zur vollständigen »Parteibeamtenherrschaft« mittels Bürokratisierung führen. Aus diesem Grund gibt es innerhalb der Parteien einen ständigen Kampf um die Vorherrschaft zwischen dem charismatischen Parteiführer und den Parteibeamten. Die charismatischen Parteiführer und die Demagogen gewinnen den Kampf, indem sie zu einer Art »plebiszitärer Diktatoren« der Parteimaschine werden und die Parlamentarier zu ihrer Gefolgschaft machen. Dieses »cäsaristisch-plebiszitäre

Element« moderner Politik lässt sich für Weber nicht abschaffen, ohne die Macht vollständig in die Hände der Parteibürokratie zu übergeben. [Vgl. GPS 535 f.]

Dies führt ihn zur Frage der Führerauslese im modernen Parteiwesen, die in erster Linie unter Berücksichtigung der Qualität der »demagogischen Rede« als emotionales Mittel zur Gewinnung des Massenvertrauens erfolgt. Als Korrektiv zu dieser Tendenz sieht Weber auch hier eine zweite Stufe der Führerauslese durch die Parlamentsarbeit vor, nach dem Vorbild des englischen Parlamentarismus. [Vgl. GPS 537] Daraufhin untersucht er das amerikanische »*Spoils system*« (die Vergabe der Schlüsselposten an die Gefolgschaft des siegreichen Kandidaten) und die Figur des Politikunternehmers (*Boss*), um zu zeigen, wie trotz gesinnungsloser Politik tüchtige Männer zu politischen Führern werden. [GPS 538 f.]

Im Gegensatz dazu war in Deutschland bis 1918 das Beamtentum übermächtig und die Parteien bloße Honoratiorenzünfte mit Gesinnungs- oder Weltanschauungshintergrund. Der Zusammenbruch nach dem Ersten Weltkrieg schien jedoch einen Wandel in Gang zu setzen. Dies machte auch im Parteiwesen die Dichotomie zwischen Beamtenherrschaft und charismatischer Führerschaft sichtbar, so dass die Politik sich vor eine klare Alternative gestellt sah: »Führerdemokratie mit ›Maschine‹ oder führerlose Demokratie, das heißt: die Herrschaft der ›Berufspolitiker‹ ohne Beruf, ohne die inneren, charismatischen Qualitäten, die eben zum Führer machen«. [GPS 544]

Nach der Auseinandersetzung mit den »sozialstrukturellen Umständen« moderner Politik stellt Weber die Frage nach der Motivation des Individuums, sich für eine politische Laufbahn zu entscheiden. Seine Antwort darauf ist eindeutig und zeugt von den anthropologischen Voraussetzungen seiner politischen Reflexion. Ein Mensch entscheidet sich für eine politische Laufbahn, weil diese ihm Machtgefühl gewährt und vor allem »das Gefühl, einen Nervenstrang historisch wichtigen Geschehens mit in Händen zu halten, über den Alltag hinauszuheben«. [GPS 545]

Webers ethisch-politische Fragestellung verlangt jedoch eine Erklärung dafür, wie das Individuum dieser Macht gerecht werden kann. Ein »guter Politiker« soll demzufolge über drei Eigenschaften verfügen: »Leidenschaft, Verantwortungsgefühl und Augenmaß«. Leidenschaft versteht Max Weber mit paradoxer Wendung im Sinne von »Sachlichkeit«, also von leidenschaftlicher Hingabe an eine Sache. Nicht die »sterile Aufgeregtheit«, die »ins Leere laufende Romantik« des politischen Pathos ohne Verantwortungsgefühl, sondern die Verantwortlichkeit der Sache gegenüber ist die Voraussetzung, um zum Politiker zu werden. Dafür ist Augenmaß notwendig, also Distanz zu den Dingen und zu den Menschen, aber vor allem Distanz zu sich selbst. [Vgl. GPS 546] Denn Politik wird nach Weber mit kühlem Kopf gemacht und hängt von der Fähigkeit ab, jede Eitelkeit von sich zu weisen. Der Machtinstinkt ist zwar Voraussetzung für eine politische Laufbahn, er darf jedoch nicht zur Selbstberauschung werden, die aus Unsachlichkeit und Verantwortungslosigkeit entsteht. Für welche Sache sich ein Politiker engagiert, ist für Weber eine individuelle Glaubensfrage, die er vom normativen Gesichtspunkt aus nicht diskutieren will. Entscheidend sei nicht, welche die Sache ist, sondern dass der Glaube da ist, ohne den alle politischen Erfolge »dem Fluch der Nichtigkeit« ausgesetzt sind.

Diese Schlussfolgerung führt zum Kernproblem des Aufsatzes. So fragt Weber einerseits, worin das »Ethos der Politik« besteht, da es für ihn nicht durch eine normative Betrachtung politischer Ideale bestimmt wird, und andererseits, welche Rolle die Politik innerhalb der Gesamtökonomie der Lebensführung zu spielen hat. Diesbezüglich stoßen letzte Weltanschauungen aufeinander, da die ethische Betrachtung der Politik sich nicht darauf beschränken kann, Umstände zu beschönigen und Handlungen im Nachhinein zu rechtfertigen. Es ist schwierig, die Beziehung zwischen Ethik und Politik zu bestimmen, weil ethische Anforderungen an die Politik mit dem Charakter ihres spezifischen Mittels zu ringen haben: der »Macht, hinter der *Gewaltsamkeit* steht« [GPS 550]. Demgegenüber zeichnet sich für Weber eine klare Spaltung ab. Politik bedeutet Macht auszüben, so dass man entweder die Finger davon lässt, oder sich die damit verbundenen Folgen bewusst macht und dafür Verantwortung übernimmt. Politische Gewaltsamkeit und Demagogie, die sich durch »edle Absichten« zu rechtfertigen versuchen, sind indes als unethisch zu betrachten.

Den Widerspruch erklärt Weber unter Anwendung von religiösen Termini: Es lässt sich nicht gleichzeitig an die Bergpredigt appellieren und sie als Rechtfertigung für politische Taten missbrauchen. Das evangelische Gebot (etwa das: wer dich auf den rechten Backen schlägt, dem biete auch den anderen dar) ist eine unbedingte Ethik, die sich für Heilige eignet, die von den gewaltsamen Mitteln der Politik zurückschrecken. Für den Politiker gilt umgekehrt das Gebot: »du *sollst* dem Übel gewaltsam widerstehen, sonst – bist du für seine Überhandnahme *verantwortlich*«. [GPS 551]. Aus der Sicht Webers darf dementsprechend ein überzeugter Pazifist keine Revolution durchführen, da seine absolute Ethik sich an Prinzipien orientiert, die nicht nach den Folgen der Anwendung von politischer Gewalt fragen.

Hier liegt für Weber der springende Punkt in der Auseinandersetzung mit der Frage des ethischen Habitus des Politikers. »Wir müssen uns klarmachen, daß alles ethisch orientierte Handeln unter zwei voneinander grundverschiedenen, unaustragbar gegensätzlichen Maximen stehen kann: es kann ›gesinnungsethisch‹ oder ›verantwortungsethisch‹ orientiert sein«. [GPS 551] Weber denkt politisch, stellt jedoch den Gegensatz erneut in religiösen Termini dar. Es gibt grundsätzlich zwei Möglichkeiten, das Handeln ethisch zu steuern. Man kann entweder unter der gesinnungsethischen Maxime handeln, »religiös geredet: ›Der Christ tut recht und stellt den Erfolg Gott anheim‹ –, *oder* unter der verantwortungsethischen: daß man für die (voraussehbaren) *Folgen* seines Handelns aufzukommen hat«. [Ebd.]

Die beiden entgegengesetzten Einstellungen zur Frage der Folgen haben für Weber mit der unterschiedlichen Einschätzung des menschlichen Handelns zu tun, die beim Gesinnungsethiker positiv und beim Verantwortungsethiker negativ ausfällt. Ergeben sich schlechte Folgen aus dem Handeln, so resultieren sie für den Gesinnungsethiker aus der Bosheit der Welt, wobei er sich dafür verantwortlich fühlt, dass die Flamme der reinen Gesinnung nicht erlischt. Der Verantwortungsethiker geht indes von einer negativen Anthropologie aus, rechnet mit den »durchschnittlichen Defekten der Menschen« und hat »gar kein Recht, ihre Güte und Vollkommenheit vorauszusetzen«. [GPS 552] Deshalb versucht er, die Folgen seines Handelns vorauszusehen, und verhält sich demgegenüber verantwortlich.

Damit ist für Weber das ethische Problem der Politik allerdings noch nicht ausreichend erfasst, denn für jeden, der politisch handelt, stellt sich die Frage der spezifischen Mittel der Politik. »Keine Ethik der Welt kommt um die Tatsache herum, daß die Erreichung ›guter‹ Zwecke in zahlreichen Fällen daran gebunden ist, daß man sittlich bedenkliche oder mindestens gefährliche Mittel und die Möglichkeit oder auch die Wahrscheinlichkeit übler Nebenerfolge mit in den Kauf nimmt, und keine Ethik der Welt kann ergeben: wann und in welchem Umfang der ethisch gute Zweck die ethisch gefährlichen Mittel und Nebenerfolge ›heiligt‹«. [Ebd.] Am Problem der »Heiligung der Mittel« scheitert auch die Gesinnungsethik, denn sie kann jedes Handeln nur verwerfen, das sittlich gefährliche Mittel anwendet. Der Gesinnungsethiker ist ein »kosmisch-ethischer Rationalist« und erträgt die ethische Irrationalität der Welt nicht. Deshalb hat er sich dem Handeln zu entziehen, wo es darum geht, die unvollkommenen Mittel der Politik anzuwenden. Vor diese Entscheidung gestellt, wird jedoch aus dem Gesinnungsethiker oft ein »chiliastischer Prophet«, der zur »letzten Gewalt« aufruft und die Folgen dieses Handelns nicht reflektiert. [GPS 553]

Gelegentlich stützt sich die gesinnungsethische Haltung auf die These, dass »aus dem Guten nur Gutes und aus dem Bösen nur Böses kommt«.[119] Dagegen wehrt sich Weber mit der Strenge des Fachspezialisten. Einer solchen Naivität widerspricht nicht nur alle Lebenserfahrung. Auch die gesamte Entwicklung der

---

119 Polemisches Ziel Webers ist in diesem Zusammenhang: Foerster, Friedrich Wilhelm (1918). *Politische Ethik und politische Pädagogik*. München: Ernst Reinhardt.

Weltreligionen beruht darauf, dass gerade das Gegenteil der Fall ist. Damit wird das Problem der Theodizee[120] angesprochen, also die Frage: »Wie kommt es, daß eine Macht, die als zugleich allmächtig und gütig hingestellt wird, eine derartig irrationale Welt des unverdienten Leidens, des ungestraften Unrechts und der unverbesserlichen Dummheit hat erschaffen können?«. [GPS 554] In einer unvollkommenen Welt gibt es somit keine Garantie für die guten Folgen der Handlung. Sich mit Politik einzulassen heißt, »Macht und Gewalt« auszuüben, also mit »diabolischen Mächten« einen Pakt zu schließen, so dass keineswegs »aus Gutem nur Gutes kommt«. So ist auch die strenge Ethik des Evangeliums (*consilia evangelica*) eine Ethik, die sich nur für Heilige eignet, wobei die christliche, wie auch alle anderen Religionen der Welt, den Staat und seine Macht legitimieren (gebet dem Kaiser, was des Kaisers ist, und Gott, was Gottes ist).

Das ethische Problem der Politik entsteht also nicht aus »modernem Unglauben«, denn damit haben schon alle Religionen gerungen. Das spezifische Mittel der »legitimen Gewaltsamkeit« in der Hand des politischen Verbands ist letztendlich das, was die Besonderheit aller ethischen Probleme der Politik ausmacht. Wer auf dieses Mittel zurückgreift, ist seinen Konsequenzen ausgeliefert. Wer in der Politik jedoch etwas durchsetzen will, ist darauf angewiesen, einen Apparat und eine Gefolgschaft zu haben und sich ihrer Mittel auch dort zu bedienen, wo sie Macht und Gewaltsamkeit einschließen.

So muss sich für Weber derjenige, der Politik als Beruf betreiben will, ihrer ethischen Paradoxien und der damit verbundenen Verantwortung bewusst sein, da er sich auf die »diabolischen Mächte« einlässt, die in jeder Gewaltsamkeit lauern. Deshalb ist das Heil der Seele nicht auf dem Wege der Politik zu finden, da sie solche Aufgaben zu bewältigen hat, die den Einsatz von Macht und Gewalt voraussetzen. Was auch immer durch politisches Handeln angestrebt wird, gefährdet das Heil der Seele, und dem kann mit reiner Gesinnungsethik nicht nachgejagt werden.

---

120 Vgl. dazu WuG 314 f.; RS Bd. 1, S. 571 f.

Denn ihr fehlt das Verantwortungsgefühl für die Folgen, so dass dem Handelnden die »diabolischen Mächte« unbewusst bleiben, die im Spiel sind. Demgegenüber braucht es in der Politik aber die Geschultheit des Blicks und die Rücksichtslosigkeit gegenüber den Realitäten des Lebens. Weber konzediert, dass man wahrlich Politik nicht nur mit dem Kopf macht, eine blinde Gesinnung führt jedoch zum verantwortungslosen Handeln. Wenn aber der Verantwortungsethiker plötzlich sagt: »Ich kann nicht anders, hier stehe ich«; [GPS 559] dann verdient er Respekt. Gesinnungs- und Verantwortungsethik sind somit keine absoluten Gegensätze, sondern ergänzen sich auf eine Art, die dann den Menschen ausmacht, der die Politik zum »Beruf« hat.

»Die Politik bedeutet ein starkes langsames Bohren von harten Brettern mit Leidenschaft und Augenmaß zugleich. Es ist ja durchaus richtig, und alle geschichtliche Erfahrung bestätigt es, daß man das Mögliche nicht erreichte, wenn nicht immer wieder in der Welt nach dem Unmöglichen gegriffen worden wäre«. [GPS 560] Wer dies tun will, muss jedoch für Weber die Festigkeit des Herzens haben, die es ihm ermöglicht, jedem Scheitern seiner ethischen Vorstellung standzuhalten. »Nur wer sicher ist, daß er daran nicht zerbricht, wenn die Welt, von seinem Standpunkt aus gesehen, zu dumm oder zu gemein ist für das, was er ihr bieten will, daß er all dem gegenüber: ›dennoch!‹ zu sagen vermag, nur der hat den ›Beruf‹ zur Politik«. [Ebd.]

Am Schluss von »Politik als Beruf« hält Weber somit ein Plädoyer für den politischen Realismus, den er seiner jungen Hörerschaft als Wegweiser durch die Wirren des Revolutionswinters 1918/19 bot. Webers Stellungnahme setzt jedoch seine Zeitdiagnose voraus, nach der sich die Beamtenherrschaft als das Schicksal der modernen Politik herausstellt und dessen mögliche Überwindung von der Stärkung des charismatischen Führertums abhängt. Als Korrektiv gegen die Ausartung des Letzteren in die plebiszitäre Demagogie sind wiederum die Stärkung des Parlaments sowie die Verantwortungsethik des politischen Führers notwendig. Die Qualität der Politik ist insofern weitgehend von der verantwortungsvollen Haltung der politischen Führer abhängig, auf die Weber setzte, um die Krise der modernen Politik zu lösen. Dass man einen rechtsstaatlichen Rahmen braucht, um die Demokratie vor der charismatischen Führerschaft zu schützen, und dass nicht jede »politische Sache« der anderen gleichzusetzen ist, ohne sie einer normativen Diskussion zu unterziehen, schien indes für Weber nicht wesentlich zu sein.

9.2 Die normative Integration wertfreier Sozialwissenschaft

Webers Ansatz ist nicht nur für die Soziologie, sondern auch für die politische Theorie im Allgemeinen in zweierlei Hinsicht grundlegend. Zum einen ermöglicht es seine Sozialwissenschaft, die sozialen Grundlagen des politischen Phänomens zu durchdringen, und fungiert damit als Prüfstein für die Einschätzung von politischen Lehren und Prinzipien, nicht zuletzt in kritischer Wendung gegenüber der politischen Utopie. Zum anderen bietet sie eine kategoriale Ausarbeitung der sozialpolitischen Welt, die in ihrer theoretischen Stringenz als Orientierung für die Untersuchung sämtlicher gesellschaftlicher Prozesse dient.

Bei der Entstehung von Webers Kultur- und Sozialwissenschaft sowie seines politischen Denkens haben die besonderen historischen Umstände mitgewirkt, die das politische Leben und den wissenschaftlichen Betrieb des Wilhelminischen Zeitalters prägten. Das zur Weltanschauung emporgewachsene Prestigegefühl der positivistischen Naturwissenschaft trieb die Kultur- und Sozialwissenschaft in die Defensive, so dass sie ihr Wissen nach dem positivistischen Objektivitätsmaßstab zu rechtfertigen hatte. Die politische Struktur des Kaiserreichs wirkte sich indessen auf das akademische Leben insofern aus, als bis auf wenige Ausnahmen keine politische Philosophie und Wissenschaft im universitären Rahmen bestehen konnte.[121] Sozialpolitische Bestre-

---

121 Vgl. Lübbe (1963).

bungen verwirklichten sich entweder in weltanschaulicher Absicht oder beschränkten sich auf die erbauliche bzw. apologetische Wiedergabe der vorherrschenden Meinung.[122] Webers Absicht, die Würde der Sozialwissenschaft unter diesen Umständen zu retten, führte dazu, die strenge Trennung der wissenschaftlich-deskriptiven Analyse vom normativen Urteil zur Bedingung der Objektivität vom sozialen und politischen Wissen zu machen.

Der herkömmlichen Interpretation des Weberschen Werks steht in der Sekundärliteratur die These von Hennis gegenüber, der meint, Weber sei als abschließender Vertreter der Tradition praktischer Philosophie zu betrachten. Die Beschäftigung mit Webers Werk bestätigt den Eindruck, dass zu seiner Gelehrsamkeit auch eine tiefe Kenntnis der Tradition politischen Denkens gehörte. Die Auseinandersetzung mit der Lebensführungsfrage sowie die Untersuchung der Rolle der gesellschaftlichen Ordnungen und Mächte für die Entstehung des modernen »Fachmenschen ohne Geist« und des »Genussmenschen ohne Herz« weisen auf Webers Interesse für die klassischen Fragen der praktischen Philosophie hin.

Die Art, wie er seine Untersuchungen sowohl in der *Religionssoziologie* als auch in *Wirtschaft und Gesellschaft* durchführte, zeugt jedoch auch von der Absicht, die Grenzen der wertfreien Betrachtung nicht zu überschreiten. Dass hin und wieder etwas von Webers eigener ethischer Sichtweise durchsickert, scheint eher eine ungewollte Folge seines Temperaments als eine theoretische Absicht zu sein. So thematisiert er an keiner Stelle die Frage nach der Umgestaltung der Lebensführung im Sinne irgendeiner Vorstellung des »guten Lebens« oder die normative Frage nach der »besten Ordnung« der Gesellschaft. Er beschränkt sich darauf, die Lebensführungen, die sozialen Ordnungen und die politischen Mächte, die das Leben des modernen Menschen gestalten, deskriptiv zu erfassen, und überlässt es dem Einzelnen, über die Möglichkeiten und die Notwendigkeit ihrer Umgestaltung zu urteilen.

---

122 Vgl. Schiera; Tenbruck (Hg.) (1989).

Im Aufsatz »Parlament und Regierung«, den Weber als »Streitschrift« deklariert, [vgl. WuG 173] legt er seine Zeitdiagnose nach dem Ende des Ersten Weltkrieges vor. Vermittelst seiner sozialpolitischen Terminologie untersucht er hier die »guten und schlechten Aspekte« der modernen Staatsanstalt und unterbreitet politische Vorschläge zu einer »besseren Funktionsweise« des parlamentarischen Staates, ohne jedoch auf dessen normative Zielsetzung einzugehen. Im Aufsatz »Politik als Beruf« analysiert Weber die Beziehung zwischen Ethik und Politik, beschränkt aber die Betrachtung dieser Problematik auf die Handlungsalternativen des Individuums in seiner Eigenschaft als politischer Führer. In beiden Fällen bietet Weber keine Antwort auf die normative Frage der praktischen Philosophie, wie Gesellschaft und Politik umzugestalten sind, damit die Individuen zu tugendhaften Staatsbürgern werden und eine »gute Politik« betreiben können. In »Parlament und Regierung« gibt es zwar den Ansatz einer Klassifikation der »guten und schlechten Formen« der modernen Staatsanstalt in Abhängigkeit von der Art, wie die Bürokratie und das charismatische Führertum aufeinander wirken. Die Hervorhebung der Notwendigkeit, den Parlamentarismus zu stärken, bleibt jedoch der Zeitdiagnose über die Dichotomie von Beamten- und Demagogenherrschaft untergeordnet, ohne dass auf die politisch-normative Begründung der modernen Demokratie auf den Parlamentarismus eingegangen würde.

In diesem Zusammenhang macht sich die fehlende Vervollständigung von Webers Herrschaftstheorie durch die Staatssoziologie besonders bemerkbar. In den Studien zur politischen Gemeinschaft sowie zur Teilung und Abschwächung der Herrschaft hatte Weber wichtige Bausteine für eine Theorie des modernen Staates und Parteiwesens ausgearbeitet, die er dann nicht mehr in der Form einer abschließenden Betrachtung fruchtbar machen konnte. So gleicht seine Herrschaftssoziologie am Ende einem Torso. Ausgehend von der Notwendigkeit der Herrschaft als Regulierungsfaktor der sozialen Kooperation, untersucht sie die steigende Bedeutung der Herrschaftsgebilde im Zusammenhang mit der Größe der sozialen Gruppe, bis sie zur Definition des

Machtmonopols der politischen Gemeinschaft gelangt. Die Themen der Staatstheorie, auf deren Niveau die Auseinandersetzung mit der Frage der Rechtsstaatlichkeit als Legitimationsgrundlage der politischen Gemeinschaft ansetzen kann, werden indes durch Webers sozialpolitische Terminologie nur gestreift.[123]

Vom sozialwissenschaftlichen Standpunkt stellt Webers Herrschaftstheorie das gelungene Ergebnis seines Forschungsprojekts zur Erfassung sämtlicher sozialpolitischer Phänomene dar, dem nur ein letzter bedeutender Teil fehlt. Weil es auf dem Wertfreiheitspostulat gründet, muss Webers politisches Denken jedoch die Erwartungen nach einer Erneuerung der praktischen Philosophie unerfüllt lassen, da es die normativen Fragen, von denen diese ausgeht, nicht beantwortet.

Damit ist ein Spannungsverhältnis zwischen wertfreier Sozialwissenschaft und normativ-politischer Reflexion gegeben, was unterschiedliche politische Denker dazu bewegt hat, sich von Weber abzusetzen. Einen weiteren Aspekt dieses Spannungsverhältnisses bildet die Auseinandersetzung mit Webers Zeitdiagnose, insbesondere mit seiner Hochschätzung des charismatischen Führertums als Gegengift zur Beamtenherrschaft, die er als die Stütze des Obrigkeitsstaats betrachtet. Weber hat die »positive Wirkung« des plebiszitären Cäsarismus überschätzt und die damit verbundenen Risiken für das Fortbestehen der Weimarer Demokratie nicht erkannt. Diesbezüglich formuliert Mommsen seine Kritik an Webers Konzeption der politischen Sonderrechte des Reichspräsidenten. Sie habe dazu beigetragen, ein fruchtbares Terrain für die begriffliche Rechtfertigung des autoritären Regimes in Deutschland vorzubereiten. Damit setzt Mommsen eine Mitverantwortung Webers für die verfassungsrechtliche Debatte der späten 1920er Jahre und vor allem für die Rezeption seiner Kategorien im politisch-juristischen Denken Carl Schmitts voraus.[124]

---

123 Es ist deshalb von einer Theorie der Legalität, die nur auf dem Typusbegriff der rationalen Herrschaft beruht, nicht viel zu erwarten, ohne die Definition der politischen Gemeinschaft zu berücksichtigen. Vgl. dazu Winckelmann (1952) und Mommsen (1974a) S. 478 f.
124 Vgl. Ebd. S. 408, insb. Fußnote 156.

Dem gegenüber steht unter anderem der Hinweis von Immanuel Birnbaum darauf, inwiefern Weber mit der Sondermacht des Reichspräsidenten, wie sie in der Weimarer Verfassung festgeschrieben war, unzufrieden war. Weber hatte an dem von Hugo Preuß zusammengestellten Ausschuss zur Vorbereitung einer republikanischen Verfassung teilgenommen, konnte mit seinen Vorschlägen aber nicht durchdringen. »Dass einige seiner Grundgedanken Berücksichtigung fanden, tröstete ihn nicht, denn sie gehörten zu einer Gesamtkonzeption, deren einzelne Teile nicht aus dem Ganzen herausgerissen werden durften, ohne das Gleichgewicht des Verfassungslebens zu stören. Weber verfocht starke Machtvollkommenheiten für den künftigen Reichspräsidenten. Er wollte aber auch ein Parlament mit starkem politischen Willen als Gegengewicht zu dem einen Mann an der Spitze des Staates schaffen, und zwar durch Übernahme des britischen parlamentarischen Mehrheitswahlrechts«.[125] Dies scheiterte jedoch an den Machtüberlegungen der Parteien. »So gelangte man später zu einem Vorschlag, der dem Reichspräsidenten große Rechte einräumte, die Mehrheitsbildung des Parlaments aber durch Einführung des Verhältniswahlrechts erschwerte«. [Ebd.]

Eine normative Demokratietheorie hätte in diesem Zusammenhang dazu beitragen können, die Sonderstellung des Reichspräsidenten gründlicher zu überdenken. Weber orientierte sich jedoch weder in der wissenschaftlichen Arbeit noch in seiner Tätigkeit als politischer Schriftsteller an normativen Richtlinien, sondern an der Vorstellung des »Polytheismus der Werte« und deren unversöhnlichen Kampfes. Dies hatte einerseits »methodologische Gründe« und hing andererseits mit Webers Konzeption der politischen Verantwortungsethik zusammen. Im politischen Bereich ist es nach Weber dem Individuum zu überlassen, wie es über seine Handlung urteilt, da es keinen logisch haltbaren Standpunkt gibt, diesen Tatbestand abzulehnen, »außer dem ei-

---

125 Immanuel Birnbaum, »Erinnerungen an Max Weber«. In: König, René; Winckelmann, Johannes (Hg.) (1963) S. 19-21, S. 20.

ner durch *kirchliche* Dogmen eindeutig vorgeschriebenen Rangfolge der Werte«. [WL 509] Webers Begründung der Freiheit des Individuums in seiner Autonomie von jeder institutionell festgelegten und rational abgeleiteten Hierarchie der Werte ist damit als die letzte Motivation für seine Ablehnung jeglicher ethisch-normativen Diskussion zu sehen. Diese »Grundposition« Webers kann auf Zustimmung oder Widerspruch stoßen. Wer Webers Denkungsart teilt, geht mit ihm den Weg der wertfreien Sozialwissenschaft mit ihrer Einschränkung gegenüber dem normativen Diskurs der praktischen Philosophie. Wer indessen die Problematik der Neubelebung der praktischen Philosophie angehen will, muss sich mit Webers Kritikern auseinander setzen und versuchen, die Frage der normativen Integration wertfreier Sozialwissenschaft zu beantworten.

Siglenverzeichnis

GPS   Weber, Max (1988e). *Gesammelte Politische Schriften.* Tübingen: Mohr (Paul Siebeck).

GuG   Tönnies, Ferdinand (1887). *Gemeinschaft und Gesellschaft. Abhandlung des Communismus und des Socialismus als empirischer Culturformen.* Leipzig. Jetzt: Ders. (1979). *Gemeinschaft und Gesellschaft. Grundbegriffe der reinen Soziologie.* Darmstadt: Wissenschaftliche Buchgesellschaft.

KA   Weber, Max (1913). »Über einige Kategorien der Verstehenden Soziologie«. Jetzt in: Weber (1988d = WL) S. 427-474.

RS   Weber, Max (1988a). *Gesammelte Aufsätze zur Religionssoziologie* (1920[1]). 3 Bde. Tübingen: J. C. B. Mohr (Paul Siebeck).

SOZ   Simmel, Georg (1992). *Soziologie. Untersuchungen über die Formen der Wechselwirkung* (1908). Jetzt in: *Georg Simmel Gesamtausgabe* Bd. 11, O. Rammstedt (Hg.). Frankfurt a. M.: Suhrkamp.

WL   Weber, Max (1988d). *Gesammelte Aufsätze zur Wissenschaftslehre.* 7. Aufl. Tübingen: Mohr (Paul Siebeck).

WuG   Weber, Max (1980). *Wirtschaft und Gesellschaft. Grundriss der verstehenden Soziologie.* 5., rev. Aufl. (Studienausgabe) Tübingen: Mohr (Paul Siebeck).

Max Webers Schriften

Werkausgaben

- (1984 f.). *Max Weber Gesamtausgabe*. Im Auftrag der Kommission für Sozial- und Wirtschaftsgeschichte der Bayerischen Akademie der Wissenschaften hg. v. Bayer, Horst; Lepsius, Reiner; Mommsen, Wolfgang J.; Schluchter, Wolfgang; Winckelmann, Johannes †. Tübingen: J. C. B. Mohr (Paul Siebeck).
- (1988 f.). *Max Weber Studienausgabe*. Tübingen: J. C. B. Mohr (Paul Siebeck).
- (2001). *Gesammelte Werke* (auf CD-ROM mit der Biographie *Max Weber. Ein Lebensbild* von Marianne Weber). Digitale Bibliothek Bd. 58. Berlin: Directmedia.

Schriften

- (1958). *Wirtschaftsgeschichte. Abriß der universalen Sozial- und Wirtschaftsgeschichte* (1923[1]). 3. Aufl. Berlin: Duncker und Humblot.
- (1972). *Die rationalen und soziologischen Grundlagen der Musik.* Tübingen: J. C. B. Mohr (Paul Siebeck). [Sigle GdMusik]
- (1980). *Wirtschaft und Gesellschaft. Grundriss der verstehenden Soziologie* (1921-22[1]). 5., rev. Aufl. (Studienausgabe) Tübingen: J. C. B. Mohr (Paul Siebeck). [Sigle WuG]
- (1984a). *Soziologische Grundbegriffe* (1921[1]). 6. Aufl. Tübingen: J. C. B. Mohr (Paul Siebeck).
- (1988a). *Gesammelte Aufsätze zur Religionssoziologie* (1920[1]). 3 Bde. Tübingen: J. C. B. Mohr (Paul Siebeck). [Sigle RS]
- (1988b). *Gesammelte Aufsätze zur Sozial- und Wirtschaftsgeschichte* (1924[1]). 2. Aufl. Weber, Marianne (Hg.). Tübingen: J. C. B. Mohr (Paul Siebeck). [Sigle SWG]
- (1988c). *Gesammelte Aufsätze zur Soziologie und Sozialpolitik* (1924[1]). 2. Aufl. Weber, Marianne (Hg.). Tübingen: J. C. B. Mohr (Paul Siebeck). [Sigle SSP]

- (1988d) *Gesammelte Aufsätze zur Wissenschaftslehre* (1922^1). 7. Aufl. Winckelmann, Johannes (Hg.). Tübingen: J. C. B. Mohr (Paul Siebeck). [Sigle WL]
- (1988e). *Gesammelte politische Schriften* (1921^1). 5. Aufl. Winckelmann, Johannes (Hg.). Tübingen: J. C. B. Mohr (Paul Siebeck). [Sigle GPS]
- (1989). *Max Weber Gesamtausgabe*. Bd. I/19: *Die Wirtschaftsethik der Weltreligionen. Konfuzianismus und Taoismus. Schriften 1915-1920*. Kolonko, Petra; Schmidt-Glintzer, Helwig. (Hg.). Tübingen: J. C. B. Mohr (Paul Siebeck).
- (1992). *Max Weber Gesamtausgabe*. Bd. I/17: *Wissenschaft als Beruf 1917/1919. Politik als Beruf 1919*. Mommsen, Wolfgang J.; Morgenbrod, Birgit; Schluchter, Wolfgang (Hg.). Tübingen: J. C. B. Mohr (Paul Siebeck).
- (1996). *Max Weber Gesamtausgabe*. Bd. I/20: *Die Wirtschaftsethik der Weltreligionen. Hinduismus und Buddhismus. Schriften 1916-1920*. Golzio, Karl-Heinz; Schmidt-Glintzer, Helwig (Hg.). Tübingen: J. C. B. Mohr (Paul Siebeck).
- (2001a). *Max Weber Gesamtausgabe*. Bd. I/22-1: *Wirtschaft und Gesellschaft. Die Wirtschaft und die gesellschaftlichen Ordnungen und Mächte. Nachlaß*. Teilband 1: Gemeinschaften. Meyer, Michael; Mommsen, Wolfgang J. (Hg.). Tübingen: J. C. B. Mohr (Paul Siebeck).

Literatur

Accarino, Bruno (1994). *Ingiustizia e storia: il tempo e il male tra Kant e Weber.* Rom: Editori Riuniti.

Anter, Andreas (1995). *Max Webers Theorie des modernen Staates. Herkunft, Struktur und Bedeutung.* Berlin: Duncker und Humblot.

Aron, Raimond (1959). »Introduction«. In: Max Weber (1959). *Le savant et le politique.* Paris: Plon, S. 5-52.

- (1953). *Die deutsche Soziologie der Gegenwart. Eine systematische Einführung.* Stuttgart: Kröner.

- (1965). »Max Weber und die Machtpolitik«. In: Stammer (1965) S. 103-120.

Baumgarten, Eduard (1964). *Max Weber. Werk und Person.* Tübingen: J. C. B. Mohr (Paul Siebeck).

Beetham, David (1974). *Max Weber and the Theory of Modern Politics.* London: Allen and Unwin.

Bendix, Reinhard (1960). *Max Weber. An Intellectual Portrait.* London: Heinemann. Dt. (1964). *Max Weber – Das Werk. Darstellung, Analyse, Ergebnisse.* München: Piper.

- (1978). *Kings or People. Power and the Mandate to Rule.* Berkeley: University of California Press.

- (1982). *Freiheit und historisches Schicksal. Heidelberger Max-Weber-Vorlesungen 1981.* Frankfurt a. M.: Suhrkamp.

Bendix, Reinhard; Roth, Guenther (1971). *Scholarship and Partisanship: Essays on Max Weber.* Berkeley, Los Angeles, London: University of California Press.

Bluhm, Harald (2002). *Die Ordnung der Ordnung. Das politische Philosophieren von Leo Strauss.* Berlin: Akademie Verlag.

Bös, Mathias (2002). »Reconceptualizing Modes of Belonging: Advancements in the Sociology of Ethnicity and Multiculturalism«. In: Genov, Nicolai (2002). S. 254-283.

Breuer, Stefan (1991). *Max Webers Herrschaftssoziologie.* Frankfurt a. M., New York: Campus.

- (1994). *Bürokratie und Charisma. Zur politischen Soziologie Max Webers.* Darmstadt: Wissenschaftliche Buchgesellschaft.

Bruun, H. H (1972). *Science, Values and Politics in Max Weber's Methodology,* Kopenhagen: Munksgaard.

Burger, Thomas (1987). *Max Weber's Theory of Concept Formation. History, Laws, and Ideal Types*. Expanded edition. Durham: Duke University Press.

Cavalli, Alessandro (1960). *La fondazione del metodo sociologico in Max Weber e Werner Sombart*. Pavia.

Duso, Giuseppe (Hg.) (1980). *Weber. Razionalità e politica*. Venedig: Arsenale.

Freund, Julien (1990). *Etudes sur Max Weber*. Genf: Drosz.

Fügen, Hans Norbert (2000). *Max Weber. Mit Selbstzeugnissen und Dokumenten*. Reinbek bei Hamburg: Rowohlt.

Genov, Nicolai (2002). *Advancements in Sociological Knowledge Over a Half of Century*. Paris: International Social Science Council.

Gneuss, Christian; Kocka, Jürgen (Hg.) (1988). *Max Weber. Ein Symposion*. München: DTV.

Habermas, Jürgen (1981). *Theorie des kommunikativen Handelns*. 2 Bde. Frankfurt a. M.: Suhrkamp.

Hanke, Edith; Mommsen, Wolfgang J. (Hg.) (2001). *Max Webers Herrschaftssoziologie. Studien zur Entstehung und Wirkung*. Tübingen: J. C. B. Mohr (Paul Siebeck).

Henrich, Dieter (1952). *Die Einheit der Wissenschaftslehre Max Webers*. Tübingen: J. C. B. Mohr (Paul Siebeck).

Hennis, Wilhelm (1987). *Max Webers Fragestellung. Studien zur Biographie des Werks*. Tübingen: J. C. B. Mohr (Paul Siebeck).

-   (1996). *Max Webers Wissenschaft vom Menschen. Neue Studien zur Biographie des Werks*. Tübingen: J. C. B. Mohr (Paul Siebeck).

-   (2003). *Max Weber und Thukydides. Nachträge zur Biographie des Werks*. Tübingen: J. C. B. Mohr (Paul Siebeck).

Hobbes, Thomas (1996). *Leviathan*. Hamburg: Meiner.

Horkheimer, Max (1988). »Traditionelle und kritische Theorie« (1937). In: Ders., *Gesammelte Schriften*. Bd. 4: *Schriften 1936-1941*. Frankfurt a. M.: Fischer, S. 162-216.

Hübinger, Gangolf; Osterhammel, Jürgen; Welz, Wolfgang (1990). »Max Weber und die wissenschaftliche Politik nach 1945. Aspekte einer theoriegeschichtlichen Nicht-Rezeption«. In: *Zeitschrift für Politik*. Bd. 37. 1990, S. 181-204.

Jaspers, Karl (1988). *Max Weber. Gesammelte Schriften*. Hg. v. Hans Saner, mit einer Einführung von Dieter Henrich. München, Zürich: Piper.

Käsler, Dirk (Hg.) (1972). *Max Weber. Sein Werk und seine Wirkung.* München: Nymphenburger.

- (1979). *Einführung in das Studium Max Webers.* München: Beck.
- (1995). *Max Weber. Eine Einführung in Leben, Werk und Wirkung.* Frankfurt a. M., New York: Campus.

Kocka, Jürgen (1986a). *Sozialgeschichte. Begriff – Entwicklung – Probleme.* 2., erw. Aufl. Göttingen: Vandenhoeck und Ruprecht.

- (Hg.) (1986b). *Max Weber, der Historiker.* Göttingen: Vandenhoeck und Ruprecht.

König, René (1960). Rezension von Bendix (1960). In: *Kölner Zeitschrift für Soziologie und Sozialpsychologie.* 12 Jg., 1960, S. 534-540.

König, René. Winckelmann, Johannes (Hg.) (1963). *Max Weber zum Gedächtnis. Materialien und Dokumente zur Bewertung von Werk und Persönlichkeit* (= *Kölner Zeitschrift für Soziologie und Sozialpsychologie*, Sonderheft 7/1963). Köln und Opladen: Westdeutscher Verlag.

Koselleck, Reinhart (1982). »Herrschaft«. In: *Geschichtliche Grundbegriffe. Historisches Lexikon zur politisch-sozialen Sprache in Deutschland.* Brunner, Otto; Conze, Werner; Koselleck, Reinhart (Hg.). Bd. 3. Stuttgart: Klett-Cotta, S. 1-4.

Le Bon, Gustave (1898). *Psychologie des foules.* 3. Aufl. Paris: Alcan.

Lehmann, Hartmut; Ouédraogo, Jean Martin (Hg.) (2003). *Max Webers Religionssoziologie in interkultureller Perspektive.* Göttingen: Vandenhoeck und Ruprecht.

Lepsius, Rainer M. (Hg.) (1981). *Soziologie in Deutschland und Österreich 1918-1945. Materialien zur Entwicklung, Emigration und Wirkungsgeschichte.* Opladen: Westdeutscher Verlag.

Losito, Marta; Schiera, Pierangelo (1988). *Max Weber e le scienze sociali del suo tempo.* Bologna: Il Mulino.

Löwith, Karl (1988). »Max Weber und Karl Marx«. In: Ders., *Sämtliche Schriften.* Bd. 5. Stuttgart: Metzlersche Verlagsbuchhandlung, S. 324-407.

Lübbe, Hermann (1963). *Politische Philosophie in Deutschland. Studien zu ihrer Geschichte.* Basel, Stuttgart: Schwabe.

Lübbe, Weyma (1991). *Legitimität kraft Legalität. Sinnverstehen und Institutionenanalyse bei Max Weber und seinen Kritikern.* Tübingen: J. C. B. Mohr (Paul Siebeck).

Lukács, Georg (1962). *Die Zerstörung der Vernunft.* In: Ders., *Werke.* Bd. 9. Neuwied, Berlin-Spandau: Luchterhand.

Machiavelli, Niccolò (1990). *Politische Schriften*. Münkler, Herfried (Hg.). Frankfurt a. M.: Fischer.

Marcuse, Herbert (1965). »Industrialisierung und Kapitalismus«. In: Stammer (1965) S. 161-180.

Merz, Peter-Ulrich (1990). *Max Weber und Heinrich Rickert. Die erkenntniskritischen Grundlagen der verstehenden Soziologie*. Würzburg: Königshausen und Neumann.

Mommsen, Wolfgang J. (1974a). *Max Weber und die deutsche Politik. 1890-1920* (1959). 2., überarbeitete und erweiterte Aufl. Tübingen: J. C. B. Mohr (Paul Siebeck).

- (1974b). *Max Weber. Gesellschaft, Politik und Geschichte*. Frankfurt a. M.: Suhrkamp.

- (1989). »Politik und politische Theorie bei Max Weber«. In: Weiß (1989) S. 515-542.

Mucchielli, Laurent (1998). *La découverte du social. Naissance de la sociologie en France*. Paris: Découverte.

Oakes, Guy (1990). *Die Grenzen kulturwissenschaftlicher Begriffsbildung. Heidelberger Max-Weber-Vorlesungen 1982*. Frankfurt a. M.: Suhrkamp.

Palonen, Kari (1998). *Das ‚Webersche Moment'. Zur Kontingenz des Politischen*. Opladen, Wiesbaden: Westdeutscher Verlag.

Palyi, Melchior (Hg.) (1923). *Hauptprobleme der Soziologie. Erinnerungsausgabe für Max Weber*. 2 Bde. München, Leipzig: Duncker und Humblot.

Parsons, Talcott (1937). *The Structure of Social Action. A Study in Social Theory with special Reference to a Group of Recent European Writers*. New York: McGraw-Hill.

- (1965). »Wertgebundenheit und Objektivität in den Sozialwissenschaften«. In: Stammer (1965) S. 39-64.

Prewo, Rainer (1979). *Max Webers Wissenschaftsprogramm*. Frankfurt a. M.: Suhrkamp.

Rossi, Pietro (1987). *Vom Historismus zur historischen Sozialwissenschaft. Heidelberger Max-Weber-Vorlesungen 1985*. Frankfurt a. M.: Suhrkamp.

Roth, Günther (1987). *Politische Herrschaft und persönliche Freiheit. Heidelberger Max Weber-Vorlesungen 1983*. Frankfurt a. M.: Suhrkamp.

Scaff, Lawrence (1989). *Fleeing the Iron Cage. Culture, Politics and Modernity in the Thought of Max Weber*. Berkeley, Los Angeles, London: University of California Press.

Scheltings, Alexander v. (1934). *Max Webers Wissenschaftslehre*. Tübingen: J. C. B. Mohr (Paul Siebeck).

Schiera, Pierangelo; Tenbruck, Friedrich (Hg.) (1989). *Gustav Schmoller in seiner Zeit: Die Entstehung der Sozialwissenschaften in Deutschland und Italien*. Berlin: Duncker und Humblot.

Schluchter, Wolfgang (1971). *Wertfreiheit und Verantwortungsethik. Zum Verhältnis von Wissenschaft und Politik bei Max Weber*. Tübingen: J. C. B. Mohr (Paul Siebeck).

- (1980). *Rationalismus der Weltbeherrschung. Studien zu Max Weber*. Frankfurt a. M.: Suhrkamp.

- (Hg.) (1983). *Max Webers Studie über Konfuzianismus und Taoismus. Interpretation und Kritik*. Frankfurt a. M.: Suhrkamp.

- (Hg.) (1984). *Max Webers Studie über Hinduismus und Buddhismus. Interpretation und Kritik*. Frankfurt a. M.: Suhrkamp.

- (Hg.) (1985a). *Aspekte bürokratischer Herrschaft. Studien zur Interpretation der fortschreitenden Industriegesellschaft* (zuerst 1972). Frankfurt a. M.: Suhrkamp.

- (Hg.) (1985b). *Max Webers Sicht des antiken Christentums. Interpretation und Kritik*. Frankfurt a. M.: Suhrkamp.

- (Hg.) (1987). *Max Webers Sicht des Islams. Interpretation und Kritik*. Frankfurt a. M.: Suhrkamp.

- (Hg.) (1988). *Max Webers Sicht des okzidentalen Christentums. Interpretation und Kritik*. Frankfurt a. M.: Suhrkamp.

- (1989). »›Wirtschaft und Gesellschaft‹ – Das Ende eines Mythos«. In Weiß (1989) S. 55-89.

- (1991a). *Religion und Lebensführung*. Bd. 1: *Studien zu Max Webers Kultur- und Werttheorie*. Frankfurt a. M.: Suhrkamp.

- (1991b). *Religion und Lebensführung*. Bd. 2: *Studien zu Max Webers Religions- und Herrschaftssoziologie*. Frankfurt a. M.: Suhrkamp.

- (1996). *Unversöhnte Moderne*. Frankfurt a. M.: Suhrkamp.

- (1998). *Die Entstehung des modernen Rationalismus. Eine Analyse von Max Webers Entwicklungsgeschichte der Okzidents*. Frankfurt a. M.: Suhrkamp.

- (2000). *Individualismus, Verantwortungsethik und Vielfalt*. Göttingen: Velbrück.

Schmidt, Manfred G. (1997). *Demokratietheorien. Eine Einführung*. 2. Aufl. Opladen: Leske und Budrich.

Schnöllgen, Gregor (1984). *Handlungsfreiheit und Zweckrationalität. Max Weber und die Tradition praktischer Philosophie.* Tübingen: J. C. B. Mohr (Paul Siebeck).

Schwaabe, Christian (2002). *Freiheit und Vernunft in der unversöhneten Moderne. Max Webers kritischer Dezisionismus als Herausforderung des politischen Liberalismus.* München: Fink.

Seyfarth, Constans; Sprondel, Walter M. (Hg.) (1981). *Max Weber und die Rationalisierung sozialen Handelns.* Stuttgart: Enke.

Simmel, Georg (1992). *Soziologie. Untersuchungen über die Formen der Wechselwirkung* (1908). Jetzt in: *Georg Simmel Gesamtausgabe.* Bd. 11. O. Rammstedt (Hg.). Frankfurt a. M.: Suhrkamp.

Smelser, Neil J.; Wilson, William J.; Mitchell, Faith (Hg.) (2001). *American Becoming – Racial Trends and Their Consequences.* Washington: National Academy Press.

Speer, Heino (1978). *Herrschaft und Legitimität. Zeitgebundene Aspekte in Max Webers Herrschaftssoziologie.* Berlin: Duncker und Humblot.

Spencer, Herbert (1966). *First Principles* (London 1862). Jetzt in: Zeller Reprint, Osnabrück.

Stammer, Otto (Hg.) (1965). *Max Weber und die Soziologie heute. Verhandlungen des 15. deutschen Soziologentages.* Tübingen: J. C. B. Mohr (Paul Siebeck).

Stammler, Rudolf (1896). *Wirtschaft und Recht nach der materialistischen Geschichtsauffassung. Eine sozialphilosophische Untersuchung.* Leipzig: Veit.

Strauss, Leo (1989). *Naturrecht und Geschichte* (1956). Frankfurt a. M.: Suhrkamp.

Tarde, Gabriel (1890). *Les lois de l'imitation. Etude sociologique.* Paris: Alcan.

Tenbruck, Friedrich (1999). *Das Werk Max Webers. Gesammelte Aufsätze zu Max Weber.* Harald Homann (Hg.), Tübingen: J. C. B. Mohr (Paul Siebeck).

Tönnies, Ferdinand (1887). *Gemeinschaft und Gesellschaft. Abhandlung des Communismus und des Socialismus als empirischer Culturformen.* Leipzig. Jetzt: Ders. (1979). *Gemeinschaft und Gesellschaft. Grundbegriffe der reinen Soziologie.* Darmstadt: Wissenschaftliche Buchgesellschaft.

Turner, Stephen (Hg.) (2000). *The Cambridge Companion to Weber.* Cambridge, New York, Melbourne: Cambridge University Press.

Voegelin, Eric (1991). *Die neue Wissenschaft der Politik. Eine Einführung*. Freiburg: Alber.

- (1995). *Die Grösse Max Webers*. München: Fink.

Wagner, Gerhard; Zipprian, Heinz. (Hg.) (1994). *Max Webers Wissenschaftslehre. Interpretation und Kritik*. Frankfurt a. M.: Suhrkamp.

Weber, Marianne (1984). *Max Weber. Ein Lebensbild* (1926[1]). Tübingen: J. C. B. Mohr (Paul Siebeck).

Wehler, Hans-Ulrich (1973). *Geschichte als historische Sozialwissenschaft*. Frankfurt a. M.: Suhrkamp.

Weiß, Johannes (Hg.) (1989). *Max Weber heute. Erträge und Probleme der Forschung*. Frankfurt a. M.: Suhrkamp.

Weyembergh, Maurice (1972). *Le volontarisme rationnel de Max Weber*. Brüssel: Palais des Acad.

Winckelmann, Johannes (1952). *Legitimität und Legalität in Max Webers Herrschaftssoziologie*. Tübingen: J. C. B. Mohr (Paul Siebeck).

- (1986). *Max Webers hinterlassenes Hauptwerk. Die Wirtschaft und die gesellschaftlichen Ordnungen und Mächte*. Tübingen: J. C. B. Mohr (Paul Siebeck).

Zingerle, Arnold (1981). *Max Webers historische Soziologie. Aspekte und Materialien zur Wirkungsgeschichte*. Darmstadt: Wissenschaftliche Buchgesellschaft.

Personenregister

(Zahlen in Kursiv stehen für Namen, die auf der entsprechenden Seite in Fußnoten auftauchen.)

Sachregister

(Kursiv gesetzt sind Termini, die durch andere Autoren verwendet werden und nicht zu Webers Terminologie gehören. Zahlen in Kursiv weisen darauf hin, dass der Terminus auf der entsprechenden Seite in der Fußnote auftaucht.)

301